衍生金融工具

曹廷貴、馬瑾 主編

前言

本教材的主要對象是金融專業低年級學生以及對衍生工具感興趣的讀者,所以在起草教材編寫大綱和編撰過程中,一直希望這本教材能夠用最簡單易懂的表述方式,讓初學者能夠較全面地理解衍生品定價和市場運行的基本規律和基礎理論,希望通過對本教材的學習,能夠掌握分析現實問題的專業視角和基本方法。

(1) 本教材在篇章結構的編排上,採用了「先總後分」的方式,首先介紹衍生品的基礎和共性,再通過最常見的衍生品種,介紹產品特點。這種編排方式符合「先易後難」的學習方式,同時通過比較,讀者易於抓住和牢記共性和特性,加深理解。

(2) 在內容講解方面,以大量常見事例為例子,借助感性認識,一方面便於讀者對理論的理解和掌握,另一方面還鍛煉讀者將抽象理論運用到實踐中的能力。

(3) 作為初級教材,在編寫過程中,我們盡量迴避使用過於複雜和艱深的數學工具,使初學者不會因為過高的數學門檻而喪失學習本書的勇氣。

本教材的大綱由曹廷貴、馬瑾和趙勇討論擬定。各章編寫人分別是:馬瑾,負責第一、二、三、六、七章;趙勇負責第八章,審閱了第四章和第十章;宋之文負責第四章和第十章;郭燠林負責第九章和第十一章;陶磊負責第五章。全書由曹廷貴和馬瑾統稿、審定。

受水準和見識的限制,最後編撰的成果難免存在一些不足和疏漏,希大家批評指正。

曹廷貴　馬　瑾

目錄

第1章　緒論　/ 1
　學習目標　/ 1
　重要術語　/ 1
　1　什麼是衍生金融工具　/ 2
　　　1.1　衍生金融工具的含義與作用　/ 2
　　　1.2　衍生金融工具的種類　/ 4
　2　衍生金融市場　/ 6
　　　2.1　衍生金融市場簡介　/ 6
　　　2.2　國際衍生金融市場與金融危機　/ 7
　　　2.3　中國衍生金融市場　/ 8
　3　如何學習本門學科　/ 9
　　　3.1　學習衍生金融工具的方法　/ 9
　　　3.2　學習衍生金融工具的意義　/ 10
　小結　/ 11
　課後練習　/ 11

第2章　遠期和期貨基礎　/ 12
　學習目標　/ 12
　重要術語　/ 12
　1　遠期和期貨市場簡介　/ 12
　　　1.1　遠期和期貨市場發展簡史　/ 12
　　　1.2　遠期和期貨市場的運行機制　/ 14
　2　遠期與期貨的價格　/ 18
　　　2.1　無套利定價的基本原理　/ 18
　　　2.2　三種不同收益資產的期貨定價　/ 20
　3　期貨市場的套期保值與價格發現　/ 26
　　　3.1　期貨市場的交易者類型和對沖策略　/ 26
　　　3.2　期貨市場的套期保值　/ 27

3.3　期貨市場的價格發現　／32

　小結　／33

　課後練習　／34

第3章　常見的金融期貨　／36

　學習目標　／36

　重要術語　／36

　1　概述　／36

　2　股票指數期貨　／38

　　2.1　股票指數的編製　／38

　　2.2　世界主要的股票指數　／41

　　2.3　股票指數期貨合約的定價與投資　／44

　3　利率期貨　／49

　　3.1　利率期限結構和幾個相關概念　／49

　　3.2　利率期貨的定價與投資　／53

　4　外匯期貨　／60

　　4.1　有關外匯的基礎知識　／61

　　4.2　外匯期貨的定價與投資策略　／62

　小結　／64

　課後練習　／64

第4章　互換　／67

　學習目標　／67

　重要術語　／67

　1　互換概述　／68

　　1.1　互換的定義　／68

　　1.2　互換的產生　／68

　　1.3　互換的功能　／71

　2　利率互換　／72

　　2.1　利率互換的定義　／72

　　2.2　利率互換的基本內容和特徵　／73

　　2.3　利率互換的功能　／73

　　2.4　利率互換的定價方法　／75

　　2.5　利率互換的機制　／77

3　貨幣互換　/ 79
　　3.1　貨幣互換的定義　/ 79
　　3.2　貨幣互換的原理　/ 80
　　3.3　貨幣互換的功能　/ 82
　　3.4　貨幣互換的定價方法　/ 83
　　3.5　貨幣互換交易與利率互換交易的比較　/ 85
　　3.6　貨幣互換的交易機制　/ 86
4　其他類型的互換　/ 87
小結　/ 89
課後練習　/ 90

第5章　期權基礎　/ 92

學習目標　/ 92
重要術語　/ 92
1　期權市場概況　/ 93
　　1.1　期權市場發展簡史　/ 93
　　1.2　期權的基本概念　/ 93
　　1.3　期權的種類　/ 94
　　1.4　期權的作用　/ 100
　　1.5　期權的交易方式和市場結構　/ 100
2　期權價格　/ 102
　　2.1　期權的內在價值與時間價值　/ 102
　　2.2　影響期權價格的主要因素　/ 104
　　2.3　看漲期權與看跌期權的平價關係　/ 108
3　期權的交易策略　/ 110
　　3.1　保護性看跌期權　/ 110
　　3.2　拋補看漲期權　/ 112
　　3.3　對敲　/ 113
小結　/ 114
課後練習　/ 115

第6章　二叉樹期權定價模型　/ 117

學習目標　/ 117
重要術語　/ 117

1　二叉樹期權定價　　/ 118

　　2　二叉樹期權定價模型的應用　　/ 125

　　3　使用期權進行保值的操作策略　　/ 129

　小結　　/ 131

　課後練習　　/ 132

第 7 章　Black－Scholes 期權定價模型　　/ 133

　學習目標　　/ 133

　重要術語　　/ 133

　　1　B－S 期權定價模型的推導與應用　　/ 134

　　2　B－S 期權定價模型與隱含波動率　　/ 140

　　3　B－S 期權定價模型與套期保值策略　　/ 145

　小結　　/ 149

　課後練習　　/ 150

第 8 章　期權的風險對沖與合成期權　　/ 152

　學習目標　　/ 152

　重要術語　　/ 152

　　1　期權的套期保值　　/ 152

　　　1.1　對 Delta 的基本理解　　/ 153

　　　1.2　期權 Delta 對沖　　/ 154

　　2　期權套利的常用策略　　/ 155

　　　2.1　差價期權策略　　/ 155

　　　2.2　組合期權策略　　/ 160

　　3　合成期權　　/ 161

　　　3.1　對 Gamma 的基本理解　　/ 162

　　　3.2　合成期權的構造　　/ 163

　小結　　/ 165

　課後練習　　/ 167

第 9 章　股票指數期權與貨幣期權　　/ 168

　學習目標　　/ 168

　重要術語　　/ 168

1　股票指數期權概述　／168
　　1.1　股票指數期權的定義　／168
　　1.2　股指期權與股指期貨的區別　／169
　　1.3　股指期權的應用實例　／170
2　股票指數期權的定價　／170
　　2.1　布萊克—斯科爾斯定價公式的擴展　／171
　　2.2　運用默頓模型定價的股票指數期權　／171
3　貨幣期權概述　／172
　　3.1　貨幣期權的定義　／172
　　3.2　貨幣期權應用舉例　／173
4　貨幣期權定價公式　／175
5　常見的貨幣期權　／176
　　5.1　現匯期權交易　／177
　　5.2　外匯期貨期權交易　／177
　　5.3　期貨式期權交易　／177
小結　／178
課後練習　／179

第10章　期貨期權　／180

學習目標　／180
重要術語　／180
1　期貨期權概述　／181
　　1.1　期貨期權的概念　／181
　　1.2　期貨期權的性質　／184
　　1.3　期貨期權的作用　／186
　　1.4　幾種常見的期貨期權　／189
2　期貨期權的估值方法　／192
　　2.1　看跌期權與看漲期權之間的平價關係　／192
　　2.2　期貨期權的價格範圍　／193
　　2.3　Black-Scholes模型在期貨期權定價中的使用　／195
3　期貨期權與期貨比較　／196
小結　／197
課後練習　／198

第 11 章　利率期權　　／199
　學習目標　　／199
　重要術語　　／199
　1　利率期權概況　　／199
　2　布萊克—斯科爾斯模型在利率期權定價中的應用　　／202
　　2.1　經過期權調整的價差　　／202
　　2.2　布萊克—斯科爾斯模型與利率期權的定價　　／203
　3　利率期權與利率上限、期限結構　　／207
　　3.1　利率上限　　／207
　　3.2　利率下限和利率雙限　　／208
　　3.3　利率上限和利率下限的估值　　／208
　小結　　／210
　課後練習　　／210

第 1 章　緒論

學習目標

本章主要介紹衍生金融工具的概念、作用和發展狀況，並討論研究衍生金融工具的一般方法，以及學習這門學科的目的和意義。通過對本章的學習，你應該知道：
- 衍生金融工具的基本定義；
- 衍生金融工具的主要作用；
- 衍生金融市場的發展；
- 學習衍生金融工具的目的和意義。

重要術語

衍生金融工具、標的資產、標準化合約、衍生品場內交易市場、OTC 市場

衍生品是指從某種事物中派生出的新事物。我們可以把豆漿稱為大豆的衍生品，把牛排看成是活牛的衍生品。在資本市場上，「衍生品」（Derivatives）一詞被用於指代一類特殊的金融資產，這類資產的價格完全依賴於另一種資產的市場價格。

細心的讀者也許會發現，在許多教材和文獻中經常交替出現「衍生金融工具」、「衍生金融產品」和「衍生品」三個詞組，其實這三個詞組指代的對象是一致的。在資本市場上的「衍生品」本身會具有投融資功能，為了凸顯「衍生品」的金融屬性，我們把「衍生金融工具」或「衍生金融產品」作為「衍生品」更為嚴格和正式的稱謂。只是在使用「衍生金融工具」時，偏重於突出衍生品「工具性」的特點；「衍生金融產品」則是把衍生品當成一種類似股票、債券的金融產品。在實際使用中，我們經常不加區分地使用「衍生金融工具」、「衍生金融產品」、「衍生品」來表示這類具有特殊收益和風險屬性的金融資產。

衍生金融工具

1 什麼是衍生金融工具

1.1 衍生金融工具的含義與作用

在金融的世界裡，衍生金融工具（Derivative Financial Instruments）泛指一類以合約形式存在的金融資產。如果僅把衍生金融工具理解成一種有價值的標準化協議或者合約，顯然有些偏頗。比如，保險者與保險公司簽署的保險合同，因為賦予保險者在某些特定事件發生後，獲得一定數量補償的權利，所以具有價值。但保險合同不能列入衍生金融工具的範疇。類似的例子還有住房購買協議、抵押貸款合同等。

與上述合同或協議不同，以合約形式存在的衍生金融工具的價值是基於合約標的商品或標的資產（Underlying Assets）未來的價格或價格變動情況。我們以一份遠期合約（Forward Contracts）為例來說明這一點。一個榨油廠與種植大豆的農民簽署一份收購協議，協議規定在三個月以後，油廠將以 1500 元/噸的價格向農民購買 100 噸大豆。如果三個月後大豆的市場價格是 1300 元/噸，通過執行合約，農民會增加 20,000 元收入。假設沒有交易成本，即便到期農民沒有交付大豆，他也可以通過賣出與油廠簽訂的合約，收入 20,000 元。這意味著在三個月後，合約的價值是 20,000 元。同理，如果三個月後，大豆的市場價格為 1600 元/噸，那麼農民損失的機會成本就是 10,000 元。假如這時油廠不打算收購大豆，那麼他也可以通過出售協議，收到 10,000 元。在後面的學習中，我們還會不斷地發現，不僅（大豆）遠期合約的價格依賴於標的商品（大豆）的價格，而且期貨、期權、互換以及其他更為複雜的衍生品的定價都具有這個特點。因此，我們把衍生金融工具定義為「以合約形式存在，其價格由合約標的商品或標的資產價格所決定的金融資產」。

衍生品產生和創新的動力都源於迴避或轉移風險的需求。再回到上面的例子中：三個月後，農民獲利 20,000 元意味著油廠為購買大豆多支付了 20,000 元成本。那麼衍生品市場是不是一個「零和博弈」[①] 的無效市場呢？答案是否定的。我們可以設想一下，作為交易對手的油廠和農民，出於什麼目的才會在自己可能損失的情況下簽訂協議呢？比較實際的情況是，在協議簽訂時，出於對三個月後大豆價格漲價的擔心，油廠希望按照 1500 元/噸的價格固定未來的收購價格；同樣，未來大豆價格可能下跌的壓力，促使農民也希望提前確定價格。也就是說，這份三個月後購買 100 噸大豆的協議能夠簽訂的動力，源自買賣雙方對未來價格變動的不確定性的預期。通過協議，油廠轉移了豆價上升的風

---

① 雙方博弈（交易）的結果總是一方的淨損失完全等於另一方的淨盈利，使得總體淨收益為零。這樣的博弈被稱為「零和博弈」。一般認為，零和博弈不會增加整體效率。

險，而農民轉移了豆價下跌的風險。在後面的學習中，我們會逐漸發現，迴避和轉移風險是所有類型衍生品都具備的基礎功能。我們把衍生品的這種功能稱為風險對沖（Hedging Risk）。也因為這種功能，衍生品成為管理和控制風險的有效工具。衍生品交易就是一個風險在不同交易主體之間重新配置的過程。

從交易動機上看，在衍生品市場中，有以套期保值、投機和套利（Arbitrage）為目的的三類參與者。以迴避或轉移風險為目的的交易者被稱為套期保值者（Hedgers）。在現實的世界裡，受時間、數量、地域等實際因素的影響，買賣雙方正好能夠對沖全部風險的情況比較少見。比如，東北的豆農希望迴避年底大豆豐收時的價格變動風險，而廣州的油廠希望轉移9月份的採購風險，那麼兩者之間就很難達成完全風險對沖性質的協議。這時就需要投機者（Speculator）參與市場。

與套期保值者相對，投機者是通過主動占據市場風險頭寸，以博取風險收益為目的的交易者。衍生品交易多採用部分保證金（Margin）制度，槓桿性的資金使用效率，使衍生品市場幾乎成為低投入、高收益和高風險的代名詞，吸引著大量投機者。

在習慣上，投機者總是和擾亂市場聯繫在一起的，而實際上，在衍生品市場上，投機者的作用非常重要。為了博取風險收益，投機者往往會自動充當套期保值者的交易對手，通過交易，衍生品中蘊含的風險就能按照交易者承擔風險的意願和能力進行分配，完成和實現風險的有效配置。假設市場上缺乏投機者參與，那麼希望迴避未來價格風險的套期保值者必然需要付出很大的搜尋和談判成本，去尋找一個風險頭寸恰好可實現完全對沖的套期保值者。在所有衍生品市場上，投機者是市場流動性（Liquidity）[①]的主要提供者，他們的存在削減了市場交易成本，提高了衍生品市場配置風險的能力。此外，為博取風險收益，投機者對標的物和衍生品本身的價格變動相當敏感，他們會努力收集各種可能影響價格的信息，並通過交易行為把這些信息反應出來，增強了衍生品市場價格對信息的敏感性，提高了市場價格的客觀性和可信度。如果我們留意股票、債券、外匯甚至原油、金屬的報價，就會發現，最具有公信力的報價實際上是以這些商品為標的物的衍生產品市場的價格。

在維護衍生品市場有效性和提高衍生品價格公信力方面，還有一類交易者起著重要的作用，根據他們的交易特點和交易方式，我們習慣上稱他們為套利者（Arbitragers）。套利者進入衍生市場的目的也是博取風險收益，所以他們也可以被看成一類特殊的投機者。與一般的投機者不同，套利者通過瞬時在兩個或多個不同市場上構建買、賣相反的頭寸，從而鎖定無風險收益。儘管在外匯、債券、貨幣市場上都存在大量的套利者，但是在衍生品市場上，由於衍生品的價格與標的商品價格的變動並不完全一致，大量高賣低買的套利機

---

① 一般認為流動性是達成交易的難易程度，習慣上使用成交量作為流動性的衡量標準。交易量越大意味著成交越容易；市場交易量越小，成交越難。

會促使衍生品市場上出現眾多的套利者。從套利產生的基礎上看，套利者是利用市場失效來套取收益，但套利行為卻導致市場失效的情況迅速消失，保證和維護衍生品價格的合理性。

從衍生品市場參與者的動機就可以看出，衍生金融產品具有套期保值、價格發現或價格指引、投機獲利三項基礎功能。通過套期保值、投機者和套利者的共同參與，在市場機制的引導和作用下，風險會按照不同交易主體的風險承受能力進行分配，從而實現最優風險配置。在這個過程中，衍生品作為風險管理和控制工具的能力得到充分發揮。

1.2 衍生金融工具的種類

如果按照標的商品的屬性分類，衍生金融工具可以被分為實物商品衍生品、金融衍生品和非實物權證類衍生品。

在商業貿易中，由於生產週期、存貨週期與連續生產之間的矛盾，導致農產品、工業金屬、能源等商品的供求之間存在「時滯效應」（Time－Lag Effect）。為了迴避遠期價格變動對收入或生產成本造成的影響，催生了以實物商品為標的物的衍生金融產品。這類衍生金融產品的出現，不僅為實物商品的生產商、貿易商和下游消費商提供了迴避和轉移未來價格風險的手段，對保障和維護農業、工業以及能源產業等影響國計民生產業的持續穩定發展鍛造了良好的風險管理工具，而且衍生品市場上良好的流動性、頻繁的價格波動以及第三方仲介機構提供方便的抵押和質押服務，使實物衍生品也和金融市場上交易的其他金融工具一樣，具有了投融資功能，使即便以實物為標的物的衍生品也成了一種金融產品。

與實物市場相比，金融市場的價格變動更加頻繁、價格波幅更大。迴避和轉移金融市場價格變動風險的需求催生了以股票、債券、外匯為標的物的金融衍生品。自從金融衍生品面世以來，就被投資銀行、資產管理公司和機構投資者廣泛使用，成為削減和控制金融投資風險的重要工具。同時，金融產品良好的同質性、低廉的儲藏成本和較高的波動性，為金融衍生品創造了更多獲取投機收益的機會，推動金融衍生品市場的交投活躍，交易規模不斷擴大，導致金融衍生品成為衍生品家族中市場價值最大、參與者最多的品種。

隨著技術創新和進步，利用衍生品應對自然風險的探索，使指數、溫度、溫室氣體排放權甚至颶風等為標的物的衍生品誕生。感謝技術進步給予我們計量和核定的手段和方法，使這些標的物甚至不具備商品屬性的非實物形態也可以成為標的，構成衍生品。非實物權證類衍生品誕生不過 20 年，但這類衍生品的開發和應用，標誌著我們對衍生品配置風險能力的進一步認識和肯定，推動著衍生品向更寬的領域拓展，為我們應對風險提供了新的工具和方法。

和經濟學一樣，金融學的核心依然是定價問題。為了學習和掌握衍生品的定價規律，在專業中，我們更習慣從衍生品的收益和管控風險的特點上界定和區分它們的種類。

按照衍生品的收益和風險特點，我們可以把所有衍生品分為基礎衍生品和合成衍生品兩大類。遠期、期貨、期權與互換被稱為基礎衍生品。通過對這四種基礎衍生品的組合或分拆，形成新的衍生品被稱為合成衍生品。隨著經濟活動的多樣化，不同經濟主體面臨的風險日漸呈現個性化的特點，通過對基礎衍生品的組合或分拆，以求創造出能滿足不同需求的衍生品促成了金融工程學的誕生和發展，推動新型的衍生金融工具不斷湧現。但同時也應該看到，新的衍生金融工具都是由遠期、期貨、期權和互換演化發展而來，所以它們一樣會依循基礎衍生品的定價規律。

（1）遠期（Forward Contracts）。衍生品中提到的遠期是指雙方約定在未來的某一確定時間，按確定的價格買賣一定數量的某種標的資產的合約。也就是說，遠期和遠期合約的含義相同。遠期合約最大的作用在於可以在當下（合約簽訂時）就確定下未來的價格，從而迴避未來價格變動的風險。

（2）期貨（Futures）。衍生品中提到的期貨是指期貨合約（Futures Contracts），它也是買賣雙方通過協議確定未來價格的一種形式。與遠期合約不同，期貨合約中交割標的商品的等級、交割時間和交割地點都做了標準化的規定。也就是說，期貨市場上流轉的合約是標準的，不能因為買賣雙方的需求來調整合約約定的條件。由此可見，期貨合約是一種特殊的遠期合約，只是期貨合約通過犧牲個性化，換來更好的流動性[1]。

（3）期權（Options）。作為衍生品的期權也是以合約的形態出現的。期權的實質是對未來權利的買賣。通過支付期權費（Premium）或期權價格（Option Price），買入期權者可以在規定的時間，享有按照約定的價格買入或賣出一定數量的標的資產的權利。與之相對，一旦期權持有者要求行使權利，期權賣出者必須履約。也就是說，期權的買入者獲得選擇的權利，不用承擔履約義務，賣出方只有履約的義務，而沒有權利。期權是被公認為是金融領域最重要的創新之一。通過組合與拆分，期權可以與各種衍生金融工具搭配，形成具有不同風險和收益特點的組合金融工具。

（4）互換（Swaps）。互換合約（Swaps Contracts）是指兩個或兩個以上當事人按照事先商定的條件，在約定的時間內，交換一系列現金流的合約。更為準確地說，掉期合約是指當事人之間簽訂的在未來某一期間內相互交換他們認為具有相等經濟價值的現金流（Cash Flow）的合約。從本質上看，互換實際上是現金流的交換。較為常見的有利率掉期合約、貨幣掉期合約。

通過上面的敘述，我們會發現，遠期合約是一種面向實際用戶的期貨合約，互換合約是一種可以分解成一系列相互關聯的遠期合約。在權益方面，遠期合約、期貨合約和互換合約的買賣雙方都平等享有在未來的某個期限內交易的義務，但期權的買方卻沒有這種義

---

[1] 可以這樣理解流動性和標準化之間的關係：標準化意味著每張合約的內容都一樣，使得合約之間具有絕對的替代性，因而帶動交易量即流動性增加。

務，因此期權是這四種衍生工具中唯一具有內在價值的一種。另外，標準化的期貨合約和期權合約通常會在交易所內進行交易，所以它們的流動性比遠期合約和互換合約高得多。

儘管存在這些差別，遠期、期貨、互換和期權都是衍生品價格形成的基礎。各種複雜的衍生品合約都是這四種基礎合約合成的，瞭解這四種基礎衍生品就等於掌握了開啓衍生品大門的鑰匙。

2　衍生金融市場

2.1　衍生金融市場簡介

作為衍生品的交易場所，從交易的組織形式、管理規則和運作模式上分類，衍生金融市場可以分為場內市場和場外市場。

衍生品的場內市場，就是指在交易所內進行衍生品交易的市場。一般來說，場內市場有固定的交易場所，按照規定的交易時間和統一的交易規則開展交易，以便為交易者提供一個公開、公平、公正的交易場所。由於在交易標的方面，在場內市場交易的衍生品都是由交易所自行開發和上市的標準化合約，在交易方式上，場內交易市場公開的集中或連續競價方式開展衍生品交易，使衍生品場內市場吸引較多的交易者，特別是投機者參與其中，整個市場擁有較高的流動性。另外，在風險控制和管理上，場內市場採用會員制，控制和管理參與交易者的資格，並且在交易時，交易所還會作為買賣雙方的對手，承擔履約擔保責任，以保證交易的有效性，採用限倉、大戶報告等制度降低交易風險，有效地防止了違約事件的發生。

衍生品的場外市場也稱為 OTC（Over the Counter）市場。和場內市場不同，OTC 市場沒有固定的場所，沒有規定的成員資格，沒有嚴格可控的規則制度，沒有規定的交易產品和限制。在 OTC 市場上，交易是通過買賣雙方私下協商，進行的一對一的交易，因此，與場內交易市場實行集中交易相比，衍生品的場外市場的交易具有分散性。為了滿足交易雙方的個性化需求，在 OTC 市場上多以非標準化的衍生品合約作為交易對象。在交易風險控制方面，由於場外交易多發生在買賣雙方之間，缺乏第三方監督，雙方信用成為保證履約的主要手段。儘管採用了雙方授信等手段，OTC 市場上違約的事件仍然時有發生。應該看到，OTC 市場在滿足交易者迴避和轉移特殊風險方面的需求起著不可替代的作用，但缺乏公開、透明和有效的監管機制，經常使衍生品的場外市場成為風險累積的場所和金融危機的「導火線」。

綜合來看，衍生品的場內市場在流動性方面有著顯著的優勢，但標準化的交易對象和相對嚴厲的交易監管制度使這個市場在滿足交易者個性化需求方面存在先天性的缺陷。衍

生品的場外市場雖然能夠通過一對一的交易來滿足不同交易者的特殊需求，但缺乏完全對沖市場整體風險的渠道和手段，累積的風險往往通過衍生品與標的資產價格的傳導機制，演化成危害巨大的金融危機。如何通過加強管理來降低市場風險，與如何開發可滿足更多需求的標準化產品成為影響衍生品市場發展的重要問題。

2.2 國際衍生金融市場與金融危機

據歷史文獻記載，早在公元前，古希臘和古羅馬就出現了遠期交易方式和期權的雛形。但現代意義上的衍生金融工具和交易市場卻是以1848年美國芝加哥期貨交易所（Chicago Board of Trade，簡稱CBOT）成立為起點的。

受到生產發展、特別是技術與金融理論發展的制約，在一個多世紀的時間裡，衍生金融工具的發展相對緩慢。到20世紀70年代，隨著電腦和通信技術的發展以及對衍生品定價規律和作用的認識逐漸深入，衍生品在風險管理方面的獨特作用開始得到廣泛的認可，衍生金融工具開始進入了快速發展時期。衍生金融產品的日漸豐富，交易方式的多樣化，使衍生品市場成為國際金融創新的主戰場。

衍生金融市場繁榮除理論發展和科技進步外，還包括以下幾個方面的原因：

（1）1970年前後，金融全球化和國際貿易一體化的趨勢已初露端倪。為金融和大宗商品的定價過程中增添更多的影響因素，使金融市場和大宗商品市場價格波動更為頻繁、價格波動幅度更大，這一點在20世紀70年代兩次「石油危機」、20世紀90年代初「亞洲金融風暴」以及20世紀末「電子商務泡沫」前後表現得尤其明顯，從而擴大了避險工具的需求，成為推動衍生品市場不斷發展的根本力量。

（2）1970年前後，在通貨膨脹的推動下，全球資本市場都呈現出擴張的態勢。適逢其會，衍生品市場也迅速發展起來了。

（3）通貨膨脹還壯大了機構投資者的規模，推動了金融創新。在衍生工具和金融工程學的指導下，大量以投資銀行、互助基金等機構投資者為對象，能迴避監管，具有高風險、高回報特點的衍生品被發展起來，有效地擴大了衍生品市場規模。

衍生金融產品在應對風險方面的傑出作用和蘊含的巨大收益，在經濟、金融、技術等多方面綜合因素的影響和共同作用下，促成了衍生金融產品市場以空前的速度快速發展起來，成為構成金融市場的一個重要支柱。這一點在進入21世紀後表現得尤其明顯。統計資料顯示，2000—2005年期間，全球交易所交易的衍生產品總金額以年均29.7%的速度遞增，到2005年已經達到1408.4萬億美元，是當年世界國內生產總值的31.7倍。其中期貨、期權的交易量增長驚人，以農產品、能源、外匯以及工業品為標的物的各種衍生產品交易量也以高於同期發達國家國內生產值年均增長率7倍的速度快速增長。造成這個結果固然和全球投資熱潮、基金規模擴張、投資組合多樣化等多種因素有關，但衍生品在避險和逐利兩方面的突出表現才是根本原因。

伴隨衍生金融工具及其市場的發展，以期貨、期權和互換等基本衍生金融工具為主體的發展，逐漸讓位於新型複合式的衍生金融工具的創新。特別是進入 21 世紀以來，各類金融機構大量利用金融工程技術，在場外市場上開發出諸如信用違約互換、總收益互換、信用價差互換以及信用掛勾票據等以轉移信用風險為核心的信用衍生產品，以及基於發放抵押貸款獲得未來收入現金流的抵押貸款類衍生品。這些用以滿足交易者多樣化避險和投資需求的新型衍生品，持續成為金融市場創新的一大熱點。

對新型衍生品的過度開發和使用最終導致了一場波及全球的金融危機。在逐利和競爭的雙重壓力下，地產抵押貸款公司和投資銀行爭先恐後的開發了一系列基於房地產抵押貸款的衍生品，通過對房地產抵押貸款未來可能出現的現金流進行打包處理，向投資者發行多種類型的衍生證券。從表面上看，這類衍生工具會給銀行和投資者帶來可觀的收益，通過發行抵押貸款類衍生工具，銀行能將其發放的長期抵押貸款轉換為短期的現金流，有利於加速金融機構的資金流轉速度，同時通過投資這類衍生工具，給不同風險偏好的投資者提供了更多的投資選擇，便於豐富投資組合。和其他衍生品一樣，抵押類衍生金融工具的價值也是基於標的資產——償還抵押貸款的現金流，一旦這個現金流出現斷裂，抵押類衍生金融工具的價值就會變得一錢不值。在缺乏履約保證的場外市場上，因為投資失敗造成的損失迅速演變成大量違約事件。在金融市場的傳導機制引導下，違約風險終於變成系統性風險，最終引發了一場史無前例的金融危機。

自 2007 年席捲全球的金融危機以後，加強對衍生金融產品創新和交易監管的呼聲越來越高。但只要存在避險和逐利的需求，國際衍生品市場的發展和創新就不會停止。

2.3 中國衍生金融市場

隨著中國市場經濟的發展，迴避交易中蘊含風險，維護企業、行業和國民經濟平穩、健康的發展成為推動國內建立和發展衍生品市場、開展衍生品交易的動力。特別是在中國加入世界貿易組織後，全球貿易一體化、金融國際化的趨勢日趨明顯，為貿易和經營帶來更大的變數和風險，發展國內衍生品，為管理風險提供高效的市場化工具顯得尤為重要。在這種現實情況下，1990 年在農產品現貨批發交易的基礎上，鄭州糧食批發市場開始引入期貨交易機制，才正式揭開了中國衍生品發展的帷幕。

儘管建立場內市場、開發並交易衍生品的時間並不長，但國內期貨市場的成長速度體現了超常規發展的特點。在 20 年的時間裡，國內衍生品市場先後出現了以農產品、金屬、化工、能源、工業品、股指等為標的物的期貨品種；同時，證券市場開發並推出了一些股票期權，銀行間市場上出現了利率掉期和互換交易。這些探索為國內衍生品開發、創新和交易累積了大量有益的經驗，推動國內衍生品市場不斷向前發展。

由政府主導和推動、以期貨為主體的國內衍生品市場跳躍式發展，迅速彌補了國內經濟活動中缺乏避險工具和市場的缺陷，為農業、工業和資本市場持續穩定發展做出了貢

獻。但國內衍生品和衍生品市場的發展也面臨諸如：衍生品的種類不齊，不能完全覆蓋經濟生活中的主要風險，市場開放程度不足，投資主體結構不合理，缺乏機構投資者，不利於形成具有廣泛代表性和公信力的價格等一系列問題。

作為風險交換的場所，在一個結構合理、功能完整的金融市場上，衍生品扮演著極為重要的角色。隨著中國已經成為世界經濟中一個重要的大國，建立和發展與經濟發展程度和規模相適應的衍生品市場是經濟發展的內在需求，這意味著中國的衍生品市場在未來很長一段時間裡都應該保持快速發展的態勢，不斷提高對國民經濟的影響和作用。基於此，我們將開始衍生金融工具這樣一門極富實用型課程的學習，希望通過學習和掌握知識的過程中，能激發我們對衍生品研究和實踐的興趣，爭取為國內衍生品市場的發展貢獻力量。

3　如何學習本門學科

3.1　學習衍生金融工具的方法

作為一門學科，衍生金融工具的基本學習方法與其他學科並沒有什麼大的不同，即要學好這門學科必須努力掌握本書和老師在課堂上教授的內容。但作為金融學中一門實用性極強的學科，對衍生金融工具的學習方法和技巧上還是有一些值得我們特別注意的地方。

首先，作為從標的商品衍生出來的金融產品，對衍生金融工具的學習與金融學中其他基礎性的課程不同，需要對標的商品的市場運作規律和特點有一定的瞭解和認識。比如，在我們的直覺上，實物商品的交易與股票、債券類金融產品的交易不同，金融產品會存在一個集中交易場所，造成金融產品價格的透明性和變動頻率較高，受「菜單成本」和市場分割的影響，實物商品價格的代表性不足，變動頻率較慢。也許讀者會問，瞭解這一點，對我們學習衍生金融工具有什麼影響呢？如果仔細分析以股指和大豆為標的物的期貨合約，你就會發現股指期貨合約規定的漲跌幅度遠高於大豆期貨合約的漲跌幅度。在資本市場上，價格波動蘊含著潛在收益機會。因此，如果有人問你，為什麼金融衍生品市場往往比實物衍生品市場活躍得多？那麼你用「金融為標的物的衍生品會比以實物為標的物的衍生品更吸引投機者」來回答的時候，就會更深刻地理解這句話的含義。

其次，要想學好衍生金融工具這門課程，你還需要具備良好的數學基礎。本書作為學習衍生金融工具的入門教材，主要內容偏重於對一般規律和基礎應用的介紹。因此，在編寫過程中盡量避免使用過於複雜和艱深的數學語言，盡量使用語言和圖表對那些複雜的定價過程進行描述，以便使讀者對衍生品有一個框架性的認識和瞭解。為了保證邏輯的嚴密性和完整性，其中還是不可避免地運用了一些數學公式來推導和證明其中的定理，這就要求讀者需要對微積分和概率方面的知識有一定的瞭解和掌握。如果你希望從事衍生金融工

具開發或相關的研究，那麼本書中涉及的數學知識顯然是不夠的，這就需要在隨機分析、非線性分析方面有更為堅實的數學基礎。

最後，也是最重要的一點，就是對無套利定價思想有深刻的體會。正如前文中提到的那樣，學習和研究衍生金融工具的核心是定價問題。接觸過金融市場的讀者都知道，很難明確界定金融市場上交易對象的供給者和需求者，因為參與金融市場的投資者隨時可能在供給和需求兩者之間相互轉換。這就造成以無套利活動發生作為確定均衡價格的無套利定價思想成為金融產品定價的指導思想。由於存在賣空機制和產品可複製性，使得無套利定價思想在衍生品定價裡得到最廣泛的應用，甚至成為確定衍生品價格的唯一途徑。領會和掌握無套利定價思想，將對學習和研究衍生金融工具起關鍵性作用。為了方便讀者的理解，在本書的編寫中，我們採用從構建無套利投資策略出發，推導出相關的定理，展示相關的規律。那就會影響甚至阻礙對理論演變的理解。關於這一點，在隨後的學習中，讀者會逐漸體會到。

衍生金融工具是一門與實踐聯繫非常緊密的學科，回顧這門學科的發展歷程，就可以發現，衍生品創新的實踐以及衍生品市場出現的異常情況，往往是推動整個學科研究和發展的動因和動力。以創新為標誌的衍生品市場，也是研究成果轉化最快的場所。因此，在今後的學習中，如果能隨時留意衍生品市場的動態，會有助於我們提高學習興趣，加深對理論的感性認識，對學好衍生金融工具將大有益處。

3.2　學習衍生金融工具的意義

衍生金融工具的發展與金融創新密切相關。從目前的情況看，雖然衍生金融工具在中國發展很快，也取得了巨大進步，但遺憾的是，由於理論和學科建設的滯後，我們在衍生金融工具的研究上未能充分發揮對國內衍生品市場發展建設提供理論指導作用。對期權、非實物標的衍生品等產品的理解和掌握不足，已經阻礙了中國衍生品市場的進一步良性發展。

目前，國內迫切需要一大批具有專業知識的衍生金融工具研究者和實踐者，共同推動國內衍生品的創新和市場發展，以便健全和豐富風險管理工具，完善和優化國內金融市場結構，充分發揮衍生品在風險管控和配置方面的突出作用，切實提高企業和國民經濟應對風險的能力。這樣的現實，使得對衍生金融工具的學習和研究在中國有著特別的意義，可以為國內衍生品市場的建設和發展輸送具有專業知識的參與者。對於個人發展而言，衍生品市場也為金融專業的學生提供了可展示自我的廣闊舞臺。

小結

1. 衍生金融工具是一類以合約形式存在，其價格由合約標的商品或標的資產價格所決定的金融資產。

2. 交易者的避險和逐利需求是衍生金融工具產生的根本原因。按照交易動機劃分，衍生品市場上有套期保值、投機和套利三種交易者。通過他們的參與，實現了按照承擔風險的願望和能力配置風險的目的，衍生品市場實現了風險轉移、價格發現以及投機獲利三大功能。

3. 衍生金融工具一般可劃分為基礎類衍生品和複合類衍生品兩大類。遠期、期貨、期權、互換是四大基礎衍生品。複合性衍生金融工具是在這四種衍生品的基礎上，借助合成和拆分技術，創造出具有不同風險—收益結構的衍生工具，滿足交易者多樣化的避險和逐利需求。

4. 衍生金融市場是交易衍生品的場所，一般劃分為場內市場和場外市場兩類。衍生品的場內市場的交易對象標準化程度高，市場流動性好，管理相對規範。衍生品的場外市場以一對一的個性化交易為主，在滿足型交易者個性化需求的同時，整個市場的風險不能完全對沖，經常成為危機爆發的「引線」。

5. 衍生金融工具是一門實踐性極強的學科。學好這門學科需要瞭解標的商品的規律和特點，掌握一定的數學知識，特別要深刻理解和靈活應用無套利定價思想。

課後練習

1. 什麼叫衍生金融工具？它的主要作用是什麼？
2. 簡述投機和套利兩者之間的區別與聯繫。
3. 如何看待衍生品與金融危機之間的關係？
4. 學好衍生金融工具有什麼特殊的學習和研究方法？
5. 談談你對衍生金融工具的理解。

第 2 章　遠期和期貨基礎

學習目標

本章簡要描述了遠期和期貨的交易歷史，介紹了遠期與期貨的異同，講解了期貨合約條款、交易規則和市場運作模式，重點講解了遠期和期貨的定價原理與交易者的操作策略。通過本章的學習，你應該知道：
- 遠期與期貨的異同；
- 期貨合約細則和市場運作模式；
- 遠期和期貨的定價原理；
- 期貨套期保值和投機的策略與操作方法。

重要術語

遠期交易、期貨合約、保證金、逐日盯市、交割、開倉、平倉、持有期成本、現貨溢價、套期保值、套利和投機

1　遠期和期貨市場簡介

與其他衍生工具相比，期貨市場既簡單又複雜，說它簡單是指相對於期權或更複雜的複合型衍生工具，確定期貨價格的理論是最簡單的；說它複雜，是指這個市場已經包含了其他衍生市場所通用的大部分術語和操作策略。

1.1　遠期和期貨市場發展簡史

社會分工驅動交易的產生和發展，在日漸普及的貿易活動中，特別是對初級原材料類

大宗商品的貿易活動中，由於生產週期、運輸和備貨的原因，使合約訂立與貨物最終交收之間出現「時滯」，給買賣雙方帶來了很大的風險。這一點在農產品貿易中表現得尤其突出。

受農作物生長週期的影響，農民必須在播種時節就決定種植的品種和數量。這時他無法確定未來能以什麼價格出售自己的產品。如果按照當前的市場價格信息做出生產決策，往往到了收穫季節時，那些在播種季節比較「貴」的農產品在市場上泛濫，成為最廉價和最難以銷售的商品；而那些在播種季節比較便宜的農產品，由於種植的人少，卻往往在收穫季節因為供給不足而價格高漲。如此一來，給農民和農產品貿易企業造成了巨大的價格風險。為了迴避未來價格不確定造成的風險，在種植季節，農民與貿易商就訂立未來收穫季節的交收協議，就未來收割季節交收的數量和價格達成一致。這樣在收割季節，買賣雙方就可以按照事先的約定完成交易。這種對未來交易行為簽訂協議，在協議到期時，按照協議約定執行交易的貿易活動就是遠期交易。

早期的遠期交易合約是買賣雙方的口頭承諾，但違約風險促使遠期交易合約由口頭向書面形式轉化。隨著交易範圍的擴大，1571 年倫敦開設了世界上第一家商品遠期契約履約的擔保機構——英國皇家交易所（The Royal Exchange），負責監督買賣雙方按交貨和付款。其後，遠期合約（Forward Contracts）在條款設計、計價貨幣、定價方式以及合同信用等方面逐漸完善起來，這時候的遠期交易合約條款的具體內容由買賣雙方自行協商。一直到 19 世紀中期，交易所開展遠期合約交易的目的還是為了滿足商品實物跨期交收的需要，仍屬於現貨交易的範疇。

1825 年起，由於鐵路和航運的普及，美國西部的糧食大量流向美國的工業大都市——芝加哥。這一方面促進了倉儲技術和倉庫的巨大發展，另一方面也使芝加哥的糧食儲運商囤積的糧食越來越多。為了迴避和轉移因為價格變動而帶來的損失，1848 年由 82 位商人發起組建了美國第一家中心交易所——芝加哥期貨交易所（Chicago Board of Trade，簡稱 CBOT）。這時遠期合約本身，而不是合約所代表的商品成為了交易所內交易的對象。為了保證和促進合約的流動性，交易所在所交易的遠期合約中標的商品的品質（規格、等級）、交易數量（合約規模）、計價貨幣和計價單位、付款方式以及實物交收的日期和地點等條款進行了統一的規定。這種被標準化的遠期合約就是期貨合約，圍繞期貨合約開展的交易就是期貨交易。

遠期合約實行標準化後，期貨市場交易就逐漸脫離了實物交割的目的，變成實物商品的價格「顯示器」，這時期貨合約就成為期貨買賣的對象。如果按照期貨合約所代表的資產類型，所有期貨合約可以分為兩類，即商品期貨合約和金融期貨合約。儘管這兩類合約的價值依賴標的資產的價格，但令人驚奇的是它們擁有相同的定價規律。這一點我們將在下一節具體討論。

表 2-1　　　　　　　　　　上海期貨交易所陰極銅期貨合約

交易品種	陰極銅
交易單位	5 噸/手
報價單位	元（人民幣）/噸
最小變動價位	10 元/噸
每日價格最大波動限制	不超過上一交易日結算價±3%
合約交割月份	1～12 月
交易時間	上午 9:00 — 11:30　下午 1:30 — 3:00
最後交易日	合約交割月份的 15 日（遇法定節假日順延）
交割日期	合約交割月份的 16 日至 20 日（遇法定節假日順延）
交割品級	標準品：標準陰極銅，符合國家標準 GB/T467 — 1997 陰極銅規定。 替代品：1. 高純陰極銅，符合國家標準 GB/T467 - 1997 高純陰極銅規定； 　　　　2. LME 註冊陰極銅，符合 BS EN 1978:1998 標準（陰極銅等級牌號 Cu - CATH - 1）。
交割地點	交易所指定交割倉庫
最低交易保證金	合約價值的 5%
交易手續費	不高於成交金額的萬分之二（含風險準備金）
交割方式	實物交割
交易代碼	CU
上市交易所	上海期貨交易所

表 2-1 是上海期貨交易所陰極銅期貨合約樣本。從表 2-1 中可以看到，交易所對標的商品的名稱（陰極銅）、品質（交割等級）、交易單位、計價方式、交割方式和地點都做了詳細和統一的規定。期貨合約的標準化的好處在於，明確記載和規定了合約持有人在未來確定的時間和地點，對相同品質已知數量商品的所有權，期貨交易就是通過對這種標準化合約的買賣，使商品的物權在眾多交易者之間自由流動。與期貨合約相比，遠期合約中標的商品的品質、數量等條款一般由買賣雙方自行協商制定。這種方式雖然最大限度地滿足了買賣雙方對交易的個性化需求，但同時也造成了遠期合約難以在互不相識的交易者之間流轉。也就是說，遠期合約的個性化條款造成了合約的流動性障礙。

1.2　遠期和期貨市場的運行機制

要瞭解遠期和期貨市場的運行機制，首先要熟悉一些常用的術語。

在信息技術高度發達的今天，全球大多數的期貨交易所都採用電子合約代替傳統的紙制合約。在期貨市場上，交易者帳戶中的期貨合約數量一般被稱為頭寸，買入期貨合約的交易者被稱為多頭（Long position），賣出期貨合約的交易者被稱為空頭（Short position）。當一個交易者在市場上買入或賣出期貨合約，我們把這種行為稱為開倉（Open interest）。這時交易系統會自動把該交易者買入或賣出的期貨合約數（頭寸）記錄在該交易者的帳戶上。

遠期交易向期貨交易過渡後，標準化的期貨合約使得大部分交易者可以不選擇在合約到期日交割，而採用到期日來臨之前通過持有一個與初始交易頭寸相反的頭寸了結交易。如果投資者在3月9日買入10份9月到期的大豆期貨合約，他可以通過在8月25日（合約最後交易日前的任意一個交易日）賣出10份9月大豆合約，從而避免在9月（合約到期日）進行實物交割。這種做法被稱為平倉（Closing out a position）。

一旦投資者在合約的最後交易日結束後還持有未平倉的合約，那麼他將不得不進行實物交割。按照一般的交割規則，合約的賣出方——空頭（也就是同意出售資產的一方）可以按照合約規定在備選的標的資產等級和交割地點中做出選擇，並把選擇結果記入交割意向通知書（Notice of intention to deliver）遞交給交易所。之後，交易所會依照「便利交割」（交割成本最低）的原則對買賣雙方進行交割配對，並將配對結果通知買賣雙方。交易所有權按照配對結果敦促、監督買賣雙方按照所持合約進行實物交割和貨款結算（有些交易所會委託專門的清算所進行結算業務），並對交割過程中出現的違約和爭議進行處理和仲裁。

在遠期市場和期貨市場上基本採用相同的操作術語，但遠期市場合約的標準化程度卻遠低於期貨合約。

在表2-1中，我們看到上海期貨交易所的銅期貨合約中首先明確規定了標的資產的具體名稱——「陰極銅」，並且對可供交割金屬銅的等級也進行了明確的規定，即符合國家標準 GB/T467—1997 陰極銅規定。同時還規定了替代品的名稱和品質標準：符合國家標準 GB/T467-1997 高純陰極銅規定的高純陰極銅；或符合 BS EN 1978：1998 標準（陰極銅等級牌號 Cu-CATH-1）的倫敦金屬交易所（London Metal Exchange，簡稱 LME）註冊的陰極銅。

對不同品質的商品實行標準化的好處是：使參與期貨交易的投資者對合約代表的商品品質有一個明確的認識，最大限度地方便期貨合約在不同交易者之間的流轉。

與基於實物資產的商品期貨合約相比，金融期標的資產具有天然標準化的特點。比如，芝加哥商品交易所（Chicago Mercantile Exchange，簡稱 CME）的歐元期貨，就不需要對歐元的具體含義和等級進行專門的規定。如果你看到一份名為「上證180指數」的期貨合約，那你肯定不會對「上證180指數」所指代的對象和其他人產生爭議。僅從標的商品

實行標準化的難易程度就可以感覺到金融期貨市場的流動性應該高於實物期貨市場，事實上也的確如此。

期貨合約還明確規定了每張合約所代表的交割資產的數量。比如，上海期貨交易所的銅期貨合約就規定一張合約代表5噸陰極銅，而大連商品交易所的一張大豆合約則代表10噸大豆。合約的大小對市場的參與者有著重要的意義。如果一份合約規模過大，那些資金較少的交易者就可能無法參與這類合約的買賣，同時也會阻礙那些只想對沖較小風險頭寸的套期保值者（關於套期保值和對沖，我們將在第三節做詳細的介紹）；如果一份合約規模過小，也會增加相應的交易成本。由於合約規模的大小直接關係到市場的活躍程度，對於合約設計者——交易所來說，如何確定一張合約的合理規模是一項極其重要的工作。

為了降低交易爭端，期貨合約還必須對交易採用的報價單位和價格變動方式做出明確的規定。一般合約都採用所在國家的法幣為報價單位。但在最小變動價位方面，每種合約差異很大。這一方面是因為不同種類的合約可能存在大小不同的合約規模，另一方面還與標的商品的價格變動習慣有著密切的關係。

與我們熟知的股票相同，期貨也存在漲跌停限制。交易所不僅規定了合約每日價格變動的限制，而且把這種限制在合約中明確標註出來。當某個交易日內價格變動達到每日價格限制，我們就說價格達到「漲停」（Limit up）或「跌停」（Limit down）。這時交易所有權根據市場情況決定是否暫時休市，或是否需要擴大價格變動限制的幅度。

制定每日價格變動限制的目的是，為了阻止因為過度投機或市場機制的暫時缺失對價格造成的巨幅波動。但如果價格的變動完全是因為市場真實供求發生變化，那麼這時的價格限制可能就會人為地阻礙價格對信息的準確反應，扭曲價格信號。所以，對於限制每日價格變動的作用和意義一直是一個被廣泛爭議的話題。

期貨合約標準化還有一個重要體現，就是對交割的地點、時間、品質、相關費用以及交割方式進行了明確而統一的規定。如果你買到一份明年3月的棉花期貨合約並持有到第二年的3月，那麼你就應該按照合約規定的時間把符合合約品質規定的棉花運到指定的地點，進行交割。每個合約對應不同的交割月份，一旦進入規定的交割月份，這張合約就停止交易了。因此，期貨合約都有明確的存續期，大多數合約最長的存續期是一年，但對於原油等特殊商品，最長存續期可以達到六年。

此外，為了防止市場操縱，期貨合約還對每個帳戶持有的最大合約數進行了限制。從經濟學的角度看，每種物品成為商品所必須具有的一種特性就是稀缺性。設想一下，如果你有足夠多的資金，以至於可以買進足夠多的期貨合約，到了交割期，因為合約的買方沒有辦法籌集到足夠的商品進行交割，為了避免違約，賣方只好通過更高的價格買進合約，進行對沖，這時你就可以利用多頭的優勢操縱價格走高。在期貨發展歷史中，這樣的事例發生過許多次。我們把這種惡意的操作策略稱為逼空（Freeze）。最大持倉量限制就是對付這種價格操縱策略的一種有效武器。

期貨合約的條款和規定都是由交易所制定的，與之相對，遠期合約的具體條款和內容由買賣雙方協商確定。即使場外的遠期電子市場努力對遠期合約代表的標的物的品質進行標準化改造，但合約規模、交割地點、時間等仍舊無法統一起來。從合約的流動性來看，遠期合約的流動性要遠低於標準化的期貨合約。另外，期貨市場還通過保證金、交易所充當交易對手、逐日盯市等交易制度成功地降低了合約的履約風險。

如果兩個互不相識的陌生人直接接觸並同意在將來某個時間按協商的價格交易一定數量的商品，在約定的交割日來臨時，如果價格升高，那麼出售商品的一方可能會後悔這項交易；如果價格下滑，那麼購買者多少會認為自己吃了虧，這時的交割就存在違約的風險。要想期貨交易能夠持久地進行下去，就必須解決這個問題，因此保證金制度應運而生。

買賣期貨合約的雙方在交易開始前都必須按照規定在各自的帳戶中存入規定數量的保證金。實際上，期貨合約的保證金僅僅是一種確保履約的信用形式，如果我們能找到另外的方法確保期貨合約在到期時能夠被履行，那麼買賣雙方就不一定需要交納保證金。比如，在外匯遠期市場上，由於市場的參與者都是具有一定信用的銀行和金融機構，所以外匯遠期交易一般不需要繳納保證金。

在大多數情況下，期貨交易的保證金約占合約價值的5%～10%，有的甚至更低。較低的保證金比例方便那些資金規模小的投資者參與市場，但保證金比例過低就會加劇違約風險。以大連的大豆期貨為例，一個投資者在2008年7月12日以2800元/噸的價格買入一張2008年9月到期的大豆合約。按照規定，大豆的保證金比例為5%，合約規模為10噸/手，這個投資者應該繳納的保證金為1400元（2800×10×1×5%），到了9月交割期，大豆價格變為2500元/噸，這時這個投資者虧損3000元［（2800－2500）×10×1］。如果沒有追加保證金，那麼該投資者必須再另外繳納1600元（3000－1400）才能彌補虧損。這時投資者會不會選擇違約呢？

如何降低到期違約的風險呢？在保證金這個基礎制度下，衍發出逐日盯市清算制度，形成了期貨市場化解違約風險的「防火牆」。下面我們用一個例子來解釋這些制度是如何運作的。

假如一個投資者在2009年6月8日賣出三張上海期貨交易所2010年1月交割的鋼材合約，當時鋼材的價格為4000元/噸，期貨合約規模為10噸/手，最低保證金要求為7%。那麼為了保證投資者有能力在到期時履行三張鋼材合約，這個投資者必須繳納8400元（4000×10×3×7%）的保證金。當6月8日交易結束時，鋼材的結算價變為4100元/噸，這時如果按照結算價買入三張合約進行對沖，投資者將損失3000元［（4100－4000）×10×3］的利潤，這時交易所將從這個投資者的帳戶中扣除3000元，並把這筆錢轉到買入合約的投資者帳戶中。這就是逐日盯市（Marking to market）清算制度。在這種結算制度

下，只要你持有沒有平倉的合約，並且這個合約的價格發生了變動，那麼你的保證金帳戶上每天都會有資金變動。

由於賣出合約，投資者損失了 3000 元，這樣這個投資者的帳戶裡只剩下 5400 元（8400 - 3000）。假如 6 月 9 日這個投資者打算繼續持有這三張合約，那麼按照規定，他必須補齊 3210 元（4100 × 10 × 3 × 7% - 5400）的保證金，才能繼續他的投資計劃；否則將被交易所強行平倉。

期貨市場的保證金制度、逐日盯市結算制度和每日價格變動限制有效地防止了惡意的違約行為，保證了期貨市場的公正性和公平性，雖然許多遠期市場也開始實施保證金制度，但逐日盯市確是期貨市場獨有的結算制度。這種結算制度是對保證金制度的有力補充，在提高保證金使用效率的同時，也保障了因為保證金短缺造成的違約。

為了進一步讓大家明白逐日盯市清算制度，學會計算投資損益，我們用一個假想的投資者保證金帳戶的變動情況來結束這一節，見表 2-2。

表 2-2　　　　三張陰極銅期貨合約多頭保證金帳戶的變動情況

投資者 A 在 2008 年 6 月 27 日購買了 3 張 2008 年 8 月到期的陰極銅期貨合約，開倉價為 40,000元/噸，並持有至 2008 年 7 月 4 日，合約的保證金比例為 5%，合約規模為 5 噸/手。				
日期	期貨價格（元/噸）	每日盈虧（元）	保證金餘額（元）	需追加的保證金（元）
6.27（開倉時）	40,000		30,000	
6.27（收盤時）	39,700	-4500	25,500	4,275
6.30	39,800	1,500	31,275	
7.1	39,600	-3000	28,275	1425
7.2	39,500	-1500	28,200	1425
7.3	39,700	3000	32,625	
7.4	40,700	15,000	47,625	
盈虧總數	47,625 - 30,000 - 4275 - 1425 - 1425 = 10,500（元），或者是（40,700 - 40,000）× 5 × 3 = 10,500（元）			

2　遠期與期貨的價格

2.1　無套利定價的基本原理

隨著期貨合約逐漸臨近交割期，期貨價格或遠期價格將開始貼近標的資產的現貨價

格，如果不考慮期貨交割的相關費用，到達交割期時，期貨的價格應該等於現貨價格。

產生這種現象的原因很簡單。假設在交割期間，期貨價格高於現貨價格，那麼就存在一個明顯的套利機會，我們可以買入現貨，同時在期貨市場賣出合約，然後進行交割。如果現實中存在這樣的情況，那麼交易者就會利用這個機會進行套利，這樣使得期貨市場賣出（供給）力量增加，給價格造成下行壓力。另外，在現貨市場上，套利使得需求增加，刺激現貨價格上漲，在套利的作用下，現貨和期貨價格最終會達成一致。

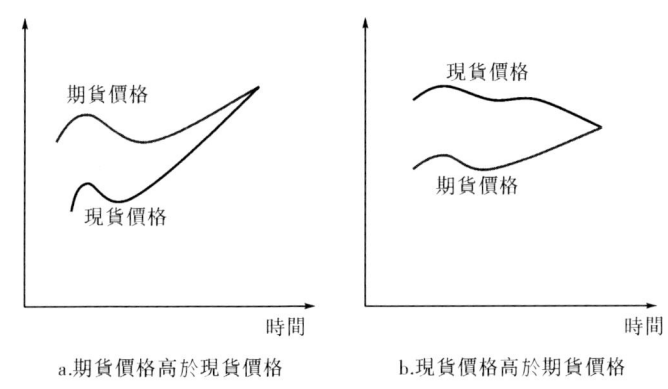

a.期貨價格高於現貨價格　　b.現貨價格高於期貨價格

圖2-1　期現貨價格到期收斂性

我們把期貨價格低於未來現貨價格的情況稱為現貨溢價（Normal backwardation），如圖2-1中b的情況；相反，我們把未來現貨價格低於期貨價格的情況稱為期貨溢價（Contango）。如果越臨近交割月，期貨價格越高，我們把這個情況稱為正常市場（Normal market）；相反，如果越臨近交割月，期貨價格越低，我們把這個情況稱為逆轉市場（Inverted market）。從這些稱謂中可以看出，市場參與者往往認為，臨近交割月，期貨價格應該逐漸走高。這是為什麼呢？

設想我們在2008年7月8日買入一張鄭州商品交易所的2008年9月的棉花合約，或者在2008年7月8日買入5噸棉花放入倉庫，這兩種方式都可以保證我們到2008年9月交割日可以得到5噸棉花。根據無套利原理，如果這兩種投資方式能得到相同的資產，那麼這兩種投資方式所付出的投資額必須相等。假設在2008年7月8日棉花的現貨價格是13,000元/噸，買入5噸棉花就應該支付65,000元（13,000×5）；再假設2個月的倉儲和保管等費用是200元/噸，那麼7月8日買入5噸棉花，並持有到9月，一共支出的顯性成本是66,000元（65,000+200×5）。這是投資現貨的全部成本嗎？不是，因為我們還沒有計算貨幣的時間價值。如果兩個月的資本利息是2‰，那麼132元就是用於支付棉花貨款和倉儲費用的資金成本。這樣採用買入棉花並持有到9月，一共支付的成本為66,132元。

這就意味著，在 2008 年 7 月 8 日一張鄭州商品交易所的 2008 年 9 月的棉花合約的價格應該是 66,132 元。

在商業世界裡，貨物存儲總是需要成本的，而且貨幣也具有時間價值。基於這種現實，上面的例子表明在 2008 年 7 月 8 日的期貨價格 66,132 元會高於現貨價格 65,000 元。下面我們用公式把這種想法表示出來：

$$F_t = [S_t + C + (S_t + C)r] \tag{2-1}$$

在式（2-1）中，F 表示期貨價格，S 表示現貨價格，下標 t 表示時間，C 代表倉儲費用，r 表示持有期的利率。

為了方便表述，我們也經常採用指數函數的方式來表示式（2-1）。

$$F_t = S_t e^{(c+r)} \tag{2-2}$$

式（2-2）中的 c 和 r 分別代表了持有現貨期間（從持有現貨至合約到期的時間內）的倉儲費率和連續複利計算的利率。這些因為持有現貨而必須支付的成本被稱為持有期成本（Cost of carry）。倉儲費用和利率往往大於零，所以式（2-1）或式（2-2）都暗示著期貨價格高於現貨價格。如果是這樣，那為什麼還存在「逆轉市場」的情況呢？

假如一種產品的價格具有明顯的下跌趨勢，這時生產廠家最明智的做法是盡可能地將生產出來的產品全部賣光，但即使在這種情況下，現貨中也不存在完全無庫存的情況。這可能是為了保障生產連續性，也可能為了防範市場突然變動造成現貨購買困難的情況發生。設想一下，假如一個日本的煉油廠預計在三個月後需要從美國進口 1000 噸原油，這時他們通過紐約期貨市場買入三個月後交割的 1000 噸原油期貨合約。在交割期時，由於颶風使得原油無法按時運到廠裡，如果沒有庫存，這個煉油廠就面臨停產的危險。所以，與持有期貨合約到期交割相比，持有現貨可能會帶來一定的收益。我們把這種收益稱為便利收益（Convenience yields），儘管這種收益在財務上可能不是顯性的。

當我們綜合考慮持有成本和便利收益後，期貨與現貨之間的價格關係應該是：

$$F_t = S_t e^{(c+r-y)} \tag{2-3}$$

式（2-3）中，y 代表持有現貨（期貨）期間的便利收益率。這樣逆轉市場就意味著，持有現貨帶來的便利收益大於因為持有現貨而不得不支付的各種成本。

知道了期貨定價的一般原理，下面我們就來看看如何確定幾種具有不同收益特性的標的資產的期貨價格。

2.2 三種不同收益資產的期貨定價

儘管對合約進行了標準化改造，擁有相對嚴格的交易制度和結算制度，但期貨交易的本質依然是在現在確定未來某個時刻交割某項標的資產的商業活動，因此期貨不過是一種特殊的遠期交易。基於這種特質，我們在研究期貨定價時往往會做出以下三個重要的

第2章 遠期和期貨基礎

假設：

（1）對於參與期貨市場的交易者而言，一旦市場出現套利機會，他們都可以無成本的進行套利活動。

這個假設保證了在合約的到期日（交割日），期貨價格會等於現貨價格；否則，在套利行為的作用下，也會促使這兩個價格相等。

（2）期貨的交易成本為零（這就使得期貨價格與相同時間段的遠期合約價格相等。想一想，這是為什麼呢）。

（3）每張合約代表一單位的標的資產。

下面我們把這節中將要用到的符號集中解釋一下：

T：期貨合約到期的時刻；

S：合約標的資產的即期價格；

K：期貨合約到期時的交割價格；

f：多頭合約的價值；

F：期貨的即期價格；

r：從即期到合約到期時刻 T 的時間段內，以連續複利計算的無風險利率。

使用上面的符號系統，我們所做的假設 1 和假設 2 就意味著：F＝K，並且 f＝0。也就是說，在合約開始生效時，設定的交割價格應該等於期貨價格，這時期貨合約本身僅是一項等價買賣的協議，沒有任何價值，但是隨著時間的變化，F 和 f 都會發生變化。

下面我們先通過基於最簡單的標的資產——不支付收益的投資資產的期貨合約如何確定價格來解釋這一點。

例 2–1　假設市場上有以一個不支付紅利的股票 W 為標的物的期貨合約，合約在 3 個月後到期。當前股票價格為 20 元，3 個月的無風險年利率為 4%。

如果當前該股票的期貨價格為 25 元，那麼投資者 A 可以按照 4% 的無風險利率借入 20 元，買入一個股票 W，同時在期貨市場上賣出一個期貨 W。合約到期後，用得到的 25 元歸還借入的 20 元本金和利息，投資者 A 必須歸還的本息為 20.2 元（$20e^{0.04 \times 3/12}$），這樣投資者 A 就獲得 4.8 元（25－20.2）的收益。

如果當前股票 W 的期貨價格為 18 元，那麼投資者 A 可以借入一個股票 W，並在股票市場上以 20 元的價格賣空，同時購買一個 W 期貨合約，合約到期後用 18 元進行交割，並把獲得的股票還給股票擁有者，這時投資者 A 的收益為 2.2 元（$20e^{0.04 \times 3/12} - 18$）。

如果當前股票 W 的期貨價格為 20.2 元，那麼套利機會還存在嗎？答案是否定的。因為在這種情況下，如果投資者 A 借入 20 元買股票 W 並且賣出 W 的期貨合約，那麼從期貨上得到的全部收益都將支付所借的本金和利息，綜合收益為零。如果投資者 A 借入並賣空一個股票 W 並且賣出 W 的期貨合約，那麼從賣空股票得到的收益正好夠支付期貨的多頭，

這樣他的綜合收益還是為零。

現在我們把例 2-1 抽象化，從中總結出一個一般性的結論。

我們考慮一項以不支付收益的資產為標的物的期貨合約，標的資產的價格為 S，T 為期貨合約到期日，r 是從即期到合約到期時刻 T 的時間段內以連續複利計算的無風險利率，F 是期貨價格。如果投資者採用以下投資策略：

(1) 當前買入一個單位的不支付收益資產。
(2) 賣出一張期貨合約。

期貨合約開倉時的價值為 0，所以該策略的初始投資成本為 S。期貨合約規定的標的資產在 T 時刻以 F 價格成交。如果我們要求在 T 時刻這個投資策略的總收益為 0，即這個策略是一項無套利的投資策略，那麼就必須滿足以下條件：

$$F = Se^{rT} \tag{2-4}$$

式（2-4）表明投資者在當前支付了 S 的成本，在未來 T 時刻得到無風險收益應該正好等於期貨價格 F。

運用公式（2-4），我們計算在無套利情況下，或者在市場均衡條件下，例 2-1 中，當 S=20 元，r=4%，T=3÷12=0.25 時，期貨的價格是：

$$F = Se^{rT} = 20e^{0.04 \times 0.25} = 20.2 \text{（元）}$$

這與我們剛才得到的結論相同。

例 2-2 考慮購買一個 3 個月期的期貨合約，標的資產是從今天開始 1 年後到期面值 1000 元的貼現債券，債券發行價是 960 元。假定無風險年利率（連續複利）為 6%。那麼該債券的期貨價格應該是多少？

注意，由於是 1 年期的到期貼現債券，所以從現在開始，在持有債券的 3 個月裡，貼現債券不會支付任何利息，因此按照公式（2-4），該債券 3 個月的期貨價格應該是：

$$F = Se^{rT} = 960e^{0.04 \times 3/12} = 969.65 \text{（元）}$$

這就是今天 3 月期該貼現債券的期貨價格。

下面我們要討論如何確定以另外一種資產——在持有期內會獲得已知數量現金收益的資產為標的物的期貨價格。

例 2-3 購買一份 1 年期定期支付利息債券的期貨合約，該債券當前價格為 900 元，債券在 10 年後到期，這時我們可以把購買的期貨合約看成是在一年以後購買 9 年期定期支付利息債券的合約。假設在每年 6 月和 12 月，債券會支付 60 元利息，當年 12 月付息日正好是期貨合約交割日的前一天，6 月期和 1 年期的無風險年利率（連續複利）分別為 8% 和 10%，那麼這份 1 年期定期支付利息債券的期貨的市場價格應該是多少？

首先我們假定這時期貨價格為 920 元，那麼

策略 1：

一個套利者可以借入900元購買一份債券，同時在期貨市場上賣出一份期貨合約，按照假設條件，6個月後債券支付的60元利息等於現在的57.65元（$60e^{-0.08 \times 6/12}$）。這樣一個套利者在借入的900元中，有57.65元可以以8%的利息借入6個月，在6個月後用所得利息歸還，剩下的842.35元（900－57.65）以10%的利率借入1年，年底需要支付930.94元（$842.35e^{0.1 \times 1}$）。到年底，該套利者還可以得到第二次付息60元，並按照期貨合約規定的價格賣出債券收回920元。這樣整個策略的淨收益為：

920＋60－930.94＝49.06（元）

我們假定這時期貨價格為860元，那麼

策略2：

投機者可以購買一份債券期貨，在借入並賣出一份債券得到900元，其中57.65元以8%的無風險利率投資6個月，得到60元，用於支付債券的利息，剩下的842.35元以10%的利率投資1年，得到930.94元，用60元支付12月的利息，剩下的870.94元支付860元後，將購得的債權歸還給所有者。在這種情況下，投資者的淨收益為：

870.94－860＝10.94（元）

當期貨市場價格高於870.94元時，採用策略1可以獲得淨收益。當期貨市場價格低於870.94元時，採用策略2可以獲得淨收益。如果期貨價格為870.94元，這時無論採用策略1還是策略2都不能獲得淨收益。

現在我們把例2－3抽象化，從中總結出一個一般性的結論。

我們考慮一項在持有期內會獲得已知數量現金收益的資產為標的物的期貨合約，標的資產的價格為S，持有期內獲得的現金收入現值為I，T為期貨合約到期日，r是持有期內以連續複利計算的無風險利率，F是期貨價格。如果投資者採用以下投資策略：

（1）當前買入一個單位的標的資產。

（2）賣出一張期貨合約。

期貨合約開倉時的價值為0，所以該策略的初始投資成本為S。期貨合約規定的標的資產在T時刻以F價格成交，如果我們要求在T時刻，這個投資策略的總收益為0，即這個策略是一項無套利的投資策略，那麼就必須滿足初始現金流出應該等於T時刻現金流入的條件，即：

$$F = (S - I)e^{rT} \tag{2-5}$$

或：

$$S = I + Fe^{-rT}$$

我們利用公式（2－5），按照例2－3中的條件知道，$S = 900$，$I = 60e^{-0.08 \times 0.5} + 60e^{-0.1 \times 0.5} = 114.72$元，所以，

$$F = (900 - 114.72)e^{0.1 \times 1} = 870.94（元）$$

這與我們剛才得到的結論相同。

例 2-4 購買一個股價為 50 元股票的 10 個月期的期貨合約，假設分別在 3 月、6 月和 9 月後，該股票都有 0.75 元的紅利分配。為了簡化計算，我們假設無風險利率（連續複利）穩定保持在 8%，那麼這個股票的期貨價格應該是多少？

首先我們計算出持有期內紅利的現值 I，$I = 0.75e^{-0.08 \times 0.25} + 0.75e^{-0.08 \times 0.5} + 0.75e^{-0.08 \times 0.75} = 2.162$ 元。把這個結果代入公式（2-5），得到：

$$F = (50 - 2.162)e^{0.08 \times 10/12} = 51.14 \text{（元）}$$

知道了這個答案，那麼一旦期貨市場的價格高於 51.14 元，我們就可以通過買入股票、賣出期貨合約的方式套利；相反，如果期貨市場的價格低於 51.14 元，我們就可以通過買入期貨合約、賣出股票的方式套利。在套利活動的作用下，期貨價格只能在 51.14 元穩定下來。

最後我們再討論以一種稍微抽象的資產——已知在持有期內的分紅利率的資產為標的物的期貨價格如何確定。

已知紅利收益率意味著用資產價格百分比代表的收益也是已知的。假設一項資產按天支付紅利，紅利的年收益率為 2%，這就代表如果當前該股票的價格為 20 元，那麼每天這項資產都能按照年總收入為 0.4 元（20×2%）支付紅利。實際上基本不存在連續支付固定收益率的資產，但如果對於某些定期支付固定紅利收益率的長期資產，連續紅利收益率的假設與實際情況擬合得很好。

例 2-5 假如一項資產能提供 5% 的連續年紅利收益率，那麼在這項資產當前價格為 30 元、無風險年利率（連續複利）為 10% 的條件下，一個以這項資產為標的物的 9 個月期的期貨價格應該是多少？

我們考慮這樣一種投資策略：

（1）當前買入 $e^{-0.05 \times 9/12}$ 單位的標的資產，並用資產收益進行連續投資。

（2）賣出一張期貨合約。

由於這項資產以年收益率為 5% 的比率增長，到 9 個月後，當初買入的 $e^{-0.05 \times 9/12}$ 單位標的資產就變成 1 個單位（$e^{-0.05 \times 9/12} \times e^{0.05 \times 9/12}$）的資產。這時根據期貨合約確定的價格，按照 F 賣出這項資產，那麼在無套利條件下（就是初始現金流出等於 9 個月後現金流入），期貨價格應該等於：

$$F = 30e^{0.1 \times 9/12 - 0.05 \times 9/12} = 31.15 \text{（元）}$$

如果期貨市場的價格高於 31.15 元，我們就可以通過買入資產、賣出期貨合約的方式套利；相反，如果期貨市場的價格低於 31.15 元，我們就可以通過買入期貨合約、賣出資產的方式套利。

現在我們把例 2-5 抽象化，從中總結出一個一般性的結論。

如果一項資產能提供 q 的連續年紅利收益率，假設這項資產當前價格為 S，無風險年利率（連續複利）為 r，那麼在市場均衡時，

$$Se^{-qT} = Fe^{rT}$$

或：

$$F = Se^{(r-q)T} \tag{2-6}$$

在現實中，我們見到的已知紅利收益率資產的紅利收益率大多並不固定。但是公式 (2-6) 一樣可以使用在這種場合，這時 q 代表平均紅利收益率。

我們來討論一下期貨合約的價格。

使用前面規定的符號，期貨合約的價格 f 用公式表達為：

$$f = (F - K)e^{-rT} \tag{2-7}$$

公式 (2-7) 表明期貨合約的價格就是當前市場確定的期貨價格 F 與到期交割的價格 K 之間差價的現值。

我們討論不同標的資產的期貨價格如何確定的時候，實際上確定的期貨價格是一個無套利的價格。當期貨合約剛進入流轉時，市場在套利活動作用下會形成無套利價格，這時 F = K，期貨合約的價格 f 為 0，在以後，這個價格可能為正也可能為負。

一旦期貨合約的價格 f 為正，意味著當前市場確定的期貨價格 F 高於到期交割的實際價格 K。那麼投資者完全可以按照 F 賣出期貨合約，在合約到期日，由於期現價格收斂，投機者可以按照價格 K 進行買入對沖，從中獲利。相反，一旦期貨合約的價格 f 為負，意味著當前市場確定的期貨價格 F 低於到期交割的實際價格 K。那麼投資者完全可以按照 F 買入期貨合約，在合約到期日，同樣由於期現價格收斂，投機者可以按照價格 K 進行賣出對沖，從中獲利。

這是不是說明一旦期貨合約的價格 f 不等於 0，那麼市場上總存在一種投資策略，進行套利，把期貨價格從偏差的軌道中拉回來呢？是的。不過好好考慮一下，我們怎麼才能準確地知道期貨合約的價格是多少呢？

在結束這一節的時候，我們考慮一下期貨和遠期價格相等嗎？其實只要放寬本節一開始就提出的假設 2，考慮期貨市場的交易成本，那麼期貨和遠期的價格就不會相等。比如當標的資產的價格 S 與利率高度正相關，當利率和資產價格 S 同時上漲的時候，由於存在逐日盯市制度，持有期貨多頭的交易可以立刻獲利，如果將獲得的利潤按照同步上漲的利率進行投資，獲得的收益肯定高於以平均利率進行投資的收益，這時期貨價格一定比遠期價格高；相反，當標的資產的價格 S 與利率高度負相關，遠期價格就會高於期貨價格。

除去收益率的因素，考慮到保證金、交易手續費等因素，期貨和遠期兩者之間還是存在價格差異，只是這種差異在短期內對期貨和遠期之間的價格差異的影響很小，幾乎可以忽略不計。但對於長期期貨合約，這種差異就會變得非常明顯。由於市場上流通的、最活

躍的期貨合約都是在 1 年期，所以我們沒有嚴格區分期貨價格和遠期價格。在本書中，除特殊說明外，F 既代表某項資產的期貨價格也代表該資產的遠期價格。

3 期貨市場的套期保值與價格發現

上一節我們討論了確定期貨價格的理論知識。在這一節，我們將結合期貨市場的現實，從套期保值者的交易行為和投資策略出發，討論期貨市場的兩大基本功能。

3.1 期貨市場的交易者類型和對沖策略

按照參與期貨市場的目的可以把交易者分成兩類：一類是以迴避或轉移未來價格風險為目的的企業。我們把這類交易者稱為套期保值者（Hedgers）。另一類交易者主要通過打賭未來價格變化方向和程度，博取風險收益。我們把這類交易者稱為投機者（Speculators）。

即使在專業的期貨登記結算所中，也很難區分套期保值者和投機者。在這個方面，美國商品期貨交易委員會（Commodity Future Trading Commission，簡稱 CFTC）做得比較好，他們按照開戶資料把期貨交易者分為商業客戶、投機客戶和非商業類基金客戶，按照不同的客戶進行分類監管。值得注意的是，美國商品期貨交易委員會劃分的商業客戶是指那些使用企業法人名義開設的期貨交易帳戶，並不是嚴格意義上的套期保值者。

如果按照操作策略來劃分，期貨市場的交易者除了套期保值者和投機者以外，還包括套利者（Arbitragers）。套利策略其實也是一種投機行為。與投機者不同，成功的套利策略利用的是交易機制的「漏洞」，進行無風險投機。記住，嚴格意義上的套利行為是沒有風險的（回憶上一節我們講解無風險套利定價的有關例子），而且套利行為本身就是對市場「失靈」的一種主動修復，因為套利行為的存在，金融市場存在的套利機會總是很短暫的。

期貨市場的投機者是那些主動占據風險頭寸、博取風險收益的交易者。幾乎所有的市場上都存在這種交易者，與股票、債券等市場存在紅利等資本收益不同，期貨市場的收益完全來源於價格波動，因此在期貨市場的投機者才是真正意義上對價格風險進行投機的人。由於期貨價格變動過於頻繁，也處於鼓勵市場流動性和活躍市場的目的，期貨交易一般都採用「T＋0」的交易制度，這樣在期貨市場上還活躍著一大批日內交易者（Scalpers）。他們會在當天收市前，通過對沖了結交易。這些投機者往往會根據市場表現和判斷，在每個交易日內頻繁地進行合約買賣，可以說這些日內交易者為期貨市場提供了大量的流動性。對於國內缺乏機構投資者的期貨市場，這一點表現的尤其明顯。

套期保值者主要是那些持有或希望持有標的商品的企業或機構，為了迴避或轉移價格變動對未來買賣標的商品造成的損失，通過期貨市場進行反向操作，來對沖價格風險的交

易者或交易策略。因此，套期保值者在期貨市場的收益往往意味著在標的商品買賣上的損失，反之亦然。

對於套期保值者來說，最希望能夠構造出一種可以完全消除未來價格風險的投資策略。我們把這種套期保值策略稱為完美套期保值（Perfect hedge）。實際上，由於期貨合約的標準化條款，在期貨市場上很難形成所謂的完美套期保值策略。比如，在 2008 年 7 月 13 日，一個橡膠進口商按照 1900 美元/噸的價格，在馬來西亞購進了 538 噸 2 號菸膠片，由於備貨和海運的原因，預計在 2008 年 8 月 17 日可以到達上海，避免在備貨和運輸期間價格或匯率發生變動，這個進口商打算採用期貨鎖定價格。

最簡單的方法就是，在 2008 年 7 月 13 日買入期貨合約，並在 8 月 17 日賣出對沖，或者在 8 月 17 日用到港的橡膠進行實物交割。這時我們發現上海的每張天然橡膠期貨合約的規模是 5 噸，那麼 538 噸橡膠應該買多少張合約呢？再則，上海的天然橡膠期貨合約規定的標的物是 3 號菸膠片，那麼 2 號菸膠片與標的物之間的價格之間存在的差異怎麼辦？另外，8 月 20 日才是橡膠期貨合約規定的交割日，那麼我們怎麼能保證這一天期貨的價格會等於現貨的價格呢？

其實除了期貨合約和現貨買賣可能存在的實際數量差異、可能存在標的物品質差異以及時間差異以外，期貨和現貨交易之間存在地域偏差也是現實中常見的情況。這些差別都使得完美套期保值策略難以實現。

即便如此，完美套期保值策略中所展示出的規律和交易規則還是對實際操作有著原則性的指導作用，畢竟我們對套期保值策略的研究還是為了盡可能地使保值策略達到完美。下面就讓我們看看應該怎麼進行構造一個最優的套期保值策略。

3.2　期貨市場的套期保值

我們討論的套期保值策略都是採用保完即忘（Hedge - and - Forget Strategy）的方式進行操作。也就是說，一旦確定了套保策略，在合約到期之前就不再改變，套期保值者僅需要在開倉時決定擁有多少頭寸的期貨合約，在合約到期時通過對沖了結交易。

套期保值的目的並不是通過期貨市場獲得利潤，而是為了在未來一段時間裡鎖定成本或利潤。怎麼理解這一點呢？在完美套期保值策略的情況下，根據市場現在的信息判斷，3 個月後棉花價格可能上漲，這時作為投機者應該買入期貨合約，假設 3 個月後棉花價格的確上漲了，投機者就會因為持有多頭獲利。但是即使未來價格看漲，套期保值的棉農還是會賣出期貨合約。假設 3 個月後棉花價格每噸上漲了 100 元，棉農就會在期貨市場上每噸虧損 100 元，不過在 3 個月後棉農賣出自己的棉花，就會比現在每噸多賺 100 元。如果 3 個月後棉花價格每噸下跌了 100 元，棉農在期貨市場上就獲得了每噸 100 元的利潤，但是 3 個月後的價格下跌，也會使棉農賣出棉花比現在賣出每噸少掙 100 元。

那麼套期保值對棉農的好處在什麼地方呢？假設棉花的生長週期是 3 個月，棉農必須

在當前就決定種植多少棉花，購買多少棉籽和化肥，有了期貨，他就可以按照 3 個月期貨的價格來組織生產。因為通過套期保值操作，不管未來實際的價格是多少，棉農都可以按照現在期貨市場顯示的 3 個月後的棉花價格賣出棉花。

我們經常從媒體和市場上聽到空頭套期保值（Short Hedge）和多頭套期保值（Long Hedge）。顧名思義，空頭套期保值策略就是持有期貨「空頭」實現套期保值的策略，多頭套期保值策略就是持有期貨「多頭」實現套期保值的策略。下面我們舉兩個具體的例子分別說明空頭套期保值策略和多頭套期保值策略。

例 2-6 假設在 7 月 18 日一家糧食公司 A 簽訂了一項 10,000 噸大豆的合同，成交價以 9 月 20 日的市場價格為準。如果在 9 月 20 日，大豆的價格上漲 1 元/噸，A 公司就會多賺 10,000 元；相反，如果到時大豆的市場價格下降了 1 元/噸，A 公司就會損失 10,000 元。如果在 7 月 18 日大豆的市場價格為 1200 元/噸，同時大連商品交易所 9 月到期的大豆合約（假設合約的到期日是 9 月 20 日）標價為 1150 元/噸。這時 A 公司採用空頭套保策略，即在期貨市場上賣出 1000 張（大連商品交易所的大豆合約規模是 10 噸/手①）9 月到期的大豆期貨合約。

情況一：到 9 月 20 日，大豆的市場價格為 1120 元/噸，A 公司在現貨市場上就損失了 800,000 元〔(1200-1120)×10,000〕，但是在期貨市場上，A 公司在 9 月 20 日通過買入 1000 張期貨合約進行對沖交易，那麼可以獲得 300,000 元〔(1150-1120)×1000×10〕，這樣 A 公司的全部損失為 500,000 元〔800,000-300,000〕。

情況二：到 9 月 20 日，大豆的市場價格為 1220 元/噸，A 公司在現貨市場上就多掙了 200,000 元〔(1220-1200)×10,000〕，但是在期貨市場上，A 公司在 9 月 20 日通過買入 1000 張期貨合約進行對沖交易，那麼損失了 700,000 元〔(1220-1150)×1000×10〕，這樣 A 公司的全部損失為 500,000 元〔700,000-200,000〕。

如果在 7 月 18 日我們就已經知道公司 A 的總損失為 500,000 元，可以計算出在 9 月 20 日時大豆的市場價格是 1150 元/噸〔(1200×10,000-500,000)÷10,000〕，這正好等於 7 月 18 日時期貨市場上對 9 月到期大豆期貨合約的價格。

例 2-6 表明，通過在期貨市場的空頭套期保值操作，不管 9 月 20 日大豆市場的實際價格是多少，A 公司都可以按照 1150 元/噸的價格賣出 10,000 噸大豆。

例 2-7 假設在 5 月 10 日一家紡織公司 B 簽訂了一項 5000 噸棉花的合同，成交價以 7 月 15 日的市場價格為準。如果在 7 月 15 日，棉花的價格上漲 1 元/噸，B 公司就會多付 5000 元；相反，如果到時棉花的市場價格下降 1 元/噸，B 公司就會節約 5000 元。如果在

---

① 期貨中的一手就是一張（合約）。因為過去都是喊價交易，交易池內人聲鼎沸，交易員要伸手用手勢來表示買入或賣出的方向以及數量等，所以就把一張合約稱為一手。

5月10日棉花的市場價格為3200元/噸，同時鄭州商品交易所7月到期的棉花合約（假設合約的到期日是7月15日）標價為3300元/噸，這時B公司採用多頭套保策略，即在期貨市場上買入1000張（鄭州商品交易所的棉花合約規模是5噸/手）7月到期的棉花期貨合約。

情況一：到7月15日，棉花的市場價格為3500元/噸，B公司就必須多支付1,500,000元［(3500-3200)×5000］，但是在期貨市場上，B公司在7月15日通過賣出1000張期貨合約進行對沖交易，獲得1,000,000元［(3500-3300)×1000×5］，這樣B公司實際購買棉花就只多支付了500,000元(1,500,000-1,000,000)。如果沒有進行多頭套期保值，B公司購買棉花就不得不多支付1,500,000元！

情況二：到7月15日，棉花的市場價格為3100元/噸，B公司購買棉花實際上少支付了500,000元［(3200-3100)×5000］，但是在期貨市場上，B公司在7月15日通過買入1000張期貨合約進行對沖交易，損失了1,000,000元［(3300-3100)×1000×5］，這樣B公司的全部損失為500,000元(1,000,000-500,000)。

注意，在上面的兩個例子中，我們假設採用套期保值策略的公司A或公司B都在合約到期時選擇了對沖而不是實物交割。這是因為實物交割需要運輸、檢驗甚至倉儲等各種額外的費用，而且交割地點、標的商品的品質都不能自由選擇，這些因素阻礙了期貨的實物交割。實際上，大多數進行套期保值的廠商到了合約到期日都會選擇對沖來了結交易。

大多數從事實際生產的企業缺乏必要的知識和技能來預測未來利率、匯率和商品價格的變化，但這些變化往往會對它們的生產和經營產生巨大的影響。在這種情況下，通過套期保值來迴避或轉移這些風險，對於企業的生存和發展就顯得十分必要了。但是正如上面講到的那樣，完美套期保值策略基本不存在，有許多風險並不能通過套期保值迴避。下面我們就來看看哪些風險沒有被套期保值策略覆蓋，以及應對的方法。

在實際套期保值活動中，最常見的情況有：

（1）需要套期保值的風險資產和期貨合約的標的資產並不完全一致；

（2）套期保值者並不能肯定未來購買或出售風險資產的時間；

（3）套期保值者持有的期貨合約可能會在合約到期日之前就要進行平倉。

我們首先介紹一下基差（Basis）的概念，並用基差分析為工具，討論當出現上述三種情況時，怎樣做出最優的套期保值決策。

在套期保值策略中，我們把基差定義為：基差等於進行（或打算進行）套期保值的風險資產的現貨價格減去用於套期保值的合約的期貨價格。

如果需要套保的風險資產和期貨合約的標的資產完全一致，那麼在合約到期日，基差等於0。當現貨價格的增長大於期貨價格的增長時，會出現基差擴大（Strengthening of the basis）的現象；當現貨價格的增長小於期貨價格的增長時，這被稱為基差縮小（Weakening of the basis）。

為了進一步說明基差風險，我們採用如下的符號：

S_1：套期保值的現貨資產在 T_1 時刻的價格；

S_2：套期保值的現貨資產在 T_2 時刻的價格；

F_1：合約在 T_1 時刻的期貨價格；

F_2：合約在 T_2 時刻的期貨價格；

b_1：在 T_1 時刻的基差；

b_2：在 T_2 時刻的基差。

假設套保者在 T_1 時刻開倉進行套期保值操作，在 T_2 時刻對沖了結交易。已知在 T_1 時刻的資產 H 現貨和期貨的價格分別是 1100 元和 1300 元，在 T_2 時刻進行對沖時資產 H 現貨和期貨的價格分別是 1270 元和 1350 元，那麼有：

$b_1 = S_1 - F_1 = 1100 - 1300 = -200$（元）

$b_2 = S_2 - F_2 = 1270 - 1350 = -80$（元）

如果套期保值者採用的是多頭套保策略，在 T_1 時刻買入合約，在 T_2 時刻賣出合約，同時在現貨市場上買入資產 H，那麼在現貨市場上支付的價格是 1270 元（S_2），期貨頭寸的盈利為 50 元（$F_2 - F_1$）。採用多頭套保策略後，資產 H 的實際價格是：

$S_2 + F_1 - F_2 = F_1 + b_2 = 1220$（元）

在 T_1 時刻資產價格 S_1 和期貨價格 F_1 是已知的。換句話說，這時 b_1 是已知的。如果這個時候 b_2 也是已知的，那麼就可以進行完全的套期保值。在相同的情況下，如果套期保值者採用空頭套保策略後，出售資產的實際價格也是 1200 元（$F_1 + b_2$）。

從上面的分析可以看出，套期保值風險與 b_2 的不確定性密切相關。我們把 b_2 的不確定性稱為基差風險（Basis risk）。一般來說，外匯、股票指數和黃金等投資性資產的基差風險會小於大豆、棉花、銅等消費性資產的基差風險。因為投資性資產的基差風險主要來源於未來時間裡無風險利率的變化情況，而消費性資產的基差風險卻可能來源於多種能影響便利收益和持有成本發生變化的因素。

假如一個投資者套期保值的風險資產和期貨合約的標的資產不一致，那麼他將面臨的基差風險會更大。因為除了上面提到的未來期貨和現貨價格變動不一致的風險外，他還要面對未來套期保值的風險資產和期貨合約的標的資產因為品質差異而產生的價格變動風險。

基差風險可以使套期保值者的頭寸狀況得以改善或更加惡化。對於空頭套保者而言，如果基差意想不到的擴大，那麼套期保值效果就會得到改善；如果基差意想不到的縮小，那麼套保狀況就會得到惡化。多頭套期保值正好相反，基差縮小有助於改善多頭套期保值的頭寸狀況，而基差擴大就會惡化多頭套期保值的效果。

影響基差的另一個因素是所選期貨合約的交割月份。我們一般假定套期保值的到期日與合約的交割月份一致。實際操作中，套期保值者往往會選擇緊貼套期保值到期日之後交割的期貨合約。因為在交割月份中期貨價格往往不穩定，而且套期保值者還面臨不得不進行實物交割的風險，這會耗費額外的成本並且不方便。如果套期保值的到期日是6月，所選的期貨合約的交割月份是1月、2月、3月、4月、5月、6月、7月、8月、9月、10月、11月、12月，那麼他應該選擇7月交割的合約，如果他選擇8月或更加以後交割的合約，那麼他就不得不面對可能更大的基差風險。

最後我們來學習一個有用的概念——套期保值比率（Hedge Ratio）。

套期保值比率是指持有期貨合約的頭寸大小與風險暴露資產大小之間的比率。

如果我們打算在 T_2 時刻出售 N_A 單位的資產，為了迴避風險我們在 T_1 時刻出售 N_F 單位期貨合約進行空頭套保。這時套期保值率 h 為：

$$h = N_F/N_A \tag{2-8}$$

在 T_2 時刻的總收益 Y 為：

$$Y = S_2 N_A - (F_2 - F_1) N_F = S_1 N_A + (S_2 - S_1) N_A - (F_2 - F_1) N_F$$
$$= S_1 N_A + (\Delta S - h \Delta F) N_A$$

上式中：

$$\Delta S = S_2 - S_1$$
$$\Delta F = F_2 - F_1$$

套期保值的目的就是使 T_2 時刻總收益 Y 的方差最小，由於在 T_1 時刻 N_A 和 S_1 都是已知的，只要 $(\Delta S - h \Delta F)$ 的方差最小，就可以實現總收益 Y 的方差最小。$(\Delta S - h \Delta F)$ 的方差等於：$\sigma_S^2 + h^2 \sigma_F^2 - 2h\rho\sigma_S\sigma_F$。

σ_S^2、σ_F^2 分別代表 ΔS 和 ΔF 的方差，ρ 為 ΔS 和 ΔF 之間的相關係數。

對上式求 h 的偏導，偏導為0，化簡後得到：

$$h^* = \rho\sigma_S/\sigma_F$$

我們把 h^* 稱為最優套期保值比率。

一旦我們知道了最優套期保值比率，我們就可以計算出對於我們持有的風險資產進行套期保值應該選擇多少張合約使得未來的風險最小。

用 Q_F 表示單張期貨合約的規模，對於 N_A 單位的風險資產進行套期保值應該選擇的最優合約數量 N^* 為：

$$N^* = \frac{h^* N_A}{Q_F}$$

假如一個紙張製造商將在未來3個月出售8000噸銅版紙，由於沒有銅版紙期貨，他打算用4個月後交割的紙漿期貨進行空頭套保，紙漿期貨合約的規模 Q_F 為300噸，經過

測算知道最優套保率 $h^* = 0.6$，那麼要使這個紙張製造商未來的收益風險最少，他應該購買的合約為：

$$N^* = \frac{h^* N_A}{Q_F} = \frac{0.6 \times 8000}{300} = 16 （張）$$

投資者如果按照最優套期保值比率實施套期保值，最終能夠對沖多少風險呢？一般我們用進行套期保值操作與未進行套期保值操作的收益方差（風險）進行比較，來衡量進行套期保值操作後使收益方差（風險）減少的程度——套期保值效率（Hedging Performance）進行度量。

$$H = \frac{\text{var}U_s - \text{var}U_{sf}}{\text{var}U_s} \qquad (2-9)$$

式中，H 代表套期保值效率，$\text{var}U_s$ 代表現貨收益的方差（沒進行套期保值操作時，存在的風險），$\text{var}U_{sf}$ 代表現貨和期貨構成的投資組合的收益方差（對現貨進行套期保值操作後，風險的大小），展開可得：

$$\text{var}U_{sf} = \text{var}(\Delta s - h\Delta f) = \text{var}\Delta s + h^2 \text{var}\Delta f - 2h\text{cov}(\Delta s, \Delta f) \qquad (2-10)$$

式中，h 代表套期保值比率。注意：在計算現貨和期貨構成的投資組合的收益方差 $\text{var}U_{sf}$ 時，U_{sf} 實際上等於 $\Delta s - h\Delta f$。因為套期保值的操作原理使得現貨買入者進行套期保值時應該採用期貨賣出的策略，現貨賣出者進行套期保值時應該採用期貨買入的策略。概括來說，套期保值策略要求持有的期貨和現貨頭寸必須相反，所以在式（2-10）中，計算現貨和期貨構成的投資組合的收益方差 $\text{var}U_{sf}$ 時使用了減號。

雖然我們講解了套期保值策略的基本操作原則和方法，但在實際操作中，持有一種頭寸進行套期保值的情況並不多見，更多的操作是一種混合型的套期保值。設想一下，商品的貿易商必須要同時面對買入和賣出的雙向風險，為了最大限度地迴避價格波動風險，他必須同時進行持有不同頭寸、不同期限的多頭頭寸和空頭頭寸。

3.3 期貨市場的價格發現

期貨市場同時具有套期保值和價格發現兩大功能。價格發現意味著期貨價格應該等於預期未來的現貨價格。

對於期貨多頭投機者，他總希望在對沖時資產的現貨價格會高於期貨價格。假設投機者在當前時刻將期貨價格的現值用無風險利率投資，同時買入期貨合約。無風險投資的所得將在合約交割日用於實物交割，然後再用當時的市場價格賣出收到的交割標的商品。這樣在當前時刻 T_0 投資者的現金流為 $-Fe^{rt}$，在交割日投資者的現金流為 S_T。那麼這次投資的現值為：

$$-Fe^{rt} + E(S_T)e^{-kt}$$

其中，k 代表投資者對投資的期望收益率，E 代表期望值。假如資本市場是一個有效

市場，所有投資機會的預期收益的現值均為0，那麼就有：

$-Fe^{rt} + E(S_T)e^{-kt} = 0$

即：

$F = E(S_T)e^{(r-k)t}$

從上式看出，只有 $r = k$，才會有 $F = E(S_T)$，即期貨價格等於預期的現貨價格；如果 $r > k$，期貨價格會高於預期的現貨價格，如果 $r < k$，期貨價格會低於預期的現貨價格。

許多學者都針對期貨價格是否等於預期未來的現貨價格這個問題展開研究。雖然研究的結果還沒有得出一致性的結論，但有一些文獻證明期貨價格往往會低於預期的現貨價格。凱恩斯和希克斯認為投機者在期貨市場上實際為套期保值者提供了一種價格保險服務，那麼享受了套期保值服務的廠商應該為這種服務支付費用。當在期貨市場進行套期保值操作的廠商持有空頭時，為了吸引投機者在期貨市場上持有多頭，成為廠商的交易對手，那麼期貨價格應該低於未來期望的現貨價格。這種理論被稱為現貨溢價（Normal Backwardation）。

實際上，在一個交易活躍的期貨市場上，由於存在許許多多的投機者，他們不斷地根據自己掌握的信息，希望通過公開競價來獲取利潤。在這樣一個信息交流過程中，影響價格的信息不斷地通過買賣融入價格形成的過程中。一般認為，參與期貨市場的交易者越多，期貨的價格越貼近未來的現貨價格。

小結

以介紹期貨基礎知識為目的的這一章有許多的知識點，在這裡我們給出三條線索，希望大家能抓住這些線索，仔細掌握和領會其中包含的每個知識點。

1. 通過本章的學習，我們首先瞭解了期貨和遠期的異同，期貨交易的本質也是一種遠期交易，但是在期貨合約條款、交易規則、清算和結算制度方面都與遠期市場有較大的不同。

2. 我們學習了如何確定不同標的資產的期貨價格，這些定價理論都基於一個核心假設：無套利理論——當一項資產在市場上不存在套利機會時，這時的價格就是資產的均衡價格。

3. 期貨市場具有套期保值和價格發現兩大功能，我們應該仔細學習如何應用和充分發揮這兩個功能。

課後練習

1. 請詳細說明期貨市場和遠期市場的異同。
2. 請說明期貨合約的主要條款。如果要設計一份果汁期貨合約,你認為需要注意哪些方面的內容?
3. 請解釋便利收益和持有成本兩個概念,並舉例說明。
4. 假設一個投資者在2月18日以2320元/噸的價格,賣入並持有3張大連商品交易所3個月後交割的塑料期貨合約,2月18日3個月後交割的塑料期貨的結算價為2300元/噸,塑料期貨合約的規模為5噸/手,交易保證金為5%。在18日以後的5個交易日裡,3個月後交割的塑料期貨的結算價分別為2350元/噸、2370元/噸、2330元/噸、2290元/噸和2340元/噸。請說明這個投資者需要繳納的保證金和保證金帳戶的變化情況。
5. 假如你在2月16日賣出10張8個月後交割的原油合約,並在6月8日對沖,開倉價格為65美元/桶,買入對沖的價格為62美元/桶,原油期貨合約的規模為1000桶/張,這次投資的盈虧如何?如果在6月8日你從新加坡市場上以68美元/桶買入10,000桶原油,那麼整個投資活動中,你的實際支出是多少?
6. 當一項不支付紅利資產的單位價格為50元,無風險年利率為10%(連續複利),對於一份基於該資產的6個月後到期期貨,期貨價格應該是多少?3個月後期貨價格是多少?
7. 股票A在6個月後會按照每股0.5元支付紅利,12個月後會按照相同的金額再次支付紅利,當前股票價格為30元,無風險年利率為8%(連續複利),基於這種股票的12月後交割的期貨價格是多少?如果在3個月後,股票價格變為28元,無風險年利率變為7%(連續複利),期貨價格是多少?期貨合約的價值是多少?
8. 假設無風險利率為9%(連續複利),某股票指數的紅利年支付率為4%,指數的現值為400元,6個月期限的期貨價格是多少?
9. 假設無風險利率為10%(連續複利),某股票指數的紅利年支付率為3%,指數的現值為300元,4個月後交割的期貨價格為325元。請問是否存在套利機會?應該如何套利?
10. 什麼是期貨溢價和現貨溢價?在什麼情況下,期貨價格會等於未來預期的現貨價格?
11. 在什麼情況下採用空頭套期保值策略?在什麼情況下採用多頭套期保值策略?
12. 請解釋完美套期保值的含義,並說明實際操作中總是存在非完美套期保值的原因?
13. 假設某一項資產的價格每年變動的標準差為1.75元,該資產的期貨價格年變動的

標準差為1.98元，已知期貨和現貨價格的相關係數為0.7，12個月的期貨合約最優套期保值率是多少？它的含義是什麼？

14. 當基差發生未預期的擴大時，空頭套期保值的效果會怎樣變化？當基差發生未預期的縮小時，多頭套期保值的效果會怎樣變化？

15. 當便利收益增高時，多頭套期保值會更有吸引力嗎？

16. 生豬的現貨價格月變動的標準差為1.5，最近到期日的生豬期貨價格月變動的標準差為1.8，期貨和現貨價格變動的相關係數為0.8，在9月15日，某屠宰場準備在11月15日購買6000頭生豬（平均每頭生豬的重量為100千克），該屠宰場打算使用12月的生豬期貨來對沖風險，已知生豬期貨合約的規模為500千克/張。請設計屠宰場應該採用的套期保值策略。

第 3 章 常見的金融期貨

學習目標

本章首先對金融期貨的分類、特點和整體情況進行一個概述,然後分別介紹以股票指數、利率和外匯為標的物構成的三種最主要的金融期貨品種。通過本章的學習,你應該知道:
- 股票指數期貨、利率期貨和外匯期貨的概念和特點;
- 國際上主要的金融期貨市場和交易的基本情況;
- 三種金融期貨的定價理論;
- 使用金融期貨進行套期保值和投機的操作方法。

重要術語

股票指數期貨、指數類期貨、利率期貨、外匯期貨、標準普爾 500(S&P500)、道·瓊斯工業平均指數(DJIA)、芝加哥商業交易所(CME)、即期利率、遠期利率、久期、直接標價、間接標價、平價理論

1 概述

雖然最早的期貨是從實物商品貿易中發展出來的,早期的期貨都是以實物為標的物,但是隨著金融市場的不斷擴大,越來越多的企業和個體,甚至政府開始使用股票、債券、外匯等金融工具作為投資或融資的工具,這就需要創造一些新的工具和手段來管理和控制這些傳統金融工具本身的風險。在 20 世紀 70 年代,伴隨著科技進步、交易和清算技術的提高,以金融工具本身為標的物的衍生產品開始被創造出來,並在隨後的幾十年裡得到蓬

勃發展。

金融期貨一般分為三類，即外匯期貨、利率期貨和股票指數期貨，其中最早出現的金融期貨是外匯期貨。20世紀70年代初，外匯市場上固定匯率制崩潰，在浮動匯率制度下，各種貨幣之間匯率的變動頻繁，波動加劇，使國際貿易面臨的匯率風險急遽提高，市場迫切需要一種便利有效的防範外匯風險的工具，這種情況催生了匯率期貨。

1972年，美國的芝加哥商業交易所（Chicago Mercantile Exchange，簡稱CME）設立了國際貨幣市場部，推出了英鎊、加拿大元、西德馬克、日元、瑞士法郎、墨西哥比索和義大利里拉7種外匯的期貨交易，所有外匯期貨合約均以美元報價。此後匯率期貨迅速發展。目前有近100種匯率期貨在全球50多家交易所內交易，年交易量接近1億手。

繼外匯期貨成功推出後，1975年10月美國芝加哥期貨交易所推出了第一張利率期貨合約——以政府國民抵押貸款協會（GNMA）的抵押憑證為標的物的期貨合約。在金融創新的衝擊下，1982年2月美國堪薩斯期貨交易所（KCBT）推出了第一張以綜合指數為標的物的期貨合約，這時三大類別的金融期貨初步形成。

作為一類期貨品種，金融期貨同樣具有期貨交易的一般特點，如金融期貨也實行保證金交易、實行逐日清算、期貨合約也必須規定標的物的名稱和規模、合約也有到期日等。但與傳統的商品期貨不同，從合約的標的物來看，金融期貨具有兩個突出的特點：①金融期貨的標的物是以虛擬化的證券為主的金融商品，這種交易對象大多是無形的。②金融期貨標的物具有同質性。此外，在持有成本（持有期貨標的物至期貨合約到期時所需的儲存、運輸以及資金成本的總和）方面，金融期貨的標的物具有明顯的優勢。因為無論是債券、股票或是外匯，不僅儲存和運輸費用很低，而且股票指數甚至不需儲藏費用。隨著網絡的發展和應用的普及，金融市場已經成為一個以網上交易平臺為主要交易場所的市場，金融工具的異地買賣越來越方便。所以，債券、股票或是外匯的運輸可通過網絡方便地完成，產生的費用與把一噸玉米從大連運到廣州相比，簡直可以忽略不計。同時，與銅和鋼材等商品相比，持有股票、債券和外匯產生的便利收益也相對明確，持有股票會獲得股利，持有債券和外幣可以帶來利息收入。

與商品期貨的功能一樣，套期保值和發現價格依舊是金融期貨市場的兩大基礎功能。

試想一個香港的金融機構將在未來3個月裡購買1000萬美元的外匯資產，但是3個月後美元對港幣的匯率並不確定，為了避免美元升值增加購買成本，這個金融機構現在就可以通過購買1000萬美元3個月後到期的外匯期貨進行套期保值。假如這時美元期貨的標價是6.8港幣/美元，3個月後實際美元對港幣的匯率變為7.0港幣/美元，但是由於利用期貨進行了套期保值，這個機構最終只需要支付6800萬港幣就可以購買到1000萬美元。

在金融期貨市場上存在著眾多的買者和賣者，他們通過類似於拍賣的方式來確定交易價格（這種交易方式被稱為「競價交易」），這種情況是不是最貼近經濟學中對完全競爭

市場的描述？是的。由於金融產品的品質均一、市場可以方便地自由進出、買賣勢力均衡（不考慮操縱市場），所以是現實中最接近「完全競爭市場」的一類市場。實際上，由於金融期貨標的物的特殊性質，所以與商品期貨相比，金融期貨的價格對未來價格形成的影響和預示作用更顯著。這一點在許多實證文獻中都得到證明。

另外，由於現代電子通信技術的發展，主要金融期貨品種的價格一般都能夠被即時播發至全球各地。因此，金融期貨市場上所形成的價格不僅對本市場的投資者行為具有指引作用，同時也為其他相關市場提供了有價值的參考信息，使得那些即使沒有參與金融期貨交易的銀行、保險、證券公司、基金以及各類投資機構，或外匯、債券和股票等金融商品的持有者也可以通過參考金融期貨市場的價格，形成對金融商品未來價格的合理預期，進而有計劃地安排投融資和生產經營決策。

雖然金融期貨的歷史遠不如商品期貨的歷史那樣久遠，但發展速度卻比商品期貨快得多。目前，金融期貨交易已成為金融市場交易的主要品種之一，在美國、英國、德國、日本等國家的金融市場上，金融期貨交易量甚至超過了外匯、債券和股票交易量的總和。隨著金融市場的不斷擴大和發展，以複合型金融期貨為代表，金融期貨在品種創新方面也取得了巨大的進展。但是，不管構成期貨的標的物有多麼複雜，金融期貨中包含的一些共性規律也不會改變。

2　股票指數期貨

股票指數期貨是以某個股票指數為標的物的期貨合約。以股票指數期貨合約為交易對象的市場是目前金融期貨市場中最熱門和發展最快的市場之一。

股票指數僅僅是衡量股票市場總體或某類型股票群體整體市場表現的一種指標，不具備實物形態。因此，以股票指數為標的物的期貨合約到期無法進行實物交割，合約到期時都採用現金結算的方式替代傳統意義上的實物交割。

要瞭解股票指數期貨的構成、收益特點、定價和投資策略，首先應該知道這種期貨合約標的物的獨特性。下面我們首先對股票指數的基本情況和編製方法進行一個介紹，以此作為本節的基礎和起點。

2.1　股票指數的編製

股票指數是根據某些預先設定的採樣方式，將所選股票的價格按照特定的計算方法構成按時間排序的數列，用來衡量股票市場的價格波動情況。從功能和作用來看，股票指數是證券交易所或金融服務機構編製，用於表明股票市場整體變動情況的一種參照指標。

在實際投資活動中，我們總是發現單個股票的價格變動總和市場上其他股票的價格變

動有著或多或少的聯繫，如果我們能對股票市場整體情況做出判斷，那麼對於瞭解和預測單個股票的走勢無疑有很大的幫助。為了適應這種需要，股票交易所和一些金融服務機構就利用自己對市場的瞭解和對數據的掌控，編製並公開發布各自編製的股票價格指數，作為市場價格變動的指標。有些股票指數編得相當出色，很好地刻畫了市場變化情況，以至於在研究過程中，我們也習慣採用某種股票指數作為計算市場收益率的研究對象。

在編製股票指數時，首先需要確定篩選股票的原則。由於上市股票種類繁多，如果把全部上市股票的價格納入指數編製範圍，這個工作顯然過於龐大和複雜。直觀感覺，那些規模大或市值高的股票對市場總體表現的影響會高於那些規模小而且市值低的股票。因此在編製股票指數時，都是根據行業分佈、市場影響力、股票等級、適當數量等幾個方面，從上市股票中選擇出若干種具有代表性的樣本股票，作為編製指數的樣本對象。

在選出適當數量的樣本股票後，就要確定基期和指數的編製方法。基期就是股票指數開始進行統計編製的第一天。通常把在基期的股票指數確定為一個常數。比如，100 點或 1000 點，這個整數稱為「基期指數」。在基期以後的每天都使用當天樣本股票的平均價格與基期股價的比值乘以基期的指數值，作為當天的股價指數。下面我們舉一個例子來說明：

上海證券交易所在 1991 年 7 月 15 日公開發布「上證指數」，基期定為 1990 年 12 月 19 日，基期指數定為 100 點，而基期構成「上證指數」樣本股的平均價格為 0.36 元。假如在 2009 年 8 月 19 日，構成「上證指數」樣本股的平均價格為 9.69 元，那麼 2009 年 8 月 19 日的上證指數應該是 2800 點（9.69 元÷0.36 元×100）。

計算樣本股平均價格的方法主要有簡單算術平均法、修正的股價平均法、加權股價平均法三種。

簡單算術平均法就是把每只樣本股票的當日收盤價之和除以樣本數。假如 A、B、C、D 四只股票在某一交易日的收盤價分別為 10 元/股、16 元/股、24 元/股和 30 元/股，使用簡單算術平均法得出的股票平均價格就等於 20 元/股〔(10 + 16 + 24 + 30)÷4〕。因此，我們可以把使用簡單算術平均法來計算股票平均價格的公式歸納為：

$$\bar{P} = (P_1 + P_2 + \cdots + P_n)/n \qquad (3-1)$$

其中，$\bar{P}$ 代表股票的平均價格，P_x 代表第 x 只樣本股票的價格，n 代表樣本股票的個數。

使用簡單算術平均法計算股價平均數很簡便，世界上第一個股票價格平均——道·瓊斯股價平均數在 1928 年 10 月 1 日前就是使用簡單算術平均法計算的。但它存在兩個缺點：一是在計算過程中沒有考慮各種樣本股票的權數，從而不能區分重要性不同的樣本股票對股價平均數的不同影響；二是當樣本股票發生股票分割、派發紅股、增資等情況時，股價平均數會產生斷層而失去連續性，使時間序列前後的比較發生困難。假如，上述 D 股票按照 1∶3 的比例進行拆股，那麼 D 股的股價從 30 元/股下調為 10 元/股，這時採用簡

單算術平均法計算出的股票平均數是 15 元/股〔(10+16+24+10)÷4〕。這樣由於 D 股票拆股，導致股價平均數從 20 元/股下跌為 15 元/股，從而使得股價發生跳躍，指數的平滑性受到影響。

修正的股價平均法有兩種計算方式：

(1) 除數修正法。這種方法最早是由美國道·瓊斯集團創造並使用，因此除數修正股價法也被稱為「道氏修正法」。該方法的核心是求出一個常數作為除數，用於修正股票因為分割、增資、發放紅股等因素而造成股價平均數發生的突然變化，保持股價平均數的連續性。其中，除數等於變動後的新股價總額除以舊的股價平均數。下面，我們還是採用上面的例子來解釋和歸納除數修正法的具體使用步驟和方法。

在上個例子中，按照 1:3 的比例進行拆股後，D 股的價格從 30 元/股變為 10 元/股，變動後的樣本股價格總額為 60 元/股 (10+16+24+10)，根據除數的計算方法，這時的除數就等於 3 (60÷20)，將除數 3 代入平均股價計算公式，得到修正的股價平均數為 20 元/股〔(10+16+24+10)÷3〕。從結果上可以看出，經過除數修正法計算出的平均數與 D 股未拆分時計算的結果一樣，這樣使得樣本股票的價格水準不會因為股票分割而發生變動。目前國際上影響最大、歷史最悠久的道·瓊斯股價平均數就採用除數計算股價平均數，每當股票分割、送股或增發、配股數超過原股份的 10% 時，就對除數進行相應的修正。

(2) 股價修正法。這種方法就是將股票分割、派發紅股以及增資等情況引起的股票價格變動還原成為變動前的股價，使股價平均數不會拆股、合股或紅利發放等因素的影響而變動。美國《紐約時報》編製的 500 種股價平均數就採用股價修正法來計算股價平均數。

作為剔除非市場因素導致的股票價格變動對股票平均價格影響的方法，除數修正法和股價修正法的差別在於：除數修正法在計算時採用變動後的股票價格，通過除數調整變動前後的價差，而股價修正法使用將變動後的股票價格還原的方法來剔除非市場因素導致的股票價格變動對股票平均價格的影響。

加權股價平均法是根據各種樣本股票的相對重要性進行加權平均來計算股價平均數的方法，各種樣本股票的權重可以根據成交量、總市值或發行量來確定。

在確定了計算不同時點上樣本股票平均價格的方法後，一般要把報告期的樣本股票價格與給定的基期價格相比，所得比值乘以基期的指數值就是報告期的股票指數。股票指數的編製方法有三種，即相對法、綜合法和加權法。

(1) 相對法又稱平均法，就是將計算出的各種樣本股票指數加總後的算術平均值作為指數的方法。具體來說，相對法計算出的股票指數等於 n 個樣本股票指數之和除以 n。目前，英國的《經濟學人》普通股票指數就使用這種計算法編製。

(2) 綜合法是先將樣本股票的基期和報告期價格分別加總，然後用兩者的比值作為股

票指數的方法。具體來說，綜合法計算出的股票指數等於報告期股價之和除以基期股價之和。

從計算股票指數的方式來看，平均法和綜合法都沒有考慮到不同發行量和交易量的樣本股票對市場整體的影響力不一樣，所以採用平均法和綜合法計算出來的指數不夠準確。目前市場運用最廣泛、影響力最大的股票指數多是採用加權法編製的。

（3）加權法是根據每個樣本股票的重要程度，給每個樣本股賦予不同的權重，權重可以通過成交量或發行量來確定。如果按照基期成交量或發行量作為權數的股票指數被稱為拉斯拜爾指數；如果以報告期成交量或發行量確定權數的指數被稱為派許指數。目前世界上大多數股票指數都是派許指數。如「滬深 300 指數」就是採用派許加權綜合價格指數公式進行計算和編製的股票指數。

2.2 世界主要的股票指數

在報紙、電視和廣播中，我們經常看到或聽到有關各種股票指數動態和表現的報導和評論，其實股票指數對於研究和分析市場情況，制定和調整投資策略都有相當重要的指導意義。目前全世界應用最廣泛和影響最深遠的股票指數有：道·瓊斯股票指數、標準·普爾股票價格指數、日經道·瓊斯股價指數、香港恒生指數以及滬深 300 指數等。這些指數不僅集中反應和代表了所在市場的整體表現和變動情況，而且大部分指數還開展了相應的期貨交易，為股票市場提供了「做空」機制，對股票市場的風險轉移和分配提供了工具。

（1）道·瓊斯股票指數。該指數是 1884 年由道·瓊斯公司的創始人查理斯·道開始編製的。道·瓊斯股票指數是世界上歷史最為悠久的股票指數。最初的道·瓊斯股票指數是通過簡單算術平均法，計算當時的 11 種具有代表性的鐵路公司的股票編製而成，並公開發表在查理斯·道自己編輯出版的《每日通訊》上。自 1897 年起，道·瓊斯股票價格平均指數開始分成工業與運輸業兩大類。其中，工業股票價格平均指數包括 12 種股票，運輸業股票價格平均指數則包括 20 種股票。這時道·瓊斯股票指數開始每天在道·瓊斯公司出版的《華爾街日報》的固定版面上公布。1929 年，道·瓊斯股票價格平均指數又增加了公用事業類股票，使其所包含的股票達到 65 種，並一直延續至今。

因為在 1928 年 10 月 1 日收盤時，道·瓊斯股票價格平均指數恰好約為 100 美元，所以現在的道·瓊斯股票價格平均指數是以 1928 年 10 月 1 日為基準日。基準日以後的股票價格同基期相比計算出的百分數，就成為各時點的股票價格指數，這種做法導致現在的股票指數普遍採用「點」作為單位，指數的每一點漲跌就是相對於基準日價格漲跌的百分數。

由於道·瓊斯股票價格平均指數最初的計算方法是用簡單算術平均法求得，當遇到股票的除權除息時，股票指數將發生不連續的現象。1928 年以後，道·瓊斯股票價格平均指數就改用新的計算方法，即在計點的股票除權或除息時採用除數修正技術，來保證股票指

數的連續和平滑性，從而使股票指數得到了完善；同時，這種修正方法也逐漸推廣到世界各個股票市場中，成為最普及的股票指數編製方法。

目前，道·瓊斯股票價格平均指數共分四組：第一組是工業股票價格平均指數。它由30種有代表性的大工商業公司的股票組成，且隨經濟發展而變大，大致可以反應美國整個工商業股票的價格水準，這也就是人們通常所引用的道·瓊斯工業股票價格平均指數。第二組是運輸業股票價格平均指數。它包括20種有代表性的運輸業公司的股票，即8家鐵路運輸公司、8家航空公司和4家公路貨運公司。第三組是公用事業股票價格平均指數。它由代表著美國公用事業的15家煤氣公司和電力公司的股票所組成。第四組是平均價格綜合指數。它是綜合前三組股票價格平均指數65種股票而得出的綜合指數，這組綜合指數較好地體現了美國股票市場上績優股整體的市場表現狀況和走勢。我們經常聽到或看到的道·瓊斯股票指數多是指道·瓊斯工業股票價格平均指數。

道·瓊斯股票價格平均指數是目前世界上影響最大、最有權威性的一種股票價格指數。這是由於道·瓊斯股票價格平均指數所選的樣本股都極具代表性，這些樣本股的發行公司都是本行業最重要和最具影響的大公司，這些股票的市場表現本身就最受投資者關注，從而帶動和促使道·瓊斯股票價格平均指數成為市場關注的中心。為了保持這一特點，道·瓊斯公司對其編製的股票價格平均指數所選用的股票經常予以調整，用具有活力的更有代表性的公司股票替代那些失去代表性的公司股票。自1928年以來，僅用於計算道·瓊斯工業股票價格平均指數的30種工商業公司股票已有30次更換，幾乎每兩年就要有一個新公司的股票代替老公司的股票。另外，公布道·瓊斯股票價格平均指數的《華爾街日報》是世界金融界最有影響力的報紙。該報每天詳盡報導其每個小時計算的採樣股票平均指數、百分比變動率、每種採樣股票的成交數額等，並注意對股票分股後的股票價格平均指數進行校正。而且道·瓊斯股票價格平均指數自編製以來從未間斷，這對於比較不同時期的股票行情和經濟發展情況提供了重要的參考資料和依據。

時至今日，道·瓊斯股票價格平均指數一直是觀察市場動態和從事股票投資的主要參考指標。但是，由於道·瓊斯股票價格平均指數是一種成分股指數，它的樣本容量僅占目前2500多家上市公司中的極少部分，而且還沒有把近年來發展迅速的服務性行業和金融業的公司包括在內，所以它的代表性也一直受到人們的質疑和批評。

(2) 標準·普爾股票價格指數。標準·普爾股票價格指數是由美國最大的證券研究機構——標準·普爾公司編製的股票價格指數。這個從1923年就開始編製發布的股票價格指數在美國的影響力僅次於道·瓊斯股票價格指數。標準·普爾股票價格指數最初採選了230種股票，編製了兩種股票價格指數。到1957年，這一種股票價格指數的範圍擴大到500種股票，分成95種組合。其中最重要的四種組合是工業股票組、鐵路股票組、公用事業股票組和500種股票混合組。從1976年7月1日開始，改為400種工業股票、20種運輸業股票、40種公用事業股票和40種金融業股票。八十餘年來，雖然對入選的樣本股有

所調整，但樣本股的總數始終保持在 500 種。

在編製方法上，標準‧普爾公司股票價格指數以 1941—1943 年樣本股票的平均市價為基期，以股票發行量為權數，按基期進行加權計算，基點定為 10。在基期以後的每個報告期裡，以當時樣本股的市價乘以發行數量的總和為分子，用基期的樣本股的市價乘以基期股票數為分母，用所得餘數乘以 10 就是報告期的標準‧普爾股票價格指數。

(3) 日經平均股價指數。日經平均股價指數也叫日經道‧瓊斯股價指數，它是由日本經濟新聞社在 1950 年 9 月開始編製並發布，反應日本股票市場價格變動的股票價格平均數。

最初的日經平均股價指數被稱為「東證修正平均股價」，是以東京證券交易所第一市場上市的 225 家公司的股票為樣本，折算出的修正平均股價編製而成。1975 年 5 月 1 日，日本經濟新聞社向道‧瓊斯公司購買了專利，開始採用美國道‧瓊斯公司的修正法計算指數，這時股票指數也就正式更名為「日經道‧瓊斯股價指數」。按照日本經濟新聞社與道‧瓊斯公司簽訂的購買合同，1985 年 5 月 1 日日經道‧瓊斯股價指數再次更名為「日經平均股價指數」。

按計算對象的採樣數目不同，日經平均股價指數分為兩種：一種是日經 225 種平均股價指數。它的所選樣本均為在東京證券交易所第一市場上市的股票，樣本選定後原則上不再更改。1981 年定位製造業 150 家、建築業 10 家、水產業 3 家、礦業 3 家、商業 12 家、路運及海運 14 家、金融保險業 15 家、不動產業 3 家、倉庫業、電力和煤氣 4 家、服務業 5 家。由於日經 225 種平均股價指數從 1950 年一直延續下來，具有很高的連續性，成為考察和分析日本股票市場長期演變最常用和最可靠的指標。另一種是日經 500 種平均股價指數。該指數從 1982 年 1 月 4 日起開始編製，樣本包括 500 種股票。與日經 225 種平均股價指數相比，日經 500 種平均股價指數的代表性更廣泛。另外，它的樣本並不固定，每年 4 月份會根據上市公司的經營狀況、成交量和成交金額、市價總值等因素對樣本進行更換。

(4) 香港恒生指數。由香港恒生銀行於 1969 年 11 月 24 日開始正式發布的香港恒生指數，是香港股票市場上歷史最久、影響最大的股票指數。香港恒生指數是從香港 500 多家上市公司中按照類別挑選出的 33 家有代表性且經濟實力雄厚的大公司股票作為樣本股，33 家樣本股按照 4 種金融業股票、6 種公用事業股票、9 種地產業股票和 14 種包括航空和酒店在內的其他行業股票共同構成。香港恒生指數在樣本股選擇中不僅涉及香港市場的主要行業，而且這些樣本股的市值占香港股票市場總市值的 60% 以上，所以香港恒生指數的市場代表性相當突出。

香港恒生指數以 1964 年 7 月 31 日為基期，基點確定為 100 點。編製方法是將 33 種股票按每天的收盤價乘以各自的發行股數為計算日的市值，再與基期的市值相比較，乘以 100 就得出當天的股票價格指數。

(5) 滬深 300 指數。在滬深 300 指數推出以前，儘管中國滬、深兩個股票市場都有各

自獨立的綜合指數和成分指數，但市場上缺乏反應滬、深市場整體走勢的跨市場指數。基於這種考慮，上海證券交易所和深圳證券交易所聯合編製了滬深 300 指數。這個指數是以 2004 年 12 月 31 日為基期，基點定為 1000 點，並在 2005 年 4 月 8 日正式發布的一種代表國內股票市場整體情況的指數。

滬深 300 指數的樣本股選擇標準是規模大、流動性好。目前樣本股是由滬市選取的 179 只 A 股和深市選取的 121 只 A 股構成，覆蓋了滬、深市場六成左右的市值，具有良好的市場代表性。

在指數編製方面，滬深 300 指數以調整股本為權重，採用派許加權綜合價格指數公式進行計算。其中，調整股本根據分級靠檔方法獲得。例如，某種股票流通股的比例（流通股本/總股本）為 7%，低於 20%，則採用流通股本為權數；某種股票流通的比例為 35%，落在區間（30，40）內，對應的加權比例為 40%，則將總股本的 40% 作為權數。

滬深 300 指數的推出，豐富了中國股票市場的指數體系，增加了一項用於觀察市場整體走勢的指標，也進一步為指數投資產品的創新和發展提供了基礎條件。

2.3 股票指數期貨合約的定價與投資

顧名思義，股票指數期貨是指以股票指數為標的物的期貨合約。由於股票指數只是一種用於表示和衡量股票市場情況的標準，沒有對應的實物形態，所以股票指數期貨只能採用現金清算形式來進行交割。表 3-1 是一張香港恒生指數（HIS）期貨合約。

表 3-1

標的物	恒生指數（恒指）
合約價值	（即時）恒生指數 × 50 港元
合約月份	即月、下月及最近兩個季月（指 3 月、6 月、9 月及 12 月）
最小變動價位	一個指數點（每張合約 50 港元）
每日價格波動限制	無
持倉限額	任何人持有恒指期貨及期權以所有合約月份計，經 delta 調整後的多頭合約或空頭合約不能超過 10,000 張
持倉限額	每一會員公司帳戶或每一客戶帳戶，任何合約月份多頭或空頭持倉超過 500 張時便須申報
交易時間	分兩節，第一節為香港時間上午 9 時 45 分至中午 12 時 30 分至 4 時整
最後交易日交易時間	第一節為上午 9 時 45 分至中午 12 時 30 分，第二節為下午 2 時 30 分至 4 時整
最後交易日	該月最後第二個營業日

表3-1(续)

最後結算日	最後交易日之後的第一個營業日
最後結算價	最後交易日恒指每5分鐘報價的平均值,除去小數點後所得的整數指數點
保證金	由交易所制定並公布

從內容上看,指數期貨合約與上一章中我們講過的商品期貨合約沒有什麼不同,同樣有著最小變動價位、合約月份和最後結算日等條款,那麼我們是否能按照上一章中推導出的,計算期貨價格的公式來估算指數期貨的價格呢?答案是肯定的。

根據股票指數的編製方法,完全可以複製一種股票投資組合,按照指數中樣本股的權重來配置組合中與樣本股對應各股所占的比例,這樣股票指數的變動就與該組合市值變動的情況一致。由於股票是一種會帶來紅利的投資性資產,複製指數構成的投資組合同樣會給持有者帶來紅利,所以可以把股票指數看成是一項支付紅利的投資性資產。假設紅利支付是連續的,根據第二章中推出的計算「已知在持有期內的分紅利率的資產為標的物的期貨價格」的公式,可以知道股指期貨的定價公式應該是:

$$F = Se^{(r-q)T} \tag{3-2}$$

其中,F代表股指期貨的價格,S代表股票指數的當前價格,q代表股票指數帶來的連續年紅利收益率,r代表以連續複利表示的無風險年利率。下面我們用一個例子來說明公式(3-2)的使用。

例3-1 假設2007年3月1日,標準·普爾股票價格指數(S&P股指)價格是3000美元,連續年紅利收益率為3.5%,無風險年利率(連續複利)為8%,那麼這時一份6個月到期的S&P股指期貨的價格應該是:3068.27美元〔$3000e^{(0.08-0.035)\times 0.5}$〕。

實際上,每年構成指數的樣本股發放紅利的時間並不統一,國內股票市場上大部分股票會選擇在3月、4月、5月、7月、8月、9月來發放紅利,這就造成在每個時間點股指獲得的紅利都處於變動中,一般採用期貨合約有效期內的平均連續年紅利收益率來代表q值。在上面的例子中,只需要使用在2007年3月1日—9月1日(合約有效期)期間裡,指數獲得的紅利來計算平均連續紅利q值就可以了。

另一個方面,如果我們已經知道在2007年3月1日—9月1日(合約有效期)期間裡,S&P股指將獲得的紅利大小和時間。那麼也可以使用上章中「在持有期內會獲得已知數量現金收益的資產為標的物的期貨價格」的公式來確定股指期貨的價格。

例3-2 假設2007年3月1日,S&P股指價格是3000美元,指數將分別在5月1日和8月1日分別獲得26.63美元的紅利,無風險年利率(連續複利)為0.08。那麼一份6個月到期的S&P股指期貨的價格應該是:

$$(3000 - 26.63e^{-0.08\times 2/12} - 26.63e^{-0.08\times 5/12})e^{0.08\times 0.5} = 3068.27 \text{(美元)}$$

既然這兩種方法都可以用來計算股指期貨合理價格，為什麼一般還是採用「已知在持有期內的分紅利率的資產為標的物的期貨價格」的公式呢？在決定是否購買一份期貨合約時，我們無法掌握這份期貨合約在有效期內會在什麼時候，得到多少紅利？尤其難以判斷紅利發放的具體時間。在這種情況下，使用「在持有期內會獲得已知數量現金收益的資產為標的物」的期貨定價方法就可能造成較大的偏差。鑒於入選股指的樣本股都是經營相對穩定的規模化企業，相對而言，這類樣本股的經營業績具有良好的穩定性和持續性，因此歷史數據對估計平均連續年紅利收益率有良好的借鑒和替代作用。在這種情況下，使用「已知在持有期內的分紅利率的資產為標的物的期貨價格」的公式顯然更貼近實際。

根據套利活動的原理，從公式（3-2）中可以看出，當 $F > Se^{(r-q)T}$ 時，可以通過買入複製指數的股票組合，同時賣出指數期貨合約（空頭）來套利；相反，當 $F < Se^{(r-q)T}$ 時，可以通過買入股指期貨合約（多頭），同時賣出複製指數的股票組合來套利。值得注意的是，採用在期貨市場做多，而賣出股票組合進行套利活動的前提是，套利者手中應該持有相應的股票組合。實際上具備除了社保基金、基金公司和大型投資機構以外，市場上的中小投資者都不具備這種條件。

儘管如此，因為單個股票或某種組合的收益率與整個市場的收益率相關，這種相關性就通過資本資產定價模型（CAPM）中的 β 表現出來，β 實際上代表著單個股票或某種組合的收益率中超出無風險收益率的部分，與整個市場收益率中超出無風險收益率的部分之間的比例。如果說某個股票的 β 值為 1.0，那就意味著這個股票的收益與市場收益相等；如果某個股票投資組合的 β 值為 2.0，那就說明這個組合的超額收益是整個市場超額收益的 2 倍。這樣看來，單個股票和投資組合都可以使用股票指數期貨來迴避或轉移風險。

下面用一個例子來說明怎麼才能使用股指期貨來實現對單個股票或某種特定股票投資組合的風險控制與管理。

例 3-3 假設當前有價值為 4000 萬港元的股票組合，已知這個組合的 β 值為 1.2，無風險年利率（連續複利）為 0.10，當前香港恒生指數是 8000 點，年連續年紅利收益率為 4%。現在我們希望使用 6 個月的香港恒生指數期貨來對沖這個組合未來 3 個月的風險，應該如何操作？

對於上述問題，實際操作中遇到的主要問題是期貨合約的標的物（恒生指數）與套期保值資產（4000 萬港元的股票組合）不同。下面我們利用上一章中我們推出的最優套期保值比率的公式來處理這個問題。

按照收益率的定義，組合 S 的收益率 $R_s = \Delta S/S$，指數期貨的收益率 $R_f = \Delta F/F$，分別令 σ_1 和 σ_2 表示 R_s 和 R_f 的標準差，根據股票指數的性質，我們可以把收益率 R_f 看成是股票市場的整體收益率，用 ρ^* 表示 R_s 和 R_f 的相關係數，那麼 β 值就可以表示為 $\rho^* \sigma_1 / \sigma_2$。注意到 $\sigma_1 \approx \sigma_s/S$，$\sigma_2 \approx \sigma_f/F$，$\rho^*$ 近似於 ΔS 與 ΔF 之間的相關係數 ρ。這時就有

如下結果：

$\beta = \rho S\sigma_f / F\sigma_S$，把這個結果代入最優套期保值比率的公式，就可以得到：

$h = \beta S/F$ (3-3)

按照公式（3-3），要算出對 4000 萬港元的股票組合進行套期保值操作需要賣出香港恒生指數期貨合約的數量，就需要首先計算出香港恒生指數期貨合約的價格 F。

前面講過，香港恒生指數的價格等於股指的點數乘以 50 港元。那麼根據公式（3-1），這份 6 個月的香港恒生指數期貨的價格應該等於：

$(8000 \times 50)e^{(0.10-0.04) \times 0.5} = 412,181.81$（港元）

將數值分別代入公式（3-3），就得到：

$h = 1,240,00 \div 41,218,181 \approx 116$（張）

假設在 3 個月後，香港恒生指數下降了 1500 點，變成 6500 點，這意味著在 3 個月內，股票指數的損失率達到了 18.75%。那麼指數期貨價格就應該變為：

$(6500 \times 50)e^{(0.10-0.04) \times 0.25} = 329,911.74$（港元）

這時持有的 116 張空頭指數期貨合約一共獲利：

$116 \times (412,181.81 - 329,911.74) = 9,543,328$（港元）

根據 CAPM 模型，在 3 個月後，投資組合的預期收益率是：

$2.5\% + 1.2(-17.75\% - 2.5\%) = 21.8\%$

在上面的計算過程中，我們使用指數收益代表市場收益。按照假設，在 3 個月內，股票指數的損失為 -18.75% [(6500-8000)÷8000]，由於指數連續年紅利收益率為 0.04，3 個月的收益率為 1%，這樣 3 個月內股票指數的總收益率為 -17.75%。無風險年利率（連續複利）為 10%，3 個月的無風險利率約為 2.5%。已知組合的 β 值為 1.2。把上述條件代入 CAPM 模型——組合的預期收益率 = 無風險利率 + β[指數（市場）收益率 - 無風險利率]，就得到組合的預期收益率 21.8%。

這樣在 3 個月後，組合的預期市場價值就變為：

$4000 \times (1 - 21.8\%) = 3128$（萬港元）

預計損失為 -872 萬港元（3128-4000）。與指數期貨的收益進行合併計算，得到套期保值操作後的預期總收益為 823,328 港元（9,543,328 - 8,720,000）。也就是說，通過指數期貨進行套期保值操作，在 3 個月後，4000 萬港元的股票投資組合的預期市值變成了 40,823,328 港元。

假設 3 個月後，不論股票指數變為 7000 點、7500 點、8500 點或 9000 點，我們發現只要無風險利率、紅利收益率和 β 值保持不變，利用股票指數進行套期保值後，組合預期總收益率總能達到 2.2%～2.5%。其實這個結果並不奇怪，按照上面的假設，3 個月的無風險利率約為 2.5%，對股票組合進行套期保值的結果使得股票組合按照無風險利率獲得

收益。

既然套期保值的結果是獲得無風險收益,那麼投資者為什麼不直接買入國債,而要持有股票(組合)並進行期貨交易呢?這樣做的原因有兩個:一是對於想長期持有股票、但對短期市場風險不確定的投資者來說,利用股值期貨對沖短期風險,與現在賣出、未來再買入的投資策略相比,更節省成本。二是對於那些堅信自己選擇或持有的股票會帶來豐厚收益,但對市場走勢並不確定的投資者而言,利用股值期貨對沖所持股票中的市場風險,可以降低投資的整體風險,優化投資的收益/風險結構。

假如,一個投資者選擇了 A 股票,並且認為未來一個月裡市場會有很大的變動,但 A 股票總會優於市場的表現(當股票市場整體價格上升時,A 股票的價格會比市場整體價格上升得更多;當股票市場整體價格下降時,A 股票的價格會比市場整體價格下降得更少)。這時是否應該採用套期保值策略,完全取決於投資者對風險的偏好程度。下面我們舉一個簡單的例子來說明。

例 3-4 假如投資者在 8 月持有 10,000 股 X 股票,股票價格為 30 元,投資者認為 9 月股票市場將出現很大的波動,但 X 股票的表現會優於市場(即 β 值是變動的,市場價格上升,β 值會變大;市場價格下降,β 值會變小)。為了削減市場風險對盈利的影響,投資者決定賣出股指期貨合約,來對沖 X 股票的風險。現在知道當前 X 股票的 β 值為 0.75,股票指數的點數為 500 點,每張合約的價值為 50 元乘以指數。按照公式(3-3),這時需要賣出:

$$0.75 \times \frac{10,000 \times 30}{500 \times 50} = 9 \text{(張)}$$

在一個月後,市場價格出現了下跌,指數從 500 點跌到了 450 點,而 X 股票的價格也下降到 28 元。這時的總收益為:

$(500 - 450) \times 50 \times 9 + (28 - 30) \times 10,000 = 2500 \text{(元)}$

假如在在一個月後,市場價格出現了上漲,指數從 500 點漲到了 550 點,而 X 股票的價格也上漲到 35 元。這時的總收益為:

$(500 - 550) \times 50 \times 9 + (35 - 30) \times 10,000 = 27,500 \text{(元)}$

從這個例子可以看出,當市場出現下跌時,因為進行了套期保值,持有 X 股票還獲得了收益;同樣,當市場出現上漲時,套期保值雖然也給 X 股票的持有者帶來了收益,但這個收益卻比不進行套期保值得到的收益小。這個例子說明,套期保值的目的是為了對沖風險,而不是獲得收益。因此,套期保值會使不利的程度降低,但也會減輕獲利的程度。

在這一節我們從股票指數的構成入手,講解了股票指數的定價和投資的相關知識,瞭解到作為市場收益變動情況的代表股票指數期貨,不僅可以對沖指數投資的風險,而且還可以對沖投資組合或單個股票中包含的市場風險。因此,股票指數期貨雖然出現較晚,但被廣泛應用在轉移和迴避市場風險的投資策略中,為衝社保基金、大型投資機構甚至個體

投資者提供了很好的風險管理工具。

3 利率期貨

利率期貨是指標的資產的價格依賴於利率水準的期貨，有許多投資組合都保持對利率變動的敏感性。比如，持有企業或國家發行的各種債券，這些債券的價格總是和利率保持反向關係，當利率升高，債券的價格就會下降。另外，存貸款的價值也會受到利率變動的影響，利率提高，存款持有者獲益，但貸款者就會支付更多的利息。利率期貨就是迴避和轉移資本資產利率風險的一項基礎工具。

與我們學過的商品期貨和股指期貨相比，利率期貨在定價和投資方面有自己的特點，因為利率的大小與利率期限結構有著密切的關係。需要利用利率期貨對沖風險的投資者不僅需要確定對沖風險的期限，而且需要瞭解希望對沖的利率具有的期限結構，以便選擇正確的利率期貨合約來管理和控制利率風險。

3.1 利率期限結構和幾個相關概念

即期利率（Spot Interest Rate），也稱為零息票利率（Zero Coupon Rate），n 年期即期利率是指從當前開始 n 年後到期的投資收益率。需要特別注意，這裡說的收益率是按照在 n 年後一次性支付本金和利息時得到的收益計算出的收益率。n 年期的零息票債券，在 n 年期內不會給持有人帶來任何的利息收益，所以 n 年期的零息票債券利率也就等於 n 年期的即期利率。

在銀行的公告欄中，一般會標註不同期限的存款利率。比如，1 年期的定期存款利率是 2.5%，2 年期的定期存款利率是 2.75% 等。現在我們想知道，如果在 1 年後進行為期 1 年的定期存款，那時的利率應該是多少呢？

其實這個答案就隱藏在公告欄中標明的 1 年期和 2 年期的存款利率中。假設我們打算將 50,000 元放在銀行進行為期 2 年的定期存款，實際上有兩種方案可供選擇：第一種方案是把 50,000 元存入一個為期 2 年的定期帳戶中；另一種方案是先把 50,000 元存入一個為期 1 年的定期帳戶中，到期後再續存 1 年。假設市場是均衡的，沒有套利機會，那麼這兩種方案最終得到的收益應該是一樣的。這樣是不是就可以算出 1 年以後 1 年期的定期存款利率呢？

假設即期利率都是連續複利，如果採用第一種方案，最終獲得的收益是 52,827.03 元（$50,000e^{0.0275 \times 2}$），如果採用第二種方案，獲得的收益應該是 $50,000e^{0.025}e^{x}$ 元，X 是第 1 年末到第 2 年末的市場利率，這種利率被稱為遠期利率（Forward Interest Rate）。由於兩種方案得到的最終收益必須一致，可以算出 X 等於 3%，也就是說第 2 年的遠期利率是 3%。

在遠期利率和即期利率轉換的方面，我們有一個普遍性的結論：如果即期利率以連續複利表示，R_1代表T_1時期的即期利率，R_2代表T_2時期的即期利率，如果$T_2 > T_1$，那麼在T_1到T_2時間段內的遠期利率R_F就等於：

$$R_F = \frac{R_2 T_2 - R_1 T_1}{T_2 - T_1} \tag{3-4}$$

如果即期利率不是以連續複利表示時，會有什麼結果呢？實際上即便期利率不是以連續複利表示時，這個結論也近似成立。下面我們來看看年利率與連續複利（Continuous Compounding）之間的關係。

假如用 A 元進行為期 n 年的存款，已知銀行每年的利率為R_c，如果每年支付一次，那麼在 n 年後這個存款帳戶中應該有$A(1+R_c)^n$元。如果銀行按月計息，這樣每個月得到的利息還可以作為存款在下一期獲得利息，A 元的存款在 n 年後可得$A(1+R_c/12)^{12n}$元；如果銀行按天計息，那麼最後得到$A(1+R_c/365)^{365n}$元，如果我們把計息的間隔 X 盡可能地縮短，這樣最後可獲得$Ae^{R_c n}$元$[\lim_{x \to \infty} A(1+R_c/x)^{xn}]$。這時$R_c$就是連續複利計算出的年利息率。

假設銀行開通了按年複利的存款，存款年利率為R_m，在無套利情況下，採用連續複利計算出的年利息率R_c和採用按年複利的存款利率R_m得到的回報應該相等。這就意味著有以下的等式：

$Ae^{R_c n} = A(1+R_m)^n$

通過變換，很容易推出：

$R_c = \ln(1+R_m)$ 和 $R_m = e^{R_c} - 1$

如果我們知道的年利率R_m可分 M 次計息，那麼上式可以轉換成：

$R_c = m\ln(1+R_m/m)$ 和 $R_m = m(e^{R_c/m} - 1)$ \quad (3-5)

式（3-5）就是連續複利與固定時間複利之間的轉換公式。下面我們來看一個具體的例子。

例3-5 假如現在有一筆面值 100,000 元的債券，按照連續複利計算的債券年利息為 4%，但實際利息按照季度發放，那麼與按季度發放等價的年利率是多少？

把上述條件代入公式（3-5），得到：

$4(e^{0.04/4} - 1) = 4.02\%$

也就是說，在每個季度，債券持有人會收到 1005.02 元的利息。

如果 1 年期定期存款的年息為 10%，把 1000 元存款存入 1 年期的定期存款帳戶，那麼一年後可以獲得 1100 元。假設銀行規定的每天利息是 X，如果投資者今天去銀行存錢，明天取出，並把獲得的本息再次存入，這樣的行為持續一年，最後存款者獲得的總收益應該是 1100 元 $[1000 \times (1+0.10)]$。

在無套利的市場條件下，存款者最後只能獲得1100元。

不同的時間點上有不同的即期利率，在某個時點上，不同期限的即期利率與到期期限之間的關係被稱為利率期限結構（Term Structure of Interest Rate）。

零息債券的到期收益率等於相同期限的市場即期利率，從對應關係上來說，任何時刻的利率期限結構是利率水準和期限相聯繫的函數。因此，利率的期限結構，即零息債券的到期收益率與期限的關係可以用一條曲線來表示，如水準線、向上傾斜的曲線和向下傾斜的曲線，或者是上述三種曲線的組合（見圖3-1）。零息債券收益率到期收益率與期限關係的曲線直觀地體現了債券的短期利率和長期利率的差異性。

a.平行的利率期限結構　　b.上升的利率期限結構

c.下降的利率期限結構　　d.復合形的利率期限結構

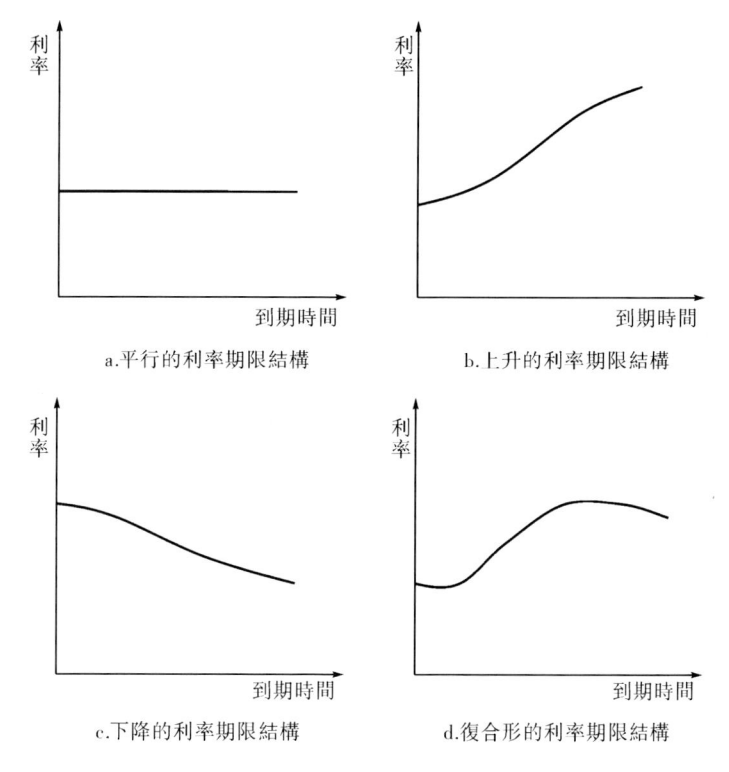

圖3-1

解釋利率期限結構的理論主要有預期假說理論、市場分割理論和流動性偏好理論三種。目前得到最多支持和肯定的是流動性偏好理論。

由歐文·費歇爾（Irving Fisher）（1896年）提出的預期假說認為，長期利率應該反應對未來短期利率的預期。按照這個理論，不同期限國債利率的高低由市場對不同時間利率

的預期決定。如果預期的未來短期債券利率與現期短期債券利率相等，那麼長期債券的利率就與短期債券的利率相等，收益率曲線是一條水準線；如果預期的未來短期債券利率上升，那麼長期債券的利率必然高於現期短期債券的利率，收益率曲線是一條向上傾斜的曲線；如果預期的短期債券利率下降，則債券的期限越長，利率越低，收益率曲線是一條向下傾斜的曲線。預期假說理論實際上假定了市場對未來短期債券的利率的預期具有一致性，並且資金在長期資本市場和短期資金市場之間可以進行自由流動。這種看法明顯與實際情況相距甚遠。

市場分割理論認為，按照期限長短，債券市場劃分成許多不相關的市場，每個市場的供求關係決定著市場的利率。換句話說，利率期限結構由不同市場的均衡利率共同決定。實際上，不同期限債券的利率上的變動往往會出現同步性，長期債券的市場利率會隨著短期債券的市場利率變動而呈現有規律性的變動。對於這類現象，市場分割理論顯然無法解釋。

流動性偏好理論認為，不同期限的債券之間存在一定的替代性。因為投資者對不同期限的債券具有不同的偏好，所以不同期限的債券並不能完全相互替代。由於投資者厭惡風險，偏好持有短期證券，為了吸引投資者持有期限較長的債券，必須向他們支付流動性補償，對流動性的補償會隨著時間延長而增加，所以實際觀察到的收益率曲線總要比預期假說所預計的高。也就是說，投資者流動性偏好是導致不同期限債券價格產生差異的原因。

許多債券通過貼現的方式進行報價。如面值1000元的1年期債券的發行價格為950元，這意味著持有債券1年後可以收到50元的投資回報，隨著到期時間的臨近，債券價格逐漸上升到1000元。

從利息的支付形式來看，除了上面提到的在持有期內不支付任何利息，全部本息將在債券到期日一次性支付的零息票債券（Zero Coupon Bond）之外，還有在持有期間裡定期支付一定數量利息，到債券到期日在支付最後一次利息和全部本金的付息債券。最早出現這種定期付息債券的票面上有領取利息憑證的息票，所以定期付息債券也被稱為附息票債券。

例3-6 已經知道5種不同期限的債券價格、到期年限、利息大小和付息時間（見表3-2），那麼整個時間段內的利率期限結構是怎樣的？

表3-2

債券面值（元）	到期期限（年）	付息次數	年支付利息（元）	市場價格
1000	0.25	0	0	980
1000	0.50	0	0	950
1000	1.00	0	0	900

表3-2(續)

債券面值（元）	到期期限（年）	付息次數	年支付利息（元）	市場價格
1000	1.50	3	80	960
1000	2.00	4	120	1015

利用公式（3-5），我們可以分別計算出3個月、6個月和1年以連續複利計算的利率為：

$12/3 \ln[1 + (1000 - 980)/980] = 8.08\%$

$12/6 \ln[1 + (1000 - 950)/950] = 10.26\%$

$\ln[1 + (1000 - 900)/900] = 10.54\%$

按照假設條件，對於1.5年期的債券，將在6個月後獲得40元利息，1年後獲得40元利息，1.5年後獲得本息1040元。根據上面推導的結果就有如下等式：

$40e^{-0.1026 \times 6/12} + 40e^{-0.1054} + 1040e^{-R \times 1.5} = 960$

那麼以連續複利計算出1~1.5年期間的利率為$R = 10.68\%$。同理，我們可以根據等式：

$60e^{-0.1026 \times 0.5} + 60e^{-0.1054} + 60e^{-0.1068 \times 1.5} + 1060e^{-R \times 2} = 1015$

計算出1.5~2年期間的連續複利為10.87%。

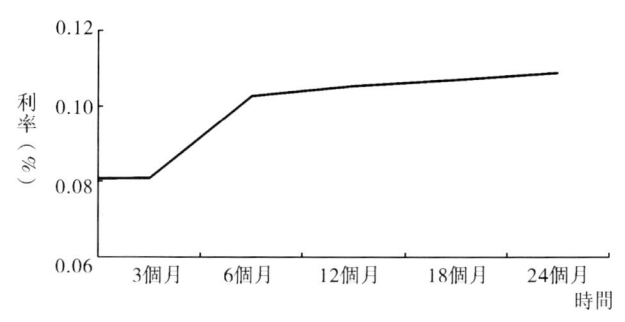

圖3-2 零息票收益率曲線（利率期限結構圖）

3.2 利率期貨的定價與投資

在復習了利率的期限結構後，下面來認識一下利率期貨的標的——遠期利率協議（Forward Rate Agreement，簡稱FRA）。

遠期利率協議本質上還是一種遠期合約，訂立合約的雙方同意在未來某個時期按照某種確定的利率用於合約規定的本金。從定義上就可以看出，遠期利率協議的結算只能採用

現金結算的方式進行。

如果買賣雙方用協議的形式，同意在 T_1 到 T_2 的時間段內按照利率 R_k（連續複利計算）結算本金 10,000 元，這個協議就是一份遠期利率協議。這份協議在當前時刻的合理（理論）價格 V 就應該是在 T_1 時刻支付的本金與 T_2 時刻收到本息和現值的差。

T_1 時刻的支付的現值為：$-10,000e^{-R_1T_1}$，（其中的 R_1 表示 T_1 時點的貼現率，也就是 T_1 時刻即期利率）

T_2 時刻收到本息和現值為：$10,000e^{R_k(T_2-T_1)}e^{-R_2T_2}$，（其中的 R_2 表示 T_2 時點的貼現率，也就是 T_2 時刻即期利率）

在當前時刻，協議的價格 $V = 10,000e^{R_k(T_2-T_1)}e^{-R_2T_2} - 10,000e^{-R_1T_1}$，作為一份「公平」的協議，協議和合理價格 V 應該等於 0。這樣就有：

$$10,000e^{R_k(T_2-T_1)}e^{-R_2T_2} = 10,000e^{-R_1T_1}$$

簡單整理一下，我們就得到：

$$R_k(T_2 - T_1) - R_2T_2 = -R_1T_1$$

即：

$$R_k = \frac{R_2T_2 - R_1T_1}{T_2 - T_1}$$

與公式（3-4）比較，上面推出的式子證明遠期利率協議簽訂時，協議利率 R_k 正好等於 $T_1 - T_2$ 時期的遠期利率 R_F。這樣就有：

$$R_2T_2 = R_F(T_2 - T_1)(-R_1T_1)$$

把這個式子帶到求解遠期利率協議價格 V 中，就得到：

$$V = 10,000e^{R_k(T_2-T_1)}e^{R_F(T_2-T_1)(-R_1T_1)} - 10,000e^{-R_1T_1}$$

$$V = [10,000e^{R_k(T_2-T_1)}e^{R_F(T_2-T_1)} - 10,000]e^{-R_1T_1} \qquad (3-6)$$

上面的式子說明，假設當前已經知道遠期利率 R_F，那麼通過計算 T_1 時刻與 T_2 時刻的現金流的現值，我們就可以知道遠期利率協議的合理價格。理解這一點對後來學習利率互換會有很大的幫助。

例 3-7 有一份遠期利率協議（FRA）要求本金 200,000 元，在第 1 年末到第 2 年末之間的遠期利率為 12%（年複利），已知按照連續複利計算的遠期利率為 11%，1 年期的即期利率是 10%（連續複利）。那麼 FRA 的市場價格應該是多少？

根據協議，在第 2 年末，我們將獲得 2,240,000 元 [2,000,000 × (1 + 0.12)] 元，按照公式（3-6），FRA 的市場價格為：

$$V = (2,240,000e^{-11\%} - 2,000,000)e^{10\%} = 6034（元）$$

下面我們來看看利率期貨中最常見的使用債券為標的物的利率期貨。在展開學習之前，我們先簡單介紹一下世界上交易最活躍、使用最廣泛的兩種債券期貨品種。

第3章 常見的金融期貨

在美國和歐洲的期貨市場上，一般使用短期國債、中期國債和長期國債作為主要的利率期貨標的物。長期債券期貨的標的是指那些在期貨合約進入交割月後有15年以上存續期的國債或政府債券，中期債券期貨的標的是指存續期為5年或以上的國債，短期債券期貨的標的物的國債存續期只有90天。

在美國，國債的報價單位是1/32美元，報價是面值100美元的國債價格，並且國債每半年支付一次。因此，如果看到92-16的報價，那麼你應該知道面值100美元的國債，現在的市場價格是92.50元。

例3-8 假設按照10%的利息，分別在每年的1月10日和7月10日各支付半年的利息，一份在2009年7月10日到期的國債市場報價是90-08。那麼在2009年5月3日這份債券現金價格應該是多少？

按照10%的利率，面值100元的國債將分別在1月10日和7月10日收到5美元的利息，由於從1月10日到5月3日一共有113天，1月10日—7月10日一共有181天，那麼在5月3日隱含的利息收入應該是3.12美元（113/181×5）。這樣在2009年7月10日到期的債券現金價格就應該是93.37美元（90.25 + 3.12 = 93.37）。

由於國債報價的慣例，長期國債期貨合約也採用了與國債相同的報價方式。此外，對於中期國債期貨和長期國債期貨還有一個特殊的地方，以長期國債期貨合約為例，因為合約的標的物規定的是交割月後15年以上存續期的國債，合約到期後，賣方可以選擇交割任何一種期限超過15年的國債，這時賣方會選擇採用最便宜的債券進行交割。對於如何選擇最便宜債券以及如何計算所選債券的價格交易所都有相應的規定，其中包括類似「轉換因子」之類的術語和按天計息的操作慣例。值得注意的是，在賣方交割後收到的現金中，還包括交割債券從最後一次付息以來到交割日累計的利息收入。

大多數短期債券在持有期並不支付利息，到期時按照票面的面值支付。所以，這種債券在發行的時候都採用折價的方式發行，持有這種債券的收益體現在購買時的價格與面值之間的價差上。這就是短期債券又被稱為貼現債券（Discount instrument）的原因。

與所有的期貨合約一樣，不管是以長期債券、中期債券還是以短期債券作為標的物的利率期貨合約到期後，買賣雙方都必須按照合約規定交割或交收規定存續期的債券。下面我們用兩個具體的例子來說明如何對這些利率期貨定價。

例3-9 已知以連續複利計算的年利率為10%，並且利率期限結構是水準的。假定有一份9個月的長期國債期貨，在9月後選擇交割的最便宜債券是15年期的面值為100元、票面利率為12%的國債，國債每年付息兩次，購買國債期貨時距離上次付息已經過了60天，距離下次付息還有122天，合約到期35天後是下一次付息日。在期貨開倉時，這個債券的報價是120美元。那麼這份9個月的長期國債期貨報價應該是多少？

首先畫出一個時間軸，對解決這樣的問題有很大的幫助。根據題意，我們知道：

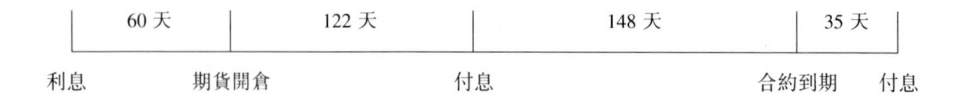

|　60 天　|　122 天　|　148 天　|　35 天　|
|利息　　期貨開倉　　　　　　　付息　　　　　　　合約到期　付息|

從已知條件中可知，國債每次支付的利息是 6 元。上面我們講過，國債的實際價格等於報價加上從上一個付息日到當時的累計利息。這樣在開倉時，15 年國債的實際（現金）價格應該等於：

$120 + 60 \div (60 + 122) = 121.98$（美元）

在 122 天後還要收到 6 美元的利息，這筆利息的現值等於：

$6e^{-0.1 \times 122/365} = 5.80$（美元）

另外，合約在交割時還包含了 148 天的利息，這筆利息的現值等於：

$[6 \times 148/(148 + 35)]e^{-0.1 \times 270/365} = 4.51$（美元）

這兩筆利息是已知收益，這樣標的債券的現價已知，期貨合約的存續期（9 個月，相當於 270 天）也知道，代入上一章中我們推出的公式（2-5）中，這份 9 個月的長期國債期貨報價應該是：

$(121.98 - 5.80 - 4.51)e^{0.1 \times 270/365} = 120.24$（美元）

例 3-10　對於到期日為 6 個月（180 天）的短期國債期貨的現金價格為 96.80 美元，而 270 天到期的短期國債（面值 100 元）價格為 95.20 美元。那麼 6 個月和 9 個月的利率，以及 6 月末到 9 月末的遠期利率分別是多少？（按照連續複利計算）

270 天的國債價格 $V = 95.20 = 100e^{-R_2 \times 270/365}$

9 個月以連續複利計算的年利率 $R_1 = 6.65\%$

由於短期國債期貨的標的物是合約到期後還有 90 天存續期的國債，上面講過，短期國債不支付利息，按照上一章推出的公式（2-4）$F = Se^{R_1 T_1}$，我們可以推導出短期國債期貨的定價公式應該是：

$F = Ve^{-R_2 T_2}e^{R_1 T_1} = Ve^{R_1 T_1 - R_2 T_2} = Ve^{-R_F(T_1 - T_2)}$ [這裡利用了上面推導出的公式（3-4）]

這樣在本例中 6 月末到 9 月末的以連續複利計算的遠期利率就應該等於：

$R_F = -\frac{1}{(T_1 - T_2)}\ln(F/V) = 6.76\%$

現在我們知道了 270 天（9 個月）和 180 天到 290 天期間的利率，那麼根據公式（3-4），可以推導出 180 天國債期貨隱含的利率為：

$R_1 = \frac{R_2 T_2 - R_F(T_2 - T_1)}{T_1} = 13.19\%$

當 6 個月市場實際利率低於 13.19% 的時候，投資者可以通過賣出 6 個月期的短期國債，同時將按照較低的市場利率借入 6 個月期同等數量的資金，並把借來的資金購買 270

天的短期國債，按照 6.67% 的利率獲得收益；反過來，6 個月期的市場實際利率高於 13.19%，投資者可以通過買入 6 個月期的短期國債，同時賣出 270 天的短期國債，來獲得套利收益。

在套利活動中，一般把在期貨市場賣空和現貨做多結合的套利行為稱為第一類套利，把在期貨市場做多和現貨賣空的套利行為稱為第二類套利。

最後我們來學習一下在利用利率期貨進行套期保值操作時，如何測度最優套期保值比率的問題。首先我們先復習一下「久期」（Duration）這個概念。

久期是指債券持有者在收到現金支付時，所需要等待的平均時間。從久期的定義可以知道，n 年期的零息票債券的久期為 n 年，但是 n 年期付息債券的久期小於 n 年，因為在付息債券到期前就已經收到了一些利息。

假定 n 年期債券的持有者在 t_i 時刻收到利息 c_i（$0 < i \leq n$），那麼債券的價格 B_p 可以表示為：

$$B_p = \sum_{i=1}^{n} c_i e^{-yt_i} \tag{3-7}$$

式中，y 代表按連續複利計算的債券收益率（貼現率）。

按照久期的定義，久期的數學表達式可以寫成：

$$D = \frac{\sum_{i=1}^{n} t_i c_i e^{-yt_i}}{B_p} \tag{3-8}$$

或：

$$D = \sum_{i=1}^{n} t_i \left(\frac{c_i e^{-yt_i}}{B_p} \right) \tag{3-9}$$

公式（3-9）中的括號部分代表債券在 t_i 時刻收到利息的現值與當前債券價格的比值，由於債券的價格是未來所有利息收入現值的總和。這樣公式（3-9）就表示債券的「久期」等於「以每次利息支付時刻收到的利息現值與債券價格比值為權重，每次利息支付時刻的加權平均」。下面我們看一個具體的例子：

例 3-11 假如有一個面值 100 元的 3 年期債券，債券的票面利率為 10%，每半年支付一次利息，已知在整個期間以連續複利計算的無風險收益率（貼現率）為 8%。那麼這個債券的久期是多少？

我們通過列表（見表 3-3）進行計算：

表 3-3

付息時間（年）	收到金額（元）	現值	權重（%）	時間×權重
0.5	5	4.80	4.58	0.023

表3-3(續)

付息時間（年）	收到金額（元）	現值	權重（%）	時間×權重
1	5	4.62	4.40	0.044
1.5	5	4.43	4.23	0.063
2	5	4.26	4.07	0.081
2.5	5	4.09	3.91	0.098
3	105	82.60	78.81	2.364
總計	130	104.80	1	2.674

從表3-3中可以看出，所需計算的債券的久期D等於2.674年。

在式（3-7）中，我們對貼現率求導，可以得到：

$$\Delta B_p = -\Delta y \sum_{i=1}^{n} t_i c_i e^{-yt_i} \tag{3-11}$$

用式（3-11）替換式（3-8）中的相關變量，得到：

$$\Delta B_p = -B_p D \Delta y \frac{\Delta B_p}{B_p} = -D \Delta y \tag{3-12}$$

式（3-12）是基於久期對沖最重要的公式。要說明這一點，我們還是用上面的例子來說明收益率微小的變動會引起債券價格變化的百分比和久期發生怎樣的變動。

例3-12 假設Δy增加了0.1%，其他條件與例3-11相同。這時債券的價格變化的百分比、久期會怎樣變動？

根據公式（3-12）可以得到：

$$\Delta B_p = -104.80 \times 2.674 \Delta y = -280.235 \Delta y$$

Δy增加0.1%，意味著y變為8.1%，這樣ΔB_p就等於-0.28。這就表明當收益率增加0.001後，債券價格下降到104.52元，這時債券的久期也增大到2.680［如果按照連續複利計算的無風險收益率（貼現率）為8.1%來計算一下例3-11，也可以得出相同的結果］。

上述計算結果是為了證明，當收益率曲線發生微小的變動時，債券價格百分比的變動和久期的變動成正比。

雖然我們運用公式（3-12）計算了單個債券收益率變動的情況，但是對於組合中的所有債券而言，只要它們的收益率都發生了同樣微小的變動，那麼公式（3-12）同樣也是適用的。

另外，我們使用了連續複利表示的收益率（貼現率）來推導久期，如果收益率（貼現率）用年複利的方式來表示，那麼按照前面推導出的公式（3-5），公式（3-7）就可

以寫成：

$$B_p = \sum_{i=1}^{n} c_i e^{-\ln(1+Y)t_i} = \sum_{i=1}^{n} c_i (1+Y)^{t_i} \tag{3-13}$$

式中，Y 代表年複利的方式計算出的利率。

對年複利的方式計算出的利率 Y 求導，就可以得到：

$$\Delta B_p = -\frac{B_p D \Delta Y}{1+Y} \tag{3-14}$$

如果按照年複利的方式計算出的年利率，每年支付 m 次利息，那麼公式（3-14）就可以寫成：

$$\Delta B_p = -\frac{B_p D \Delta Y}{1+Y/m} \tag{3-15}$$

這樣我們就把表達式 $\frac{D}{1+Y/m}$ 稱為修正久期（Modified Duration）。

金融機構往往會借助包括期貨在內的所有金融工具，使資產的平均久期能與負債的平均久期相吻合，這種策略被稱為久期匹配（Duration matching）或資產免疫組合（Portfolio immunization）。這種策略的基礎前提是收益率曲線總是平行移動，當資產的平均久期能與負債的平均久期相匹配時，利率發生微小波動時，對資產的獲利（損失）正好與負債的損失（獲利）相互抵消。這就是公式（3-12）的含義。下面我們來考查一下，對於債券組合或利率變化對收益產生重要影響的證券組合，如何根據久期運用利率期貨來對沖和管理風險。

假設收益率曲線在任何期限內都只發生平行移動（即收益率的變化 Δy 對所有期限都是一樣的），用 F 表示利率期貨合約的價格，用 S 表示需要進行套期保值的資產當前的價格。D_F 和 D_S 分別代表期貨合約標的資產和需要進行套期保值資產的久期。這樣根據公式（3-12），我們得到兩個近似的式子：

$$\Delta S = -SD_S \Delta y$$

$$\Delta F = -FD_F \Delta y$$

根據假設我們可以知道 Δy 對於套期保值資產和期貨合約標的資產是一樣的，這意味著套期保值資產的價格變動與期貨合約價格變動一致，兩者的相關係數為 1。這樣利用公式（3-12），我們就可以得到：

$$\frac{\sigma_S}{\sigma_F} = \frac{SD_S}{FD_F} \tag{3-16}$$

按照上一章中推導出的最優套期保值比率的公式，公式（3-16）就意味著，基於久期的最優套期保值比率（Duration-Based Hedge Ratio）N 等於：

$$N = \frac{SD_S}{FD_F} \tag{3-17}$$

例3-13 在2008年5月10日，按照合約，某進出口企業將在2008年8月20日收到55,000,000元貨款，其後，企業財務安排用這筆資金購買6個月期短期國債，在5月10日，6個月期短期國債的票面利率是9%。為了避免在5月10日—8月20日期間，因為國債利率下降帶來損失，該企業打算使用2008年9月到期的180天短期國債期貨進行套期保值。該期貨在5月10日的價格為90.98元。問應該怎麼操作？如果在8月20日，6個月期短期國債的票面利率降為7.6%，而9月到期的180天短期國債期貨的價格變為91.23元。該企業將從套期保值操作中獲得多少收益？

由於利息下降會給企業帶來損失，所以企業採用買入短期利率期貨合約的方式進行多頭套期保值。前面講過，短期國債不支付利息，所以為期3個月的期貨和6個月的國債的久期分別為0.25和0.5，每張利率期貨的規模為1,000,000元，這樣每張合約的價格為909,800元（10,000×90.98）。代入公式（3-17），就知道企業應該買入的合約數量為：

$N = 55{,}000{,}000 \div 909{,}800 \times \dfrac{0.5}{0.25} \approx 121$（張）

如果6個月期短期國債的票面利率降為8%，那麼企業在國債投資上的損失為：

$55{,}000{,}000 \times 0.5 \times (0.09 - 0.076) = 365{,}750$（元）

這時在期貨市場上的獲利為：

$121 \times 10{,}000 \times (91.23 - 90.50) = 786{,}500$（元）

這樣期貨和現貨合併獲利總值為420,750元。

從理論上說，使用基於久期的最優套期保值比率可以使整個頭寸的久期變為0，但是在使用基於久期的最優套期保值比率時需要特別注意，這個套期保值比率成立的前提是收益率的變動Δy在期限中都是相同的。實際上在許多情況下，短期收益與長期收益之間沒有嚴格的相關關係，如果短期收益波動大於長期收益波動（反之亦然），D_F和D_S存在較大差距時，用公式（3-17）計算出的套期保值比率效果就不是很理想。

在結束對利率期貨的學習之前，我們還要強調一個簡單的套期保值操作原則：如果利息下降會給資產帶來損失，那麼應該採用買入的方式進行多頭套期保值；反之，如果利息上升會給資產帶來損失，那麼應該採用賣出的方式進行空頭套期保值。這是因為利率總是和利率期貨的價格反向運動的：當利率上升時，作為標的物，債券的價格就會下降，帶動期貨價格下降；反之，當利率下降時，債券價格上升，帶動利率期貨的價格也相應上升。

4　外匯期貨

外匯期貨（Foreign Exchange Futures）是指交易雙方約定在未來某一時間，依據現在

約定的比例，以一種貨幣交換另一種貨幣的標準化合約。在大多數外匯期貨結算時，可以選擇使用現金進行結算，這表明外匯期貨的本質是以匯率為標的物的期貨合約，用來迴避匯率風險，所以把外匯期貨稱為匯率期貨也是恰當的。

作為最早出現的金融期貨品種，外匯期貨的市場並不是最大的。因為相當數量的外匯交易在銀行或金融機構間的遠期市場中進行，雖然如此，這些遠期市場還是具有期貨交易的特徵，特別是在定價原理方面。只是在具體的交易、清算和交割等具體規定方面與期貨有所區別。下面我們就來學習有關外匯期貨的定價以及投資策略方面的知識。

4.1　有關外匯的基礎知識

外匯（Foreign Exchange）是以外國貨幣或者以外國貨幣表示的，可用於國際結算的支付手段。外匯的形式包括外國貨幣、外幣支付憑證、外幣有價證券、特別提款權以及其他外幣計值的資產。

匯率（Exchange Rate）是用其他貨幣表示的單位貨幣價格。匯率反應了不同貨幣之間的比價關係。匯率的標價方式比較特殊，有直接標價法和間接標價法。

用兌換單位外國貨幣需要多少本國貨幣來標明匯率的方法就是直接標價法。使用直接標價法，可以清楚地看到購買單位外幣應該支付的本幣金額，所以這種標價方法也被稱為應付標價法。目前，包括中國在內的世界上大多數國家都採用直接標價法來表示匯率。與直接標價法相對，間接標價法又被稱為應收標價法。它標明買賣一個單位的本國貨幣需要多少外國貨幣。在國際外匯市場上，歐元、英鎊、澳元採用間接標價法。

使用直接標價法，匯率上升就意味著，與原來相比，購買一個單位的外國貨幣需要更多的本國貨幣。通俗地說，這就是本幣貶值或外幣升值。使用間接標價法，當匯率上升，就意味著本幣升值或外幣貶值。

怎麼確定匯率呢？學習過宏觀經濟或國際金融的讀者多少對這個問題都有自己的答案。為了保持內容的連貫性，同時也讓那些沒有機會接觸到匯率定價理論的讀者能夠順利地瞭解下面的內容，在這裡我們還是簡單地講解一下匯率的定價理論。

目前被普遍接受和廣泛使用的匯率定價的理論有兩個，即購買力平價理論和利率平價理論。這兩個理論的核心思想並沒有差異，認為不論各國的貨幣都是抽象化的價值符號，不同貨幣之間的比值（匯率）只能由表現貨幣內在價值的基本因素決定。當貨幣作為交易媒介時，由於不同國家的單位貨幣可以購買的商品和勞務的數量不同，比如1美元可以購買3個杯子，而購買相同的3個杯子卻需要6.5元人民幣，這就意味著美元和人民幣的比值一定是1/6.5，否則將出現套利。同理，如果我們把貨幣看成是價值儲藏品，貨幣的使用者必須向所有者支付相應的成本（即使這兩者是同一個人，貨幣的使用成本也是存在的）。

例3-14　假如在美國平均出售1美元1年的使用權，至少需要按照連續複利計算的

5%的年收益獲得報酬，同樣在中國平均出售 1 元人民幣 1 年的使用權，至少需要按照連續複利計算的 1.87%年收益獲得報酬。假設當前的美元和人民幣的比值是 1/6.7，那麼 1 年以後，美元和人民幣的比值就會變成多少？

如果把 1 美元投資在本土，1 年後會獲得 1.051 美元（$e^{0.05}$）。如果把 1 美元按照 1∶6.7 兌換成人民幣，並按照 1.87%的收益率投資，這樣在 1 年後就能收到 6.826 元人民幣（$6.7e^{0.0187}$），如果匯率保持不變，這相當於 1.019 美元。這意味著套利者就可以通過把人民幣兌換成美元，每一美元可獲得 0.032,44 美元（$1.051 - \dfrac{6.826}{6.7}$）的收益。市場是不會允許這種套利機會長期存在的，在無套利條件下，按照上面的等式可以算出 1 年後的匯率應該是 1∶6.5。

從上面的講解中可以看出，利用平價理論確定的價格，其實就是當市場上不存在套利機會時資產的價格。匯率的兩個定價原理也是如此。其中的差別無非是在購買力平價理論中更強調貨幣作為價格尺度和流通手段的職能，而利率平價理論則更關心貨幣的儲藏價值。

另外，對於利率平價理論，有一個相對簡單和方便的公式，用於計算匯率變動或進行不同國家之間的利率比較：

$$\frac{E_F}{E_S} = \frac{1 + R_n}{1 + R_f} \tag{3-18}$$

E_F 和 E_S 分別代表用直接標價法標註的遠期匯率和即期匯率，R_n 和 R_f 就分別用來表示本國和外國相同期間段內以連續複利計算的無風險收益率。

使用公式（3-18）來計算例 3-14，就有：

$$\frac{E_F}{6.7} = \frac{1 + 0.0187}{1 + 0.05} \rightarrow E_F = 6.5$$

這個結果和上一種方法得出的結果相同。

4.2 外匯期貨的定價與投資策略

與國債期貨和股票指數期貨相比，外匯期貨的定價原理要簡單得多。下面我們通過一個例題來學習一下外匯期貨的定價原理。

例 3-15 已知美國期貨市場上的歐元對美元外匯期貨合約採用美元記價，每張合約的規模為 125,000 歐元，假設目前美元與歐元的匯率是 1∶0.688，按連續複利計算美元的年收益率是 10%，歐元的年收益率是 6.8%。問：這時 6 個月期的美元對歐元的匯率應該是多少？6 個月期的美元對歐元的外匯期貨合約的價格是多少？

如果按照利率平價理論，未來的美元與歐元的匯率應該是：

$$\frac{E_F}{E_S} = \frac{1+R_n}{1+R_f} \rightarrow E_F = 0.688 \times \frac{1+0.034}{1+0.05} = 0.678$$

即 1 美元等於 0.678 歐元。

在現實世界裡，我們可以通過兩種方式得到 6 月後的 125,000 歐元：一種方式是現在就把美元換成 $125,000e^{-0.068/2}$ 歐元，並持有 6 個月；另外一種方式是買入一張歐元對美元的外匯期貨合約，並把 $Xe^{-0.10/2}$ 美元按照 0.10 的利率投資半年，合約到期後選擇在 6 個月後按照當前期貨合約價格 X 美元進行交割。

方式一：在當前（即期）匯率下，獲得 $125,000e^{-0.068/2}$ 歐元需要：

$125,000e^{-0.068/2}/0.688 = 175,612.6$（美元）

方式二：支付 $Xe^{-0.10/2}$ 美元，

這兩種方式得到的最終結果都是擁有 125,000 歐元，這樣就有：

$X = 184,616.4$ 美元

即：6 個月期的美元對歐元的外匯期貨合約的價格應該是 184,616.4 美元。

其實採用第 2 章中的公式 (2-6) 也可以得到相同的結果：

$$F = Se^{(r-q)T} = \frac{125,000}{0.688}e^{(0.10-0.068)0.5} = 184,616.4 （美元）$$

例 3-16 假設某德國出口商在 6 個月後將收到 3,500,000 美元的貨款，為了防止 6 個月後歐元升值，該出口商打算使用美國期貨市場上的美元對歐元外匯期貨合約進行保值。已知目前美元與歐元的匯率是 1：0.688，6 個月期的美元對歐元的外匯期貨合約的價格是 184,616.4 美元，進口商應該怎麼操作？假如 6 個月後美元與歐元的匯率變為 1：0.653 美元，套期保值操作給進口商帶來的收益是多少？

由於美元貶值會帶來損失，所以進口商應該通過建立外匯期貨的多頭頭寸進行保值。下面確定套期保值比率，因為風險頭寸為 3,500,000 美元，那麼需要購買的合約數量為：

$N = 3,500,000 \div 184,616.4 \approx 19$（張）

假如沒有進行套期保值操作，當美元與歐元的匯率變為 1：0.653 美元時，進口商實際收到的歐元只有 2,285,500 歐元（3,500,000 × 0.653），損失 122,500 歐元。

進行套保使得在 6 個月後，進口商實際收到的歐元有 2,375,000 歐元（19 × 125,000），實際損失減少為 33,000 歐元（3,500,000 × 0.688 - 2,375,000）。

你也許奇怪，為什麼進行了套保還會有損失呢？實際上從例 3-16 中就應該看到，當前的期貨價格 184,616.4 美元就已經包含了市場對未來美元貶值的預期，套保的目的僅是防止美元進一步貶值。

對於外匯的套期保值操作策略，與其他期貨合約沒有不同，不過有一點需要注意：不同的利率合約有不同的標價單位。比如，在美國的期貨市場上，美元對日幣的外匯期貨採用美

元作為報價單位。如果採用美元對日幣的外匯期貨迴避日幣貶值而帶來的損失，在美國的期貨市場上就應該採用賣出（空頭）套保策略。因為如果日幣貶值，單位日幣兌換的美元就要相應地減少，以美元標價的美元對日幣外匯期貨合約的價格就下降，採用空頭套保可在期貨市場獲得收益，來彌補日幣貶值帶來的實際損失。相反，假設美元對日幣的外匯期貨採用日幣作為報價單位，那麼要迴避日幣貶值的風險，就應該採用買入（多頭）套保策略。

小結

這一章我們講解了以股票指數期貨、利率期貨和外匯期貨為代表的金融期貨定價原理和主要的投資策略。應該看到，儘管金融期貨合約主要以股票、債券和外匯等金融產品作為標的物，但是它們的定價依然遵從期貨定價的一般原理，即期貨價格應該等於持有現貨到合約期滿時候必須支付的成本的現值。記住這一點，我們就掌握了開啟期貨知識全部奧秘的「鑰匙」。同時我們還應該牢記，期貨作為最重要和基礎的「衍生工具」之一，它的價值同樣必須依附於基礎產品——標的商品的價格。紅利收益率、利率期限結構以及匯率的變動對股票指數、債券和外匯的價格形成和變動的影響，同樣也影響到對股票指數期貨、利率期貨和外匯期貨為代表的金融期貨定價。這一點在本章的學習中應該特別注意。

在股票指數期貨和利率期貨的市場操作策略方面，我們運用 CAPM 模型和久期理論，分別介紹了如何確定「最優套期保值比率」，以便利用股票指數期貨和利率期貨進行風險對沖，實現風險管理和控制的目的。

本章中學習的利率和利率期貨以及匯率和匯率期貨的相關知識與我們學習和掌握另外一種重要衍生工具——互換有很大的幫助。在這一章中，我們還多次提到了無套利原理。對於金融產品定價，特別是衍生金融產品的定價，無套利原理是確定一切價格的理論基礎，在學習過程中需要仔細體會。在隨後的學習中，特別是在期權定價的理論中，我們還將就這個問題進行詳細的討論。

課後練習

1. 如果在 9 月 1 日，投資者想用 6 個月的 NYSE 指數期貨對持有的 30,000 股 Microsoft 股票進行保值，已知股票市價為 85 美元，β 值為 1.3，合約價值為 500 美元乘以指數點。問該投資者應該怎麼操作？假設 6 個月後，Microsoft 股票市價變為 80 美元，投資者最後的收益是多少？

2. 如果某家投資機構現在持有價值 50,000,000 元的股票組合，這個組合目前的 β 值

為1，投資經理認為未來3個月股票市場可能出現波動，下跌的可能性增加，經過風險概算，需要利用S&P 500指數合約把組合的β值降為0.75。問應該怎麼操作？[提示：可以應用公式（3-3）]

3. 假如連續複利計算的即期利率如表3-4所示。請分別計算第2年、第3年、第4年、第5年的遠期利率。

表3-4

期限（年）	年利率（%）
1	5.0
2	6.5
3	7.0
4	7.6
5	8.0

4. 在2008年1月10日發行的6年期票面價值為100元的國債，息票的利率為9%，該債券每年付息兩次，分別在1月10日和6月10日，已知無風險收益為5%。問在2008年9月10日該債券的市場價格應該是多少？

5. 假設9個月期的連續複利的年利率為8.2%，6個月期的連續複利的年利率為7.5%，那麼面值100萬元，6個月後交割90天短期國債的期貨價格是多少？

6. 假設在2009年7月20日，某公司預計在9月20日將發行2000萬元、為期180天的債券，如果在當天發行可收到現金1810萬元，為了避免在9月發行時，因為收益率提高使得企業發行收入減少，企業希望利用2個月期的6個月國債期貨合約進行保值。問應該怎麼操作？

7. 假如某進出口企業將在2009年7月20日收到60,000,000元貨款，企業財務打算用這筆資金購買3個月期的短期國債。在2月10日，3個月期的短期國債的票面利率是9%，為了避免在2月10日—7月20日期間，因為國債利率下降帶來損失，該企業打算使用2009年8月到期的90天短期國債期貨進行套期保值，該期貨在2月10日的價格為87.89元。問應該怎麼操作？如果在7月20日，3個月期的短期國債的票面利率降為8%，而9月到期的180天短期國債期貨的價格變為92.53元，該企業將從套期保值操作中工獲得多少收益？

8. 已知美國期貨市場上的英鎊對美元外匯期貨合約採用美元計價，每張合約的規模為100,000英鎊，假設目前美元與英鎊的匯率是1：0.48，按連續複利計算美元的年收益率是9%，英鎊的年收益率為7%。問：3個月期的美元對英鎊的匯率是多少？3個月期的美元對英鎊的外匯期貨合約的價格是多少？

9. 利用第9題的結果計算英國投資者如何對3個月後收到的5,000,000美元保值？假如3月後美元與英鎊的匯率變為1：0.42，比較投資者保值策略的效果。

10. 已知日本期貨市場上的歐元對日元外匯期貨合約採用日元計價，每張合約的規模為100,000歐元，假設目前日元與歐元的匯率是100：0.769，按連續複利計算日元的年收益率是3.2%，歐元的年收益率是5%。問：這時3個月期的日元對歐元的匯率應該是多少？3個月期的歐元對日元的外匯期貨合約的價格是多少？

第 4 章　互換

學習目標

在這一章中，我們將討論互換的基本原理，並介紹利率互換、貨幣互換和其他幾類互換的相關理論。學習完本章後，你應當知道：
- 互換的含義；
- 互換的功能；
- 利率互換的含義；
- 利率互換的基本原理；
- 利率互換的功能；
- 貨幣互換的含義；
- 貨幣互換的基本原理；
- 貨幣互換的功能；
- 其他互換類型的概念。

重要術語

互換、平行貸款、背對背貸款、比較優勢理論、遠期利率協議、利率互換、貨幣互換、商品互換、交叉貨幣利率互換、基點互換、零息互換、後期確定互換、差額互換、遠期互換、互換期權、股票互換、可延長互換、可贖回互換、增長型互換、減少型互換、滑道型互換

從現金流角度來看，與現貨交易、遠期交易一樣，互換交易也是一種常用的金融工具。自20世紀80年代產生以來，國際互換交易額以每年3.5萬億美元的速度增加，目前市場規模已十分可觀。對於現代企業來講，互換交易已經成為融資和風險管理最有效的金融工具之一。本章首先介紹互換的基本概念及互換的產生、互換的功能等，並對兩種基本

互換——利率互換和貨幣互換的內涵及定價原理進行講述，最後簡單介紹幾種其他類型的互換。

1 互換概述

1.1 互換的定義

互換（Swap）也稱掉期，是指兩個或兩個以上交易人按照協定的條件，在約定的時間內交換一系列現金流的金融交易，支付款項包括利息或外匯。互換在本質上是一種遠期合約，它與其他遠期合約的不同之處在於：這種遠期合約是建立在交易雙方交換有差別的同類基礎資產之上的，而其他遠期合約則是交換相同的基礎資產。互換有這樣幾個特點：①互換是一種建立在平等基礎之上的合約。合約雙方具有相應的權利和義務，是一種平等的關係，而且他們的行為受一國合同法律的調節。②互換所載明的內容是同類商品之間的交換。但同類商品必須有一定品質的差異，如在外匯互換中幣種之間的差別，利率互換中利率期限和大小之間的差別等，否則互換沒有任何意義。③互換是以交易雙方互利為目的的。根據經濟學原理，交換可以產生出剩餘，對剩餘的分配不僅可以增加交換雙方的收益，而且也提高了社會福利。

互換交易按其性質，可劃分為貨幣互換和利率互換兩大類。前者是指交易雙方互相交換不同幣種、相同期限、等值資金債務或資產的貨幣即期利率的一種調換業務；後者是指交易雙方在債務幣種同一的情況下，互相交換不同形式利率的一種調換業務。

互換交易按其用途，可劃分為負債互換和資產互換兩類。前者是指資金籌措時或者在負債管理中，為了降低籌資成本或減少外匯風險而進行的利率或貨幣的互換；後者是指在資產管理中，為了使資產處於最佳搭配、獲取最大收益而進行的利率或貨幣的互換。

互換交易按其交易方式，可劃分為以下五類：①利率或票息互換（如同一貨幣的浮動利率對固定利率的互換）；②交叉貨幣固定利率對固定利率的互換；③交叉貨幣固定利率對浮動利率的互換；④同一貨幣浮動利率對浮動利率的互換；⑤交叉貨幣浮動利率對浮動利率的互換。其他結構性複雜的互換還有商業票據互換交易、長期外匯合約、貨幣期權互換交易、無息債券互換交易等。

目前最常見的互換交易為利率互換。自1981年美國所羅門兄弟公司為IBM和世界銀行辦理首筆美元與馬克和瑞士法郎之間的貨幣互換業務以來，互換市場的發展非常迅猛。目前，按名義金額計算的互換交易已成為最大的衍生交易品種。

1.2 互換的產生

互換交易是國際貿易理論中的絕對優勢理論和比較優勢理論在國際金融市場上的應

用，它最早起源於20世紀70年代開始流行的平行貸款和背對背貸款。平行貸款和背對背貸款兩者既有聯繫又有區別。

1.2.1 平行貸款

平行貸款（Parallel Loan）是指在不同國家的兩個母公司，相互向對方公司在本國境內的子公司提供金額相等的本幣貸款，並在指定到期日各自歸還所借貨幣的貸款方式。例如，英國母公司A向其境內的美國母公司B的子公司貸款，而美國母公司B向在其境內的英國母公司A的子公司貸款，用於相互的投資。其流程圖如圖4-1所示。

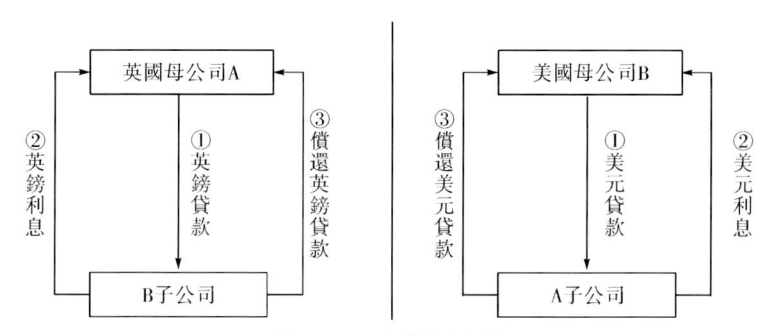

圖4-1 平行貸款流程圖

平行貸款包括兩個獨立的貸款協議：甲國母公司向乙國母公司在甲國的子公司提供貸款的協議和乙國母公司向甲國母公司在乙國的子公司提供貸款的協議。由於這兩個貸款協議都具有法律效力，因此，兩個子公司的貸款實際上都由其母公司提供保證。貸款期限一般為5~10年，大多採用固定利率方式計息，按期每半年或一年互付利息，到期各自將借款金額償還給對方。因此，如果一方違約，另一方仍須依照合同執行，不得自行抵消。為了降低違約風險，另一種與平行貸款非常相似的背對背貸款就產生了。

1.2.2 背對背貸款

背對背貸款（Back to Back Loan）是指兩個國家的母公司之間相互直接貸款，貸款的幣種不同但幣值相等，貸款的到期日相同，按期各自支付利息，到期各自償還本金，是處在不同國家的兩個企業之間簽訂的直接貸款協議。其流程如圖4-2所示。

背對背貸款儘管有兩筆貸款，但只簽訂一個貸款協議，協議中明確若一方違約，另一方有權抵消應盡的義務。這就大大降低了在貸款中可能產生的違約風險，向貨幣互換大大邁進了一步。

為了解決平行貸款中的信用風險就產生了背對背貸款，但它與平行貸款一樣，都涉及跨國借貸的問題，這就存在外匯管制上的問題。因此，背對背貸款是在1979年英國取消外匯管制後才作為一種金融創新工具而出現。同時，背對背貸款與平行貸款一樣，反應的

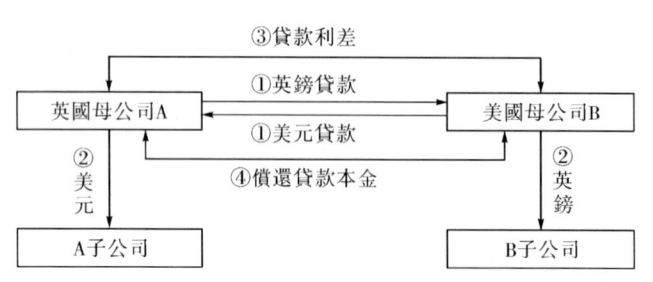

```
           ③貸款利差
    ┌─────────────────┐
    │  ①英鎊貸款        │
英國母公司A ←─────────→ 美國母公司B
    │  ①美元貸款        │
②   │                  │ ②
美   │  ④償還貸款本金    │ 英
元   │                  │ 鎊
    ↓                  ↓
  A子公司              B子公司
```

圖4-2　背對背貸款流程圖

都是債權和債務關係，會影響到企業資產負債的結構。

正是因為要解決平行貸款和背對背貸款影響資產負債結構的問題，金融互換於1981年8月應運而生。由於互換是負債的交換或資產的交換，其現金流的流出和流入是互為條件的，是一種表外業務，並不影響企業的資產負債結構，因此深受歡迎，並得到了飛速發展。

從以上兩個流程圖可以看出，若把利息支出和償還貸款本金用一系列遠期合約來規定，則平行貸款和背對背貸款相當於現貨交易和一系列遠期交易的組合。

1.2.3　互換產生的原因

互換之所以發展如此迅速且，其中一個很重要的原因就在於互換技術可以使參與者利用各自的比較優勢，使參與各方都能獲得利益，或降低資金成本，減輕負債。

比較優勢理論（Theory of Comparative Advantage）是在絕對優勢理論的基礎上發展起來的，由英國著名經濟學家大衛‧李嘉圖（David Ricardo）在1817年出版的《政治經濟學及賦稅原理》一書中提出。李嘉圖認為，一國在兩種商品生產上較之另一國均處於絕對劣勢，但只要處於劣勢的國家在兩種商品生產上劣勢的程度不同，處於優勢的國家在兩種商品生產上優勢的程度不同，則處於劣勢的國家在劣勢較輕的商品生產方面具有比較優勢，處於優勢的國家則在優勢較大的商品生產方面具有比較優勢。兩個國家分工專業化生產和出口其具有比較優勢的商品，進口其處於比較劣勢的商品，則兩國都能從貿易中得到利益。這就是比較優勢原理。也就是說，兩國按比較優勢參與國際貿易，通過「兩利相權取其重，兩害相權取其輕」，兩國都可以提升福利水準。

李嘉圖的比較優勢理論不僅適用於國際貿易，而且適用於所有的經濟活動。只要存在比較優勢，雙方就可以通過適當的分工和交換使雙方共同獲利。互換是比較優勢理論在金融領域最生動的應用。根據比較優勢理論，只要滿足以下兩種條件，就可以進行互換：①雙方對對方的資產或負債均有需求；②雙方在兩種資產或負債上存在比較優勢。

企業通常可以通過多個途徑取得資金，但是每個途徑的成本不同，資金需求者若發現自己需要的資金形態（指資金的幣別與計息方式）並不是自己最具比較優勢的那一種，而

仍然以直接方式取得自己所需要的資金，就等於放棄了自己的比較優勢。互換正好彌補了這項遺憾。

1.3 互換的功能

20世紀80年代初，互換市場還不引人注目，但十幾年後，互換市場的年交易量已超過2萬億美元。目前，互換已經成為最重要的金融工具之一。互換業務的快速發展與其自身所具有的明顯優勢和功能是密不可分的。從上面的分析可以看出，互換市場至少應具備以下主要功能：降低資金成本或增加資產收益、規避風險、增加資金籌措途徑以及作為資產負債管理的工具等。

1.3.1 降低資金成本和增加資產收益

互換交易雙方利用自身的比較優勢，尋求較低的交易費用，使互換交易雙方互得其利，從而達到降低融資成本的目的。互換交易除了可以節省負債方面的利息支出外，還可以增加資產收益。例如，如果某資產持有者預期市場利率會下跌，可利用利率互換交易，將用浮動利率表示的資產轉換為用固定利率的資產；反之，如果某資產持有者預期市場利率會上漲，則可進行反向操作，在規避市場風險的同時，通過進行互換交易增加自身資產的價值。因此，互換具有降低資金成本和增加資產收益的功能。

1.3.2 規避風險

互換交易的另一個功能便是規避風險。資產持有者可以依據其預期，對於已有的債務利用利率互換交易重組其債務組合。例如，預期利率上升，浮動利率負債的交易方為避免利率上升帶來的增加融資成本的損失，就產生了與負債數額相同的固定利率的交易者進行互換的需求，所得到的浮動利率與原負債相抵，而僅支出固定利率，從而避免了利率上升帶來的增加融資成本的風險。同樣，對於固定利率的借款者而言，若預期利率下降，為享受利率下降帶來融資成本降低的好處，也可以將固定利率轉換成浮動利率。同理，在貨幣互換交易中，資產持有者也可利用期初不交換本金的貨幣互換來規避匯率及利率風險。因此，互換交易成為規避風險的一種良好的選擇工具。

1.3.3 增加資金籌措途徑

在進行融資時，有些企業由於受各方面因素的限制，如本身信用度不高等因素，無法順利取得資金，互換便解決了這個問題。例如，一家信用度不好的企業在融資過程中無法取得長期固定資金，但是它可以從貨幣市場獲取短期資金，借助於互換交易，便可以順利達到取得長期資金的目的。此外，有些國家建立了外匯管制措施，這樣的資金籌措障礙通過互換交易同樣可以克服。因此，互換交易讓資金籌措者除了通過傳統方式進行融資外，增加了另一個資金籌措的方式。

1.3.4 資產負債管理的工具

在財務管理的資產負債管理中，資產與負債的互相配合相當重要。浮動利率資產應與

浮動利率負債相配合，固定利率資產應與固定利率負債相配合。當想改變資產或債務的組合以配合資產負債管理時，可以利用互換交易進行調整，而不需要賣出資產或償還債務。此外，互換交易也有利於未來現金流量的管理，利用互換交易可使現金流入與現金流出相配合。

除了以上功能外，由於互換為表外業務，因此互換還具有規避外匯管制、利率管制及稅收限制的功能。

2 利率互換

對互換進行分類，一般依據的是互換所賴以建立的基礎資產。這些基礎資產包括銀行貸款、外匯、商品、有價證券（如債券、股票）等，因此也便有了利率互換、貨幣互換等。

2.1 利率互換的定義

利率互換（Interest Rate Swap）是指互換交易雙方之間達成的一種協議，在一段時間以內，以一筆象徵性的本金數額為基礎，交易雙方互相交換具有不同性質的利率款項（浮動利率或固定利率）的支付。利率互換主要用於交易者改變其自身的利息支付形式。例如，一方用固定利率支付方式換取另一方的浮動利率支付，或者用浮動利率支付方式換取固定利率支付。

在利率互換中，交易雙方無論在交易的初期、中期，還是末期都不交換本金。本金是交易雙方的資產或負債，它並不轉手，交換的只是利息款項。交換的結果只是改變了資產或負債的利率。在利率互換中，交易雙方在交換過程中，均以同種貨幣進行交換，只是以不同的利率來計算現金流。因此，利率互換一般是基於以下情況才產生的：交易者所需的利率和支付方式的資產和負債很難得到；交易者在市場上籌措某類資金具有比較優勢；根據對利率走勢的判斷和預測，希望得到浮動利率或固定利率貸款。這些需求只有通過利率互換才能得到滿足。

從以上可以看出，利率互換是典型的場外市場交易工具，不能在交易所上市交易，可按照客戶的不同需求進行具體化的操作。並且在交易時不受時間、空間及報價規則的限制，交易期限由雙方自主確定（一般期限都在 10 年以內）。

最常見的利率互換只有兩個參與者，雙方將自身借款的利息支付形式進行交換。例如，如果一方（a 公司）已經借入固定利率的資金，卻想支付浮動利率的利息；而另一方（b 公司）已經借入浮動利率的資金，卻想支付固定利率的利息。那麼，雙方就不必借入新的資金，只需將各自的負債進行交換，簽訂互換協議，由 a 公司向 b 公司支付以事先商

定的固定利率為基礎計算的現金流，而 b 公司向 a 公司支付按同一本金計算的以浮動利率為基礎的現金流，雙方無須進行本金的支付。這樣一來，利率互換的雙方就以可接受的條件，得到了各自想獲得的利息支付。在利率互換中，最常見的利率互換形式是：一方以名義本金按固定利率計算的現金流，與另一方以浮動利率計算的現金流進行互換。

2.2　利率互換的基本內容和特徵

2.2.1　利率互換的基本內容
（1）由互換雙方簽訂協議，根據協議各自向對方支付利息。
（2）預先確定付息日期。
（3）付息金額由名義本金來確定。
（4）互換的一方是固定利率支付者，固定利率在互換協議簽訂時商定；另一方是浮動利率支付者，浮動利率參照互換期內的種種特定的市場利率加以確定。
（5）雙方互換利息，不涉及本金的交換。

2.2.2　利率互換的基本特徵
（1）利率互換與其他互換交易一樣也是一種表外業務，它能夠改變給定資產或負債的風險與收益的特徵，而不必出售原始資產或負債，這樣就可以在不影響資產負債表結構的情況下給各方帶來收益或減少風險。
（2）互換交易採用同一種貨幣，計息金額也相同。交易雙方從始至終都不必進行本金互換，計算互換現金流量（利息）的交易額只是一種名義本金。
（3）對於互換交易中的任何一方而言，互換交易和它實際發生的借款行為是相互獨立的，即融資的來源、形式及時間上的選擇都與互換沒有關係。通過互換可以降低已經發生的融資的成本或規避利率變動的風險。
（4）利率互換的雙方具有相同的身分，或者雙方都是債務人，或者雙方都是債權人。互換的對象是不同類型的利率，包括固定利率與浮動利率的互換、浮動利率與浮動利率的互換等，可以是利息支出的互換，也可以是利息收入的互換。浮動利率以同業拆借利率（London Interbank Offered Rate，簡稱 LIBOR）為基準。互換價格即互換利率一般以相應期限的息票的國債利率加減一定的利差來表示。

因為利率互換不涉及本金，雙方僅是互換利率，風險也只限於應付利息，因而具有風險較小的優點。同時，現行的會計規則未要求把利率互換列在報表的附註中，因此利率互換對交易雙方的財務報表沒有影響，並且具有成本較低、手續簡便等優點。

2.3　利率互換的功能

自 20 世紀 80 年代初期以來，互換業務已經具有多種形式，尤其以利率互換發展最為迅猛。交易者之間進行利率互換的主要動機有兩個：一是源於對利率風險的不同偏好；二

是源於籌資過程中的比較優勢。正是由於這兩個主要動機，推動了利率互換的發展。利率互換交易既能滿足交易雙方各自的風險偏好，又能充分發揮交易雙方在籌資中的相對優勢。正因為如此，利率互換具有許多其他金融衍生工具所沒有的功能。其功能主要體現在以下幾個方面：

（1）有利於拓寬融資渠道。近幾年來，中國國債市場發展較為迅速，但流動性不高依然是中國債券市場目前面臨的最主要的問題之一。利率互換的產生為投資者提供了有效的避險工具和投資選擇，從而提高了投資者的投資和交易熱情。此外，利率互換業務使籌資者可以利用互換在各個市場獲得資金，而不必考慮自身的信用等級。不僅如此，做市商在與對手進行利率互換的同時要通過買賣債券進行對沖操作，這將極大地提高債券市場的流動性和定價效率，從而還能促進債券市場的進一步發展。

（2）有利於降低融資成本。在利率互換中，客戶能夠獲得低於市場固定利率或浮動利率的貸款。互換交易是基於比較優勢而成立的，當一家企業或機構在某一市場具有籌資優勢，而該市場與該企業或機構所需不符時，這家企業或機構可以先利用具有比較優勢的市場進行籌資，然後再進行互換，以得到在另一個市場上的所需，從而降低了雙方的實際籌資成本。

（3）有利於資產負債管理。利率互換可將固定利率債權（債務）換成浮動利率債權（債務）。在對資產和負債利率暴露頭寸進行有效操作中，利率互換具有比利用貨幣市場和資本市場進行操作的優勢，它可以不經過真實資金運動（利率互換是以名義本金為基礎進行的）而對資產負債額及其利率期限結構進行表外重組。此外，也有利於未來現金流的管理，使流入和流出相配合。

（4）有利於對利率風險保值。例如，當利率上升時，為避免利率上升所帶來的損失，有浮動利率的債務人就與數額相同的名義本金的固定利率互換，所收的浮動利率與原負債相抵，而僅支出固定利率，從而避免利率上升的風險。

（5）彌補不同金融工具之間的缺口。從實質上看，互換就是對不同融資工具的各種特徵進行交換。利率互換可以將浮動利率負債換為固定利率負債，等於在浮動利率債券市場上籌措資金，而得到固定利率債券市場的效益，使固定債息債券與浮息債券之間的缺口被填平。

（6）有利於加快利率市場化進程，改善中國金融風險管理水準。中國當前正處於金融改革的關鍵時期，利率市場化改革的逐步推進對中國金融機構、尤其是商業銀行的利率風險管理水準提出了更高的要求。隨著利率市場化的推進，市場利率的波動在很大程度上是隨機的，這也就增加了中國商業銀行的利率風險，同時也將會增大商業銀行以及金融監管當局對利率風險管理的難度。

2.4 利率互換的定價方法

由上文分析可知,利率互換作為資本市場最重要的工具之一,具有降低融資成本、規避風險及資產配置等功能。而利率互換的核心在於固定利率支付的一方以什麼樣的利率支付給互換對手。這就是利率互換的定價問題。

在對利率互換中,如果假設沒有違約的可能,那麼利率互換的定價方法主要有兩種:一是運用債券組合進行定價;二是運用遠期利率協議對利率互換定價。

2.4.1 運用債券組合進行定價

對於金融機構而言,互換的價值就是兩種債券價值的差額。因此,在運用債券組合進行定價時,也就是將互換的價值視為固定利率債券價值和浮動利率債券價值的差額。即:

$$V = B_{fix} - B_{fl} \tag{4-1}$$

式中:V 代表互換的價值;
　　　B_{fix} 代表互換中固定利率債券的價值;
　　　B_{fl} 代表互換中浮動利率債券的價值。

通常,在一個互換中,習慣於用 LIBOR 來貼現現金流,因為 LIBOR 反應了金融機構的資金成本。假定:

t_i 代表當前距第 i 次現金流交換的時間($1 \leq i \leq n$);

L 代表利率互換合約中的名義本金額;

r_i 代表到期日為 t_i 的 LIBOR 零息票利率;

k 代表支付日支付的固定利息額。

那麼固定利率債券的價值為:

$$B_{fix} = \sum_{i=1}^{n} k e^{-r_i t_i} + L e^{-r_n t_n} \tag{4-2}$$

下面考慮浮動利率債券的價值。根據浮動利率債券的性質,在緊接浮動利率債券支付利息的那一刻,浮動利率債券的價值為其本金 L。假設利息下一支付日應支付的浮動利息額為 k^*(這是已知的),那麼在下一次利息支付前的一刻,浮動利率債券的價值為 $B_{fl} = L + k^*$。在我們的定義中,距下一次利息支付日還有 t_1 的時間。那麼當前浮動利率債券的價值應該為:

$$B_{fl} = (L + k^*) e^{-r_1 t_1} \tag{4-3}$$

在分別確定了固定利率現金流和浮動利率現金流的現值後,互換的價值即確定。對於支付浮動利率利息並收取固定利率利息的一方,互換的價值為固定利率債券的價值減去浮動利率債券的價值。

利率互換中固定利率一般選擇使互換初始價值為 0 的那個利率。在利率互換的有效期內,它的價值有可能是負的,也有可能是正的。這和遠期合約十分相似。因此利率互換也

可以看成遠期合約的組合。

例4-1 假設按某個互換條款，一家金融機構同意支付6個月期LIBOR，每年收取8%（半年複利）的利息，名義本金為100億美元。該互換還有1.25年時間到期。按連續複利計算的3個月期、6個月期及15個月期的相關貼現率分別為10.0%、10.5%和11.0%。上一支付日的6個月期LIBOR為10.2%（半年複利）。在這一例子中，k=4億美元，k*=5.10億美元。因此

$B_{fix} = 4e^{-0.25 \times 0.1} + 4e^{-0.75 \times 0.105} + 104e^{-1.25 \times 0.11} = 98.24$ （億美元）

$B_{fl} = 5.1e^{-0.25 \times 0.1} + 100e^{-0.25 \times 0.1} = 102.51$ （億美元）

故互換價值為：

98.24 - 102.51 = -4.27（億美元）

2.4.2 運用遠期利率協議對利率互換定價

遠期利率協議（FRA）是指合約裡事先確定將來某一時間一筆借款的利率。運用遠期利率協議對利率互換定價時，也就是將互換的價值視為一系列遠期利率協議價值的貼現值之和。如果市場利率高於協定利率，貸款人支付給借款人利差；反之，由借款人支付給貸款人利差。所以，實際上遠期利率協議可以看成一個將用事先確定的利率交換市場利率的合約。顯然，利率互換可以看成是一系列用固定利率交換浮動利率的遠期利率協議組合。只要知道組成利率互換的每筆遠期利率協議的價值，就可以計算出利率互換的價值。不過，在遠期利率協議執行的時候，支付的只是市場利率與合約協定利率的利差。只要知道利率的期限結構就可以計算出遠期利率協議對應的遠期利率和價值。具體步驟如下：①計算遠期利率。②確定現金流。③將現金流貼現。

例4-2 承上例，假設在3個月內將交換的現金流已經確定。8%的利率將與10.2%的利率互換。對金融機構而言，交換的價值為（單位：億美元）：

$0.5 \times 100 \times (0.08 - 0.102) e^{-0.1 \times 0.25} = -1.07$（億美元）

對於9個月期的交換價值，半年複利的利率為11.04%。因此，9個月期的FRA的價值為：

$0.5 \times 100 \times (0.08 - 0.1104) e^{-0.75 \times 0.105} = -1.41$ 億美元

同理，對於15個月期的交換價值，由於其半年複利利率為12.102%，計算其遠期利率協議價值為-1.79億美元。

因此，互換的總價值為：

-1.07 - 1.41 - 1.79 = -4.27（億美元）

2.5 利率互換的機制

2.5.1 利率互換的相關說明

在利率互換中，固定利率支付者在利率互換交易中支付固定利率，接受浮動利率，買進互換，是互換交易多頭，對長期固定利率負債與浮動利率資產價格敏感。浮動利率支付者在利率互換交易中支付浮動利率，接受固定利率，是互換交易的空頭，對長期浮動利率負債與固定利率資產價格敏感。

參與利率互換交易的雙方根據利率互換合同條款的規定計算需要定期支付的數額。這些規定包括：

（1）名義金額：據以計算利息支付額的金額。

（2）浮動利率：通常使用6個月期限的倫敦銀行間同業拆借利率。同業拆借利率是國際各銀行獲得頭寸時的利率。

（3）固定利率：通常表示為協議期國債利率加上一個差額，並在互換協議簽署後保持不變。如雙方同意進行一個同業拆借利率與「5年期國債利率＋0.25%」進行互換。

（4）利息支付日：固定利息和浮動利息支付通常以季度或半年為期。

（5）重定日：每次利息支付時所使用的浮動利率通常在每一期期初重定。

（6）淨額結算：雖然互換要求一方支付固定利息、另一方支付浮動利息，但實務中在每一個利息支付日只要求做一個單一的淨額支付。如果固定利率高於浮動利率，則支付固定利率方向收到固定利率方做一個淨額支付；反之亦然。

2.5.2 利率互換的操作機制

下面通過舉例來簡單說明利率互換的操作機制。

例 4-3 假設有信用等級不同的兩個公司：AAA公司和BBB公司。AAA公司偏好浮動利率，BBB公司偏好固定利率。AAA公司在固定利率借貸市場有比較優勢，BBB公司在浮動利率借貸市場有比較優勢。這兩家公司在固定利率借貸市場和浮動利率借貸市場上的借款條件見表4-1。

表4-1　　　　　　　　　　AAA公司和BBB公司借款成本

	固定利率借款成本	浮動利率借款成本
AAA公司	10.5%	LIBOR＋0.5%
BBB公司	12%	LIBOR＋0.75%
絕對成本優勢	1.5%	0.25%

由此可見，AAA公司的資信比BBB公司的資信要高，因為它無論在固定利率還是浮動利率，借款成本都比較低。但是，這兩家公司之間存在利率的比較優勢，是否按比較優

勢借款，其成本相差1.25%（1.5% -0.25%）。下面進行利率互換，其步驟如下：

2.5.2.1 互換收益分析

若AAA公司和BBB公司需要取得借款，如果不進行互換，AAA公司和BBB公司分別按自己所能獲得的利率去借款，即AAA公司按固定利率借款、BBB公司按浮動利率借款。則兩家公司的借款總成本為：

LIBOR +0.5% +12% = LIBOR +12.5%

如果按照比較優勢進行互換，AAA公司按浮動利率借款，BBB公司按固定利率借款。則這兩家公司的借款總成本為：

LIBOR +0.75% +10.5% = LIBOR +11.25%

所以，按照比較優勢進行互換，可以節約借款總成本，所節約的成本也就是互換所帶來的收益。

互換收益 = （LIBOR +12.5%）-（LIBOR +11.25%） = 1.25%

2.5.2.2 互換過程分析

由於存在互換收益，因此，AAA公司和BBB公司之間進行利率互換，其互換過程如圖4-3所示。

```
       AAA公司          支付LIBOR+0.25%浮動利率         BBB公司
    （借固定利率資金）  ←――――――――――――――――――    （借浮動利率資金）
                        支付11%固定利率
           ↓                                                    ↓
      支付固定利率10.5%                              支付浮動利率LIBOR+0.75%
```

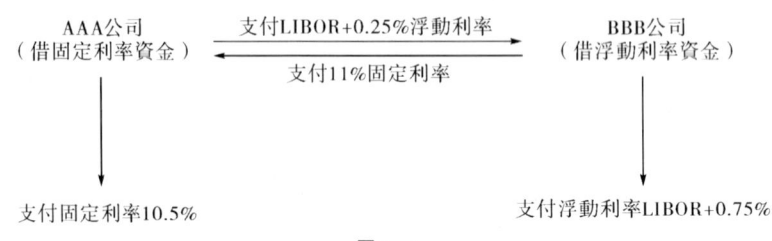

圖4-3

AAA公司實際借款成本 = LIBOR +0.25% +10.5% -11% = LIBOR -0.25%

BBB公司實際借款成本 = LIBOR +0.75% +11% -（LIBOR +0.25%） = 11.5%

2.5.2.3 互換收益分配

通過利率互換，AAA公司和BBB公司的借款成本均有所減少：

AAA公司實際借款成本減少額 = （LIBOR +0.5%）-（LIBOR -0.25%） = 0.75%

BBB公司實際借款成本減少額 = 12% -11.5% = 0.5%

即：互換收益1.25%，被AAA公司分享了0.75%，被BBB公司分享了0.5%。

至此為止，互換過程結束。

利率互換即可以如上例中在兩個最終使用者中使用，也可以通過仲介機構來進行。如果有一方或雙方不願承擔對方的不支付風險，那麼銀行或其他金融機構可充當兩個借款者

的互換仲介，創造一個仲介互換。每一個借款者可單獨與互換仲介銀行簽訂互換協議。在這種仲介互換形式下，兩個借款者只要各自與互換仲介認識即可，他們彼此不必認識。見圖4-4。

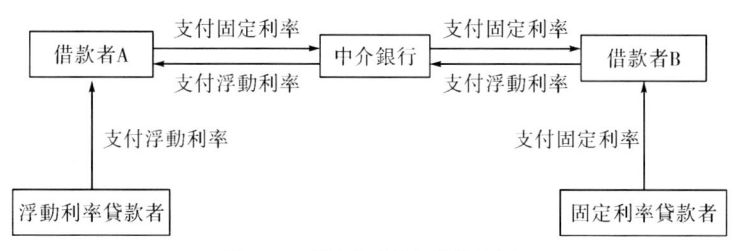

圖4-4 具有仲介的互換流程圖

利率互換仲介的參與，將兩個借款者隔離開來，並賺取了互換仲介費，保證了每一位借款者到期能夠收到對方的互換支付。

互換仲介承擔的風險隨交易不同而不同。目前，就一般而言，互換仲介的保證只限於互換中利息的支付。如果互換中有一方違約，不如期向仲介支付，那麼仲介將不能使其互換收支平衡。結果，仲介承擔的一方的違約風險只局限於它需向另一方支付的金額與未收入的違約金額之間的差額。

3 貨幣互換

3.1 貨幣互換的定義

貨幣互換（Currency Swap）是指交換具體數量的兩種貨幣的交易，交易雙方根據所簽合約的規定，在一定時間內分期攤還本金及支付未還本金的利息。貨幣互換一般以即期匯率為基礎，兩種互換貨幣之間存在的利率差則按利率平價原理，由貨幣利率較低方向貨幣利率較高方定期補貼。貨幣互換的典型特徵在於互換的兩種現金流分別以不同的貨幣來表示。例如，交易一方同意對1000萬德國馬克的名義本金按10%的固定利率每季度支付一次利息，同時每季度收取交易對方支付的名義本金為625萬美元的、按3個月期LIBOR計算的浮動利息。

關於貨幣互換，有幾點需要加以說明：

（1）貨幣互換雙方的利率支付形式可以是：均為固定利率，均為浮動利率，固定利率對浮動利率。

（2）貨幣互換中所規定的匯率可以是：即期匯率，遠期匯率，雙方協定匯率，但不同

匯率對應相同的利率水準。

（3）貨幣互換可以有初始本金的交換，也可以沒有初始本金的交換。在實踐中，互換是否有初始本金交換並不重要，因為我們可以在互換開始時通過即期外匯交易實現所需要的本金交換；如果協議規定有初始本金的交換，我們可以通過即期外匯交易將其抵消。標準的貨幣互換在互換結束時都必須進行本金的交換。在這種交換中，匯率風險將得到規避。

最著名的貨幣互換交易是在1981年8月，所羅門兄弟國際集團以未公開的費用安排了世界銀行與IBM間的貨幣互換，這一交易是信用套利的典範。在美元融資方面，兩者的成本相同，但是瑞士投資者給兩者的評級卻不一樣，正是這一點促成了套利的可能性，使世界銀行獲得了原本不可能得到的低廉的瑞士法郎和德國馬克債務。世界銀行與IBM都從交易中獲利。世界銀行進入互換交易後，其獲利的原因是因為它通過將借入美元互換成德國馬克，這樣所獲得的固定利率比較低。之所以存在這種套利，這是由於投資者與貸款人對信用價格的看法不完全一致所致。也就是說，全球信用市場效率不高，而互換市場使借款人利用了這種低效率。

貨幣互換的動因主要來源於不同借款人在不同市場上籌資的相對優勢，通過貨幣互換既可降低籌資成本，又可滿足雙方意願，達到避免匯率風險的目標。貨幣互換的原理與利率互換同出一轍。

3.2 貨幣互換的原理

貨幣互換主要是利用互換雙方在各自國家中金融市場上的比較優勢進行信用套利。貨幣互換交易的基本步驟如下：

（1）確定和交換本金。本金的交換既可以是實際的轉手，也可以是名義上的交換，其目的是按不同的貨幣數額計算應定期支付的利息。

（2）利息的互換。互換交易的雙方按貨幣互換合約規定的各自固定利率、以未償還債務本金為基礎支付相應的利息。

（3）本金的再次互換。互換交易雙方在到期日換回原先確定和互換的本金。

下面通過舉例來簡單說明貨幣互換的原理。

例4-4 一家美國A公司想借入2年期的1000萬英鎊；與此同時，一家英國B公司也想要借入1600萬美元。假設當時的即期匯率為1英鎊兌換1.6美元。這兩家公司在不同的資本市場上借款的成本如表4-2所示。

表 4-2　　　　　　　　　　A 公司和 B 公司借款成本

	美元	英鎊
A 公司	8%	11%
B 公司	9%	10%

　　從這兩家公司的融資利率矩陣中可以清楚地看到，A 公司在本國的資本市場上具有借款的比較優勢；而 B 公司在其本國的資本市場上也具有相應的借款優勢。由於雙方所需要的貨幣並非是其在國內資本市場上具有比較優勢的借款幣種，因此雙方可以利用彼此在本國資本市場上的比較優勢借入相應的貨幣，然後再通過貨幣互換取得各自所需的貨幣，最終達到降低融資成本的目的。

　　這一貨幣互換也將分為以下三個步驟進行。為了更清楚地說明貨幣互換的實際進行過程，下面將對整個貨幣互換的現金流過程進行拆分。

　　步驟一：初始本金的交換。A 公司在其國內市場借入 1600 萬美元，B 公司在其國內市場借入 1000 萬英鎊；然後 A 公司按照美元兌英鎊的即期匯率 1 英鎊兌換 1.6 美元將其借入的 1600 萬美元和 B 公司借入的 1000 萬英鎊進行交換。雙方初始本金交換的結構如圖 4-5 所示。

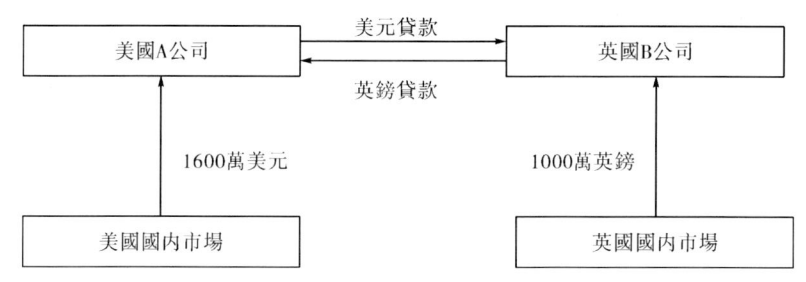

圖 4-5　A 公司和 B 公司初始本金交換流程圖

　　步驟二：利息的定期支付。雙方在簽訂貨幣互換協議的時候經過協商，確定利息為每年支付一次。所以，在第一年末和第二年末，A 公司向 B 公司支付英鎊利息 100 萬英鎊（1000×10%）；同時 B 公司向 A 公司支付美元利息 128 萬美元（1600×8%）。然後雙方將從對方那裡收到的利息用來償還各自本國的貸款者。雙方定期支付利息的結構如圖 4-6 所示。

　　步驟三：到期後本金的再次交換。第二年末，貨幣互換到期，雙方以期初美元兌英鎊的即期匯率將各自在本國市場的借款貨幣再次換回。整個貨幣互換到此結束。雙方到期後本金的再次交換結構如圖 4-7 所示。

```
                   利率10%利息100萬英鎊
   美國A公司  ←─────────────────────→  英國B公司
                   利率8%利息128萬美元
      │                                    │
      │ 8%                                 │ 10%
      ▼                                    ▼
   美國國內市場                          英國國內市場
```

圖 4-6　A 公司和 B 公司利息支付流程圖

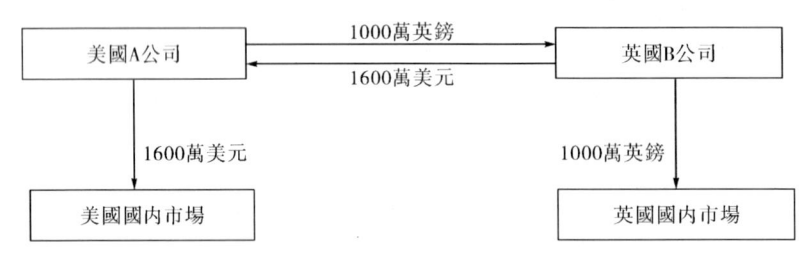

```
                      1000萬英鎊
   美國A公司  ←─────────────────────→  英國B公司
                      1600萬美元
      │                                    │
      │ 1600萬美元                         │ 1000萬英鎊
      ▼                                    ▼
   美國國內市場                          英國國內市場
```

圖 4-7　A 公司和 B 公司本金交換流程圖

3.3　貨幣互換的功能

貨幣互換是一項常用的債務保值工具，主要用來控制中長期匯率風險，把以一種外匯計價的債務或資產轉換為以另一種外匯計價的債務或資產，達到規避匯率風險、降低成本的目的。因此，貨幣互換具有以下幾個主要功能：

（1）降低籌資成本。如果交易者需要一種貨幣資本，可是自身只能以較差的條件獲得該貨幣，這時交易者可以舉借利率條件較優的貨幣，再通過貨幣互換轉換成自己需要的貨幣，從而達到降低籌資成本的目的。

（2）進行套利。在國際金融市場上，由於各國政府規定、稅收結構和利率不盡相同，套利的機會大量存在。以比較優勢為基礎的互換工具在這一領域的用途也頗為廣泛。通過貨幣互換得到直接投資不能得到的所需級別和收益率的資產，或是得到比直接融資的成本較低的資金。

（3）利用貨幣互換可以拓寬籌資者的融資渠道。貨幣互換可以提供一個進入受限制市場的途徑。如果當某些貨幣的資金市場存在貨幣管制的現象，進而使得一些籌資者無法直接進入該市場進行相關的籌資活動，那麼此時籌資者就可以利用貨幣互換繞開該市場對此貨幣的管制，通過其在另一個無貨幣管制的市場上籌集資金，最後再由貨幣互換將所需籌集資金換回，實現其對特定幣種的融資需求。

（4）利用貨幣互換可進行套期保值。由於全球一體化的不斷加強，很多公司都產生了非本國貨幣的現金流（收入或支出），為了降低貨幣在將來升值或貶值的長期風險，通過與本國貨幣互換創造出該貨幣的反方向現金流，可以有效地抵消特定現金流的不利影響，對貨幣敞口頭寸進行保值或投機。

（5）有利於規避外幣管制。現有許多國家實行外匯管制，使從這些國家匯回或向這些國家公司內部貸款的成本很高甚至是不可能的。通過貨幣互換可解決此問題。

（6）有利於資產負債管理。與利率互換不同，貨幣互換主要是對資產和負債的幣種進行搭配。

3.4 貨幣互換的定價方法

與利率互換類似，貨幣互換的定價方法也可以運用債券組合或者遠期協議的方法來進行定價。

3.4.1 運用債券組合對貨幣互換定價

與利率互換不同，貨幣互換交換本金。因此，在沒有違約風險的條件下，貨幣互換一樣也可以分解成債券的組合，不過不是浮動利率債券和固定利率債券的組合，而是一份外幣債券和一份本幣債券的組合。

定義 $V_{互換}$ 為貨幣互換的價值，那麼對收入本幣、付出外幣的那一方：

$$V_{互換} = B_D - S_0 B_F \quad (4-4)$$

式中：B_F 是用外幣表示的從互換中分解出來的外幣債券的價值；

B_D 是從互換中分解出來的本幣債券的價值；

S_0 是即期匯率（直接標價法）。

對付出本幣、收入外幣的那一方：

$$V_{互換} = S_0 B_F - B_D \quad (4-5)$$

再使互換的價值為零，即可求出互換時的固定利率。

其中，B_F 和 B_D 通過本金和利息流量的現值來計算。債券的價值等於今後一系列還本付息的資金流的現值之和。採用的貼現率常常是互換合約中採用的基準浮動利率，這樣計算起來比較簡便。

令 t_i 時點相應的貼現率為 r_i，則支付固定利率的債券的價值 $B_固$ 就是固定利率債券未來一系列貨幣流量的貼現值，即：

$$B_固 = \sum_{i=1}^{n} k e^{-r_i t_i} + Q e^{-r_n t_n} \quad (4-6)$$

式中：Q 代表互換的名義本金；

k 代表債券的固定利息；

n 代表交換利息的期數。

在上一次利息支付剛剛結束時，$B_浮$ 總是等於互換的名義本金額 Q，因為浮動利率剛剛經市場重新調整，但兩個付息日之間 $B_浮$ 不一定等於 Q，但在下一付息日立即又等於 Q。設下一支付日為 t_i，則：

$$B_浮 = Qe^{-r t_i} + K^* e^{-r t_i} \tag{4-7}$$

式中：K^* 是 t_i 時點上要支付的浮息，是已知的。

例 4-5 假設在美國和日本市場基準利率的期限結構是水準的，在日本是 4% 而在美國是 9%。某一金融機構在一筆貨幣互換中每年收入日元，利率為 5%，同時付出美元，利率為 8%。兩種貨幣的本金分別為 1000 萬美元和 120,000 萬日元。這筆互換還有 3 年的期限，即期匯率為 1 美元 = 110 日元。如果以美元為本幣，那麼：

$B_D = 80e^{-0.09 \times 1} + 80e^{-0.09 \times 2} + 1080e^{-0.09 \times 3} = 964.4$（萬美元）

$B_F = 60e^{-0.04 \times 1} + 60e^{-0.04 \times 2} + 1260e^{-0.04 \times 3} = 1230.55$（百萬日元）

此筆貨幣互換的價值為：

$$\frac{123,055}{110} - 964.4 = 154.3 \text{（萬美元）}$$

如果該金融機構是支付日元收入美元，則這筆互換後的價值為 -154.3 萬美元。

3.4.2 運用遠期組合對貨幣互換定價

即將貨幣互換分解成一系列遠期合約的組合，貨幣互換中的每一次支付都可以用一筆遠期外匯協議的現金流來代替。因此，只要能夠計算貨幣互換中分解出來的每筆遠期外匯協議的價值，就可以知道對應的貨幣互換的價值。

例 4-6 假定即期匯率為 1 美元 = 110 日元，或者 1 日元 = 0.009,091 美元。因為美元和日元的年利差為 5%，根據 $F = Se^{(r-r_f)(T-t)}$，1 年期、2 年期、3 年期的遠期匯率分別為：

$0.009,091 e^{0.05 \times 1} = 0.009,557$

$0.009,091 e^{0.05 \times 2} = 0.010,047$

$0.009,091 e^{0.05 \times 3} = 0.010,562$

與利息交換等價的三份遠期合約的價值分別為：

$(80 - 6000 \times 0.009,557) e^{-0.09 \times 1} = 20.71$（萬美元）

$(80 - 6000 \times 0.010,047) e^{-0.09 \times 2} = 16.47$（萬美元）

$(80 - 6000 \times 0.010,562) e^{-0.09 \times 3} = 12.69$（萬美元）

與最終的本金交換等價的遠期合約的價值為

$(1000 - 120,000 \times 0.010,562) e^{-0.09 \times 3} = -201.46$（萬美元）

所以，此筆互換的價值為 -154.3 萬美元（-201.46 + 12.69 + 16.47 + 20.71），和運用債券組合定價的結果一致。

假設用兩種貨幣表示的本金數量在貨幣互換開始時完全相等。這時，互換的總價值為零。但是，正如同利率互換一樣，並不意味著互換下的每一遠期合約價值為零。它表明，當兩種貨幣利率有明顯不同時，低利率貨幣的支付者所處的情形為：早期現金流交換的遠期合約價值為正，末期本金交換的遠期合約價值為負。高利率貨幣的支付者所處的情形正好相反。

對應低利率貨幣的支付者，有這樣的傾向，即互換期內大多數時候互換價值為負。這是因為對應於早期支付交換的遠期合約價值為正，一旦這些交換發生，總體上，其餘遠期合約價值傾向於為負值。對於高利率貨幣支付者，情況則正好相反。

3.5 貨幣互換交易與利率互換交易的比較

3.5.1 貨幣互換與利率互換的相同點
（1）無論何時需要預先支付，都必須出現在公司的帳戶上。
（2）互換能夠以最小的不利影響被反轉。
（3）都可以避免匯率變動帶來的風險。

3.5.2 貨幣互換與利率互換的區別
3.5.2.1 本金在協議初期和末期的交換問題

在利率互換中，我們關心的僅僅是與設計的名義本金相關的利息支付現金流的交換。在利率互換契約的初期，沒有名義本金的交換。對於交易雙方而言，兩個名義本金的數額相同、幣種一致。因此本金的交換成了多餘。然而對於貨幣互換而言，本金的交換就不再是無足輕重的了。名義本金的交換以市場利率進行，而且在初期和在末期往往採用相同的交換率。

3.5.2.2 交易的靈活性問題

利率互換通過調節公司借入單個種類的短期貨幣或是長期貨幣來使公司取得比較優勢。而貨幣互換則是借助於一個貨幣種類和到期日的搭配矩陣來達到相同的目的。因此，它可以提供交易的更大靈活性。貨幣互換市場的成功和歐洲債券市場的成功是息息相關的。

3.5.2.3 風險敞口

貨幣互換由於牽涉到本金在期初和期末的互換，交割風險（Settlement Risk）和信用風險（Credit Risk）較之利率互換大。

公司必須保有能在貨幣互換期末交換名義本金的資金。而且名義本金的交換要按照預定的固定利率來進行，因此預定利率與市場利率偏離得越大，潛在損失（或收益）就越大。同時，這個潛在的風險暴露隨著時間的推移也會增加。契約期限越長，貨幣的市場利率距離名義本金的預定利率的變動範圍就有可能越大。這也是為什麼貨幣互換契約包含的信用規則比普通利率互換多的原因。

3.6 貨幣互換的交易機制

貨幣互換涉及以下三個步驟：

第一步是識別現存的現金流量。互換交易的宗旨是轉換風險，因此首要的是準確界定已存在的風險。

第二步是匹配現有頭寸。只有明了現有頭寸地位，才可能來匹配現有頭寸。基本上所有保值者都遵循相同的原則，即保值創造與現有頭寸相同但方向相反的風險，這是在互換交易中所發生的。現有頭寸被另一數量相等但方向相反的頭寸相抵消。因而通過配對或保值消除了現有風險。

第三步是創造所需的現金流量。保值者要想通過互換交易轉換風險，在互換的前兩步中先抵消後創造就可以達到目的。與現有頭寸配對並創造所需的現金流量是互換交易本身，識別現有頭寸不屬於互換交易，而是保值過程的一部分。

貨幣互換除了在兩個交易者之間進行之外，還和利率互換一樣，也可以通過仲介機構來進行，如圖4-8所示。

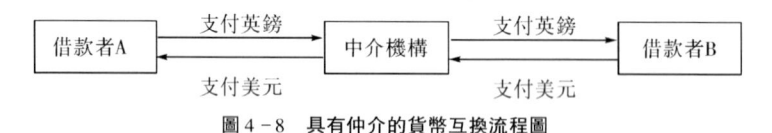

圖4-8 具有仲介的貨幣互換流程圖

同樣，仲介機構只收取仲介費用，保證了每一位借款者到期能夠收到對方的互換支付。

例4-6 美國A公司要在英國進行投資，想發行一筆1億英鎊的5年期債券。但是，購買英鎊債券的投資者對A公司不熟悉，因此有所顧忌，相應的利率要求會比較高。而A公司如果發行美元債券卻有相當好的信譽，利率要求也比較低。與此同時，如果有一家英國公司B想在美國進行投資，想發行一筆1.5億美元的5年期債券，可是美元債券購買者對B公司也不熟悉。而B公司若發行英鎊債券，信譽卻相當好，能以較低的利率籌到資金。於是，A公司和B公司就是理想的互換夥伴。假定當時外匯匯率是1英鎊=1.5美元，A公司、B公司在美元、英鎊市場上相同期限的借款面臨的固定利率成本如表4-3所示。

表4-3　　　　　　　　　AB公司所面臨的借款成本

貨幣	A公司	B公司	利差
美元	8.5%	9.5%	1.0%
英鎊	12%	11.5%	0.5%

從表4-3中可以看出，A公司在美元債券市場上具有比較優勢，B公司則在英鎊債券市場上具有比較優勢。這樣兩公司通過仲介銀行就可以進行貨幣互換，如圖4-9所示。

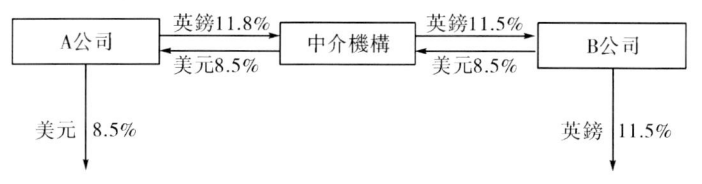

```
         英鎊11.8%          英鎊11.5%
A公司 ←──────── 中介機構 ←──────── B公司
     ────────→         ────────→
         美元8.5%           美元8.5%
  │                                    │
  │ 美元 8.5%              英鎊 11.5%   │
  ↓                                    ↓
```

圖4-9　貨幣互換交易流程圖

其具體操作過程為：首先，A公司發行一筆1.5億美元的5年期債券，利率為8.5%。B公司發行一筆1億英鎊的5年期債券，利率為11.5%。其次，仲介銀行借給A公司一筆1億英鎊的5年期債務，利率為11.8%，A公司把每年的利息付給仲介銀行，銀行從中扣除0.3%（11.8%－11.5%）的利息，再把11.5%的利息轉給B公司，讓它去償還它所借的1億英鎊的利息，同時在5年到期時，銀行把A公司付來的1億英鎊的本金也轉給B公司，以了結B公司在英鎊債券市場的債務。與此同時，銀行又借給B公司一筆1.5億美元的5年期債務，利率為8.5%，B公司每年付來的利息及第5年債務到期時付來的本金，銀行都把它轉交給A公司，讓A公司得以處理在美元債券市場的債務。從以上分析可知，由於互換，A公司得到英鎊貸款，利率為11.8%，比它直接在英鎊市場上的借款利率12%節省0.2%；B公司獲得美元貸款，利率為8.5%，比它直接在美元市場上的借款利率9.5%節省1%；仲介銀行英鎊淨收入0.3%，三者之和為1.5%（0.2%＋1%＋0.3%）。

由此可知，通過貨幣互換，A公司和B公司都得到了各自所需要的外匯資金，而且比它們自己去借貸的利率低得多。這樣，雙方既節省了利息、融通了資金，又分散和降低了外匯風險。

4　其他類型的互換

利率互換和貨幣互換是當前最常見的兩種互換類型。除此之外，還有商品互換、交叉貨幣利率互換、基點互換、零息互換、後期確定互換、差額互換、遠期互換、互換期權、股票互換、可延長互換和可贖回互換，以及增長型互換、減少型互換、滑道型互換等多種類型。

商品互換是金融互換的一個特殊類型，是指交易雙方為了管理商品價格風險，同意交換與商品價格有關的現金流。它包括固定價格及浮動價格的商品價格互換和商品價格與利率的互換。除了將一種基礎商品指數作為參考比率，其在本質上與利率互換是一樣的。在

商品互換交易中的商品可以是相同的，也可以是不同的。如果是相同的，則不必交換名義本金，如果是不同的，則可能會要求交換名義本金。但作為一般的規律，並不發生名義本金的交換，因為所有實際發生的交易都是在現貨市場進行的。

交叉貨幣利率互換，簡稱為交叉互換，是指互換雙方將自己持有的以一種貨幣表示的，以一種計息方式計息的資產或負債換成以另一種貨幣表示的，採用另一種計息方式計息的資產或負債的行為。它是貨幣互換和利率互換的綜合。互換雙方可同時達到改變資產或負債的貨幣種類和計息方式。因此，它可以被用來規避匯率和利率風險。在交叉貨幣互換中，本金在期末總是交換的。這是交叉貨幣互換的一個顯著特點。本金既可以是實際金額，也可以是名義金額。最初互換本金後，根據本金計算利息，接下來是一連串的利息互換，在到期日，再按事先決定的匯價換回本金。

基點互換，也稱基礎互換，可以看成是特殊的利率互換。在普通的利率互換中，互換一方是固定利率，另一方是浮動利率。而在基點互換中，雙方都是浮動利率，只是兩種浮動利率的參照利率不同，如一方為同業拆借利率，另一方為基準利率。通常一方的浮動利率與某一時期的倫敦銀行同業拆借利率掛勾，而另一方的浮動利率則與另一類市場利率相聯繫，如商業銀行票據、存款利率或聯邦基金利率等。還有一種基點互換與上面所述的基點互換略有不同，這種基點互換的期限是不同的，如3個月期的倫敦銀行同業拆借利率與6個月期的倫敦銀行同業拆借利率互換。在這種情況下，付息次數或頻率也會出現不一致。比起付息次數或頻率相同的互換來，此類互換來自對方的風險要大一些。

零息互換，是指固定利息的多次支付流量被一次性的支付所取代，該一次性支付可以在互換期初也可在期末。

後期確定互換，在涉及浮動利率的普通互換中，每次浮動利率都是在該計息期開始之前確定的。而後期確定互換的浮動利率則是在每次計息期結束之後確定的。

差額互換，是指對兩種貨幣的浮動利率的現金流量進行交換，只是兩種利息現金流量均按同種貨幣的相同名義本金計算。

遠期互換，是指互換生效日是在未來某一確定時間開始的互換。這種互換適用於為未來某時進行浮動利率籌資，但希望在現在就確定借款成本的借款人。

互換期權，本質上屬於期權而不是互換，該期權的標的物為互換。例如，利率互換期權本質上是把固定利率交換為浮動利率，或把浮動利率交換為固定利率的權利。但許多機構在統計時都把互換期權列入互換的範圍。通常，互換期權是在公司股價下落條件下，為了保證股票期權預期目標的實現，避免員工的利益損失而採取的一種調整行權價格的方式。本質上它是期權而不是互換，該期權的標的物為互換，而該互換期權的買方要支付一筆現金，作為在未來某一個時期可以行使互換合約的成本。值得注意的是，互換期權差不多都是歐式期權，即期權合約只能在到期日行權。

股權互換，是指一方以一定名義本金作為基礎定期向互換的另一方支付固定利率利

息，另一方則以與股票指數收益相聯繫的浮動利率向對方支付利息。浮動利率的變動帶來資本利得。這裡的股票指數可以是綜合指數，如 S&P500 指數、日經指數，也可以是特定行業的指數，如石油工業指數和公用事業指數。

可延長互換和可贖回互換。在標準的互換中，期限是固定的。而可延長互換的一方有權在一定限度內延長互換期限。可贖回互換的一方則有權提前中止互換。

增長型互換、減少型互換和滑道型互換。在標準的互換中，名義本金是不變的，而在這三種互換中，名義本金是可變的。其中，增長型互換的名義本金在開始時較小，爾後隨著時間的推移逐漸增大；減少型互換則正好相反，其名義本金隨時間的推移逐漸變小；滑道型互換的名義本金則在互換期內時而增大，時而變小。

綜上所述，所有的互換交易都是按照同一基本模式構造和組建的，通過改變互換的條件，通過互換交易之間的結合，通過互換與其他金融工具的結合，我們可以創造出許多新奇的結構，但無論是什麼樣的結構，只要把它分解成最基本的組成部分，都不難理解和掌握。

小結

1. 互換是指交易各方按照協定的條件，在約定的時間內交換一系列支付款項的金融交易。支付款項包括利息或外匯。最常見的互換交易類型為利率互換和貨幣互換。互換是平行貸款和背對背貸款發展的產物，是比較優勢理論在金融領域的運用。只要雙方對對方的資產或負債均有需求且雙方在兩種資產或負債上存在比較優勢，就可以進行金融互換。

2. 通過互換，交易雙方可達到降低籌資成本、提高投資收益，進行套利，以及規避管理資產負債組合中的利率風險和匯率風險等多個目的。

3. 利率互換是指交易雙方為交換以同種貨幣表示、以不同利率基礎計算的現金流而簽訂的協議。最常見的利率互換形式是，一方以名義本金按固定利率計算的現金流與另一方以浮動利率計算的現金流進行互換。通過利率互換交易，既能滿足交易雙方各自的風險偏好，又能充分發揮交易雙方在籌資中的相對優勢，有利於降低融資成本、有利於資產負債管理、有利於對利率風險保值。

4. 利率互換的定價方法主要有兩種：一是運用債券組合對利率互換定價，即將互換的價值視為固定利率債券和浮動利率債券價值的差額。二是運用遠期利率協議對利率互換定價，即將互換的價值視為一系列遠期利率協議價值的貼現值之和。

5. 參與利率互換交易的雙方，一方稱為固定利率支付者，另一方稱為浮動利率支付者，雙方根據利率互換合同條款的規定計算需要定期支付的數額。

6. 貨幣互換是指互換雙方為交換以不同的貨幣表示、以相同或不同的利率基礎計算

的現金流而簽訂的合約。通過貨幣互換，可以有利於交易雙方實現套利、促進資產負債管理、對匯率風險保值、規避外幣管制等多個目的。

7. 與利率互換類似，貨幣互換的定價方法也可以運用債券組合或者遠期協議的方法來進行定價。

8. 使用貨幣互換涉及三個步驟：一是識別現存的現金流量；二是匹配現有頭寸；三是創造所需的現金流量。

9. 除了利率互換和貨幣互換這兩種最常見的互換類型外，還有商品互換、交叉貨幣利率互換、基點互換、零息互換、後期確定互換、差額互換、遠期互換、互換期權、股票互換、可延長互換和可贖回互換，以及增長型互換、減少型互換、滑道型互換等多種互換類型。

課後練習

1. 什麼是互換？它有哪些功能和特點？並試述互換市場的發展概況。
2. 什麼是利率互換和貨幣互換？請分別舉例說明。
3. 試述利率互換和貨幣互換的主要功能和特點。
4. 甲公司和乙公司如果在金融市場上借入5年期本金2000萬美元的貸款，需支付的年利率見表4-4。

表4-4

公司	固定利率	浮動利率
甲公司	12.0%	LIBOR + 0.1%
乙公司	13.4%	LIBOR + 0.6%

甲公司需要的是浮動利率貸款，乙公司需要的是固定利率貸款。請設計一個利率互換，其中銀行作為仲介獲得的報酬是0.1%的利差，而且要求互換對雙方具有同樣的吸引力。

5. A公司與B公司可獲得的利率見表4-5。

表4-5

公司	A公司	B公司
美元（浮動利率）	LIBOR + 0.5%	LIBOR + 1.0%
德國馬克（固定利率）	5.0%	6.5%

假如 A 公司希望以浮動利率借美元，B 公司希望以固定利率借德國馬克。一家金融機構計劃安排一個互換，要求 50 個基本點的收益。如果互換對 A 公司和 B 公司有同樣的吸引力，A 公司和 B 公司最終將支付什麼樣的利率？

第 5 章　期權基礎

學習目標

本章介紹了期權市場的發展歷史、交易方式、市場結構和期權的概念、種類、作用以及期權的內在價值與時間價值，重點講述了單一期權的損益狀態、影響期權價格的主要因素、看漲期權與看跌期權的平價關係以及三種基本的期權交易策略。通過本章的學習，你應該知道：

- 什麼是期權；
- 期權有哪些種類；
- 期權的作用是什麼；
- 期權的市場結構是怎樣的；
- 什麼是期權的內在價值和時間價值；
- 影響期權價格的主要因素有哪些；
- 看漲期權與看跌期權的平價關係如何理解；
- 基本的期權交易策略及其交易方式和損益特點。

重要術語

期權、權利金、標的資產、到期日、執行價格、歐式期權、美式期權、看漲期權、看跌期權、內在價值、時間價值、實值期權、虛值期權、平價期權、看漲期權與看跌期權的平價關係、保護性看跌期權、拋補看漲期權、多頭對敲

1 期權市場概況

1.1 期權市場發展簡史

期權（Option）是適應金融機構和企業等控制風險、鎖定成本的需要而出現的一種重要的避險衍生工具，它的起源可以追溯到很早以前的古希臘。在亞里士多德的《政治學》一書中就有這樣的記載：希臘哲學家泰利斯（Thales）利用天文知識預測來年的橄欖收成，再以極低的價格取得西奧斯（Chios）及米拉特斯（Miletus）地區橄欖榨汁機的使用權，其實這種使用權已經包含著期權的萌芽。到17世紀荷蘭鬱金香球莖交易的狂熱時期，期權交易開始變得普遍。18~19世紀，美國及歐洲相繼出現了有組織的期權交易，標的物以農產品為主，後來美國又開始了以股票為標的物的期權交易。不過總的來說，直到20世紀初期，期權的交易量還是不大的。但從20世紀50年代開始，期權的交易量急速上升，以至於美國的經紀商開始考慮成立期權交易所。在經過了5年的時間並投入了250萬美元的研究開發經費之後，世界上第一個正規的期權交易所——芝加哥期權交易所（Chicago Board of Options Exchange，簡稱CBOE）於1973年4月26日成立了。20世紀70年代末期，英國建立了倫敦期權市場，荷蘭在阿姆斯特丹成立了歐洲期權市場。1980年，紐約證券交易所的期權交易量超過了股票交易量。此後，引入期權交易的國家不斷增加，期權迅速發展並成為最活躍的衍生金融工具之一。1997年諾貝爾經濟學獎授予了布萊克—斯科爾斯期權定價模型的發明人，充分說明了期權的理論與實踐已越來越受到人們的重視。

1.2 期權的基本概念

期權是指買方向賣方支付一定數量的金額達成的一種合約，該合約賦予買方在某一特定日期或該日之前的任何時間以固定價格購進或售出一種資產的權利。

買方向賣方支付的金額稱為期權費或者權利金（Premium），它是期權合約的交易價格。交易完成後，買方成為期權持有人，擁有在約定時間或約定時間之內按固定價格購進或售出某種資產的權利。合約中以固定價格購買或出售的資產稱為期權的標的資產（Underlying），它包括股票、政府債券、貨幣、股票指數、商品期貨等。交易雙方約定期權到期的那一天稱為到期日（Expiration）。期權合約擁有有限的生命期，按固定價格購入或出售標的資產的權利只能存續到特定的到期日，那一天之後，期權失效。依據期權合約購進或售出標的資產的行為稱為執行（Exercise）。在期權合約中約定的、期權持有人據以購進或售出標的資產的固定價格，稱為執行價格（Exercise Price）。

例如，張先生2009年以100萬元的價格購入一處房產，同時與房地產商A簽訂了一

份協議。張先生再向房地產商 A 支付 1 萬元後，享有在 2010 年 11 月 16 日或者此前的任何時間，以 105 萬元的價格將該房產出售給房地產商 A 的權利。這份協議就是一項期權合約。張先生向房地產商 A 支付的 1 萬元是期權費，這處房產是期權的標的資產，到期日是 2010 年 11 月 16 日，執行價格是 105 萬元。如果在到期日之前該房產的市場價格高於 105 萬元，張先生不會執行期權，而選擇在市場上出售或者繼續持有。如果該房產的市價在到期日之前低於 105 萬元，則張先生可以選擇執行期權，將房產出售給房地產商 A 並獲得 105 萬元現金。

值得注意的是，期權合約不同於遠期合約和期貨合約。在遠期合約和期貨合約中，交易雙方的權利和義務是對等的。期權則不然，它賦予持有人買進或賣出某種資產的權利，但他不負有必須買進或賣出的義務，他完全可以自由地選擇執行或者不執行期權。持有人僅在執行期權有利時才會利用它，否則該期權將被放棄。當然，持有人為了獲得這種「特權」，就必須支付期權費，作為只享有權利不承擔義務的代價。

此外，出售期權的一方不一定擁有標的資產。例如，出售 IBM 公司股票期權的人，不一定是 IBM 公司本身，他也未必持有 IBM 的股票，期權是可以賣空（Short sale）的。期權持有人也不一定真的想購買標的資產。因此，期權到期時雙方不一定進行標的物的實物交割，而只需按價差補足價款即可。

1.3 期權的種類

按照不同的標準，可以將期權分為不同的種類。下面主要介紹幾種常見的分類。

1.3.1 歐式期權和美式期權

按照執行時間的不同，期權可分為歐式期權（European Option）和美式期權（American Option）。如果該期權只能在到期日執行，則稱為歐式期權；如果該期權可以在到期日或到期日之前的任何時間執行，則稱為美式期權。顯然，美式期權比歐式期權更靈活，賦予買方更多的選擇，而賣方則面臨著更高的風險。因此，美式期權的權利金相對較高。需要說明的是，歐式期權和美式期權的稱謂有其歷史的原因，但現在已和地理位置無關，僅與期權執行的時間規定相聯繫。在美國交易的可以是歐式期權，而在歐洲交易的也可以是美式期權。

1.3.2 看漲期權和看跌期權

按照合約授予期權持有人權利的不同，期權可分為看漲期權（Call Option）和看跌期權（Put Option）。

看漲期權是指期權賦予持有人在到期日或到期日之前，以固定價格購買標的資產的權利。其授予權利的特徵是「購買」，因此也可以稱為買入期權。例如，一份執行價格為 55 美元、2 個月後到期的 Dell 公司股票的看漲期權，允許其持有人在到期日之前的任意一天，包括到期日當天，以 55 美元的價格購入 Dell 公司的股票。到期日前，如果 Dell 公司

的股票確實超過 55 美元，期權持有人有可能會以執行價格購買標的資產。如果標的股票的價格一直低於 55 美元，持有人則不會執行期權。可見，當期權買方預期 Dell 公司的股票價格很可能在期權到期日之前漲至 55 美元之上時，他才會購買這項期權。因此，看漲期權合約的買方對標的資產的市場價格是持看漲預期的。

看跌期權是指期權賦予持有人在到期日或到期日之前，以固定價格出售標的資產的權利。其授予權利的特徵是「出售」，因此也可以稱為賣出期權。例如，一份執行價格為 55 美元、2 個月後到期的 Dell 公司股票的看跌期權，允許其持有人在到期日之前的任意一天，包括到期日當天，以 55 美元的價格出售 Dell 公司的股票。到期日前，如果 Dell 公司的股票低於 55 美元，看跌期權持有人可能會要求以執行價格出售標的資產，看跌期權的賣方必須接受。如果標的股票的價格一直高於 55 美元，持有人則不會執行期權。可見，只有預期 Dell 公司的股票價格會在期權到期日之前跌至 55 美元之下的人，才會購買這項期權。因此，看跌期權合約的買方對標的資產的市場價格是持看跌預期的。

期權的到期日價值，是指到期時執行期權可以取得的淨收入，它依賴於標的資產的到期日價格和執行價格。期權到期日價值減去期權費後的剩餘，稱為期權購買人的淨損益。期權分為看漲期權和看跌期權兩類，每類期權又分為買入和賣出兩種，下面我們以股票期權為例分別說明這四種情景下期權的到期日價值和交易雙方的淨損益。為簡便起見，我們假設各種期權均持有至到期日，不提前執行，並且忽略交易成本。

情況一：買入看漲期權

買入看漲期權形成的金融頭寸，被稱為多頭看漲頭寸。購買人買入看漲期權，如果到期日股票市價大於執行價格，會執行期權，看漲期權的到期日價值等於股票價格減去執行價格的價差，它隨標的資產價值的上升而上升；如果在到期日股票價格低於執行價格，不會執行期權，看漲期權到期日價值為零。到期日價值確定後，購買人的淨損益就等於到期日價值減去所支付的期權費。

例 5-1　投資人購買一項看漲期權，標的股票的當前市價為 100 元，執行價格為 100 元，到期日為 1 年後的今天，期權價格為 5 元。買入後，投資人就持有了看漲頭寸，期待未來股價上漲以獲取淨收益。

多頭看漲期權的淨損益有以下四種可能：

①股票市價小於或等於 100 元，看漲期權買方不會執行期權，沒有淨收入，即期權到期日價值為零，其淨損益為 -5 元（期權價值 0 元 - 期權成本 5 元）。

②股票市價大於 100 元並小於 105 元（如股票市價為 103 元），投資人會執行期權。以 100 元購得標的公司的 1 股股票，在市場上將其出售得到 103 元，淨收入為 3 元（股票市價 103 元 - 執行價格 100 元），即期權到期日價值為 3 元，買方期權淨損益為 -2 元（期權價值 3 元 - 期權成本 5 元）。

③股票市價等於105元，投資人會執行期權，取得淨收入5元（股票市價105元－執行價格100元），即期權到期日價值為5元。多頭看漲期權的淨損益為0元（期權價值5元－期權成本5元）。

④股票市價大於105元，假設為110元，投資人會執行期權，淨收入為10元（股票市價110元－執行價格100元），即期權的到期日價值為10元。投資人的淨損益為5元（期權價值10元－期權成本5元）。

綜合上述四種情況，可以概括為以下表達式：

多頭看漲期權到期日價值＝Max（股票市價－執行價格，0）

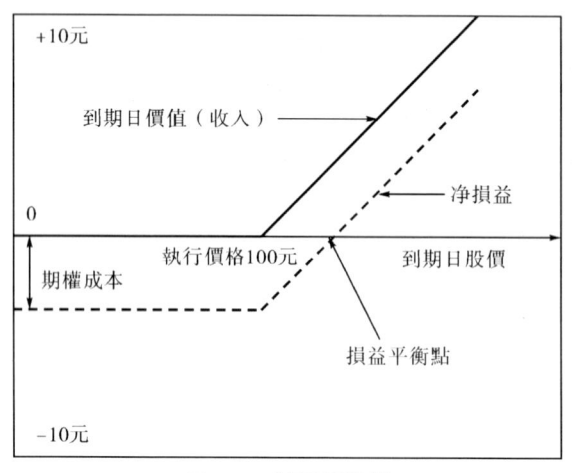

多頭看漲期權淨損益＝多頭看漲期權到期日價值－期權價格

多頭看漲期權的損益狀況如圖5-1所示。

圖5-1　多頭看漲期權

情況二：賣出看漲期權

看漲期權的出售者，收取期權費，同時承擔著應期權買方的要求按執行價格出售標的股票的義務。他處於空頭狀態，持有看漲期權空頭頭寸。

例5-2　賣方售出1股看漲期權，其他數據與前例相同。標的股票的當前市價為100元，執行價格為100元，到期日為1年後的今天，期權價格為5元。其到期日的損益有以下四種可能：

①股票市價小於或等於100元，買方不會執行期權。由於期權價格為5元，空頭看漲期權的淨收益為5元（期權價格5元＋期權到期日價值0元）。

②股票市價大於100元並小於105元（如股票市價為103元），買方會執行期權。賣

方有義務以 100 元執行價格出售股票，需要以 103 元補進標的公司的股票，他的淨收入（即空頭看漲期權到期日價值）為 -3 元（執行價格 100 元 - 股票市價 103 元）。空頭看漲期權淨收益為 2 元（期權價格 5 元 + 期權到期日價值 -3 元）。

③股票市價等於 105 元，期權買方會執行期權，空頭淨收入 -5 元（執行價格 100 元 - 股票市價 105 元），空頭看漲期權的淨損益為 0 元（期權價格 5 元 + 期權到期日價值 -5 元）。

④股票市價大於 105 元，假設為 110 元，多頭會執行期權，空頭淨收入 -10 元（執行價格 100 元 - 股票市價 110 元）。空頭看漲期權淨損益為 -5 元（期權價格 5 元 + 期權到期日價值 -10 元）。

空頭看漲期權的到期日價值和淨損益可以概括為以下表達式：

空頭看漲期權到期日價值 = - Max（股票市價 - 執行價格, 0）

空頭看漲期權淨損益 = 空頭看漲期權到期日價值 + 期權價格

空頭看漲期權的損益狀態如圖 5-2 所示。對於看漲期權來說，空頭和多頭的到期日價值不同。如果標的股票價格上漲，多頭的到期日價值為正值，空頭的到期日價值為負值，金額的絕對值相同。如果價格下跌，期權被放棄，雙方的到期日價值均為零。無論怎樣，空頭得到了期權費，而多頭支付了期權費。

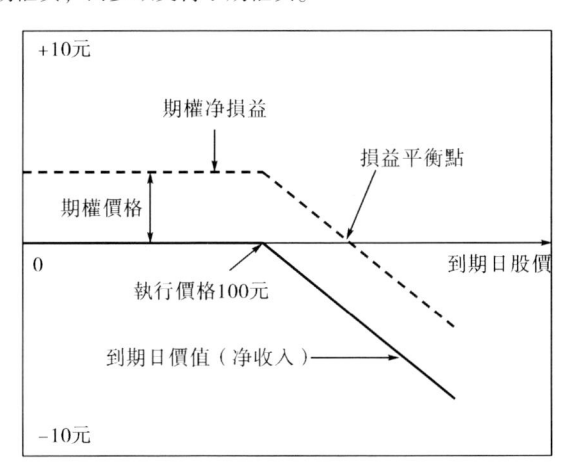

圖 5-2　空頭看漲期權

情況三：買入看跌期權

看跌期權買方擁有以執行價格出售股票的權利。

例 5-3　投資人持有執行價格為 100 元的看跌期權，到期日股票市價為 80 元，他可

以執行期權，以 80 元的價格購入股票，同時以 100 元的價格售出，獲得 20 元收益。如果股票價格高於 100 元，他放棄期權，什麼也不做，期權到期失效，他的收入為零。

因此，多頭看跌期權的到期日價值和淨損益可以概括為以下表達式：

多頭看跌期權到期日價值 = Max（執行價格 - 股票市價，0）

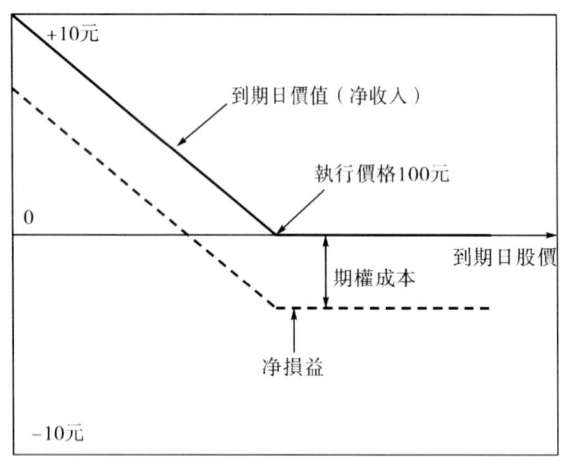

多頭看跌期權淨損益 = 多頭看跌期權到期日價值 - 期權成本

看跌期權買方的損益狀況如圖 5-3 所示。

圖 5-3　**多頭看跌期權**

情況四：賣出看跌期權

看跌期權的出售者，收取期權費，同時承擔著應期權買方的要求按執行價格購買標的股票的義務。

例 5-4　看跌期權出售者收取期權費 5 元，售出 1 股執行價格 100 元、1 年後到期的 ABC 公司股票的看跌期權。如果 1 年後股價高於 100 元，期權持有人不會去執行期權，空頭看跌期權的到期日價值為零；如果 1 年後股價低於 100 元，期權持有人就會執行期權，期權出售者必須依約按執行價格收購股票。他將損失股票市價與執行價格之間的差額，即空頭看跌期權的到期日價值為負。

因此，空頭看跌期權的到期日價值和淨損益可以概括為以下表達式：

空頭看跌期權到期日價值 = - Max（執行價格 - 股票市價，0）

空頭看跌期權淨損益 = 空頭看跌期權到期日價值 + 期權價格

看跌期權賣方的損益狀況如圖 5-4 所示。

图 5-4　空头看跌期权

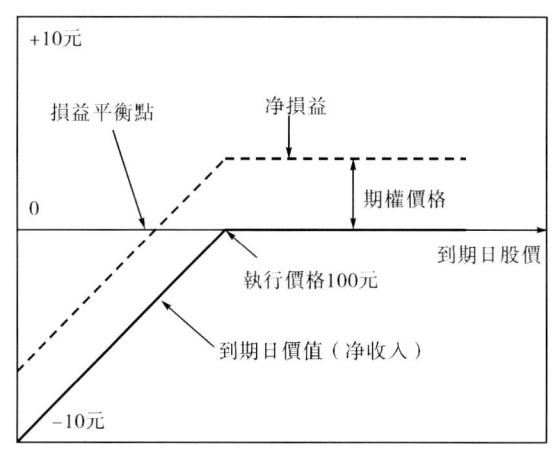

1.3.3　货币期权、股票期权、利率期权以及其他期权

按照标的资产的不同,期权可分为货币期权、股票期权、利率期权以及其他期权。

货币期权(Currency Option)也称为外汇期权,是指合约购买方在向出售方支付一定期权费后,所获得的在未来约定日期或一定时间内,按照规定汇率买进或者卖出一定数量外汇资产的选择权。对于货币期权来说,标的资产是外汇,执行价格是期权买方行使权利时事先规定的汇率。货币期权的优点在于可锁定未来汇率,提供外汇保值,投资者有较好的灵活选择性,在汇率变动向有利方向发展时,也可从中获得盈利的机会。货币期权对那些合同尚未最后确定的进出口业务具有很好的保值作用。

股票期权(Stock Option)也称为权益期权,是指合约赋予其持有者买卖股票的权利的期权,它是最重要的期权种类之一。对于股票期权来说,标的资产是某公司的股票。股票期权与股票不同,一个公司的股票期权在市场上被交易,该期权的源生股票发行公司并不能影响期权市场,该公司并不从期权市场上筹集资金。期权持有人没有选举公司董事、决定公司重大事项的投票权,也不能获得该公司的股利。

利率期权(Interest Rate Option)是指买方在支付期权费后取得在合约有效期内或到期时以一定的利率买入或卖出一定面额的利率工具的权利。利率期权合约通常以政府短期债券、中期债券、长期债券、欧洲美元债券、大面额可转让存单等利率工具为标的物。利率期权是一个规避短期利率风险的有效工具。借款人通过买入一项利率期权,可以在利率水准向不利方向变化时得到保护,而在利率水准向有利方向变化时得益。利率期权有多种形式,常见的主要有利率上限(Interest Rate Cap)、利率下限(Interest Rate Floor)、利率上下限(Interest Rate Collar)。

除上述三種期權外，還存在著以股票指數為行權品種的指數期權（Index Option），以期貨合約為標的物的期貨期權（Futures Option）、以買賣另一份期權為標的物的複合期權（Compound Option）等不同類型的其他期權。

1.4 期權的作用

1.4.1 期權是一種有效的風險管理工具

期權提供了一個把風險從一方轉移到另一方的工具。未來標的資產的價格具有不確定性，有的市場參與者無法承擔或不願意承擔這種潛在風險。通過運用期權，他就可以把這種風險轉移給願意承擔該風險的其他市場參與者，從而鎖定風險損失，為投資進行保值。而不同執行價格、不同到期日的期權的綜合使用，使針對不同偏好的保值者提供量體裁衣的保值策略成為可能。

1.4.2 期權為投資者提供更多的投資機會和投資策略

對於資產投資來說，一般只有在資產價格發生方向性變化時，市場才有投資的機會，如果價格處於波動較小的盤整期，市場中就缺乏投資的機會。而期權交易中，無論市場是處於牛市、熊市或盤整，均可以為投資者提供獲利的機會。期權交易者的收益既可以基於標的資產價格的變動方向，也可以基於標的資產價格的波動率。投資者可以通過特定的期權交易策略或期權與資產投資的交易組合等方式來實現收益。

1.4.3 期權具有槓桿作用

期權的槓桿作用可以幫助投資者用有限的資金獲取更多的收益。但是，槓桿作用是把雙刃劍，如果市場出現不利變化，投資者可能損失更多。例如，你有資金100元。投資方案一：以5元的價格購入甲公司的20股看漲期權。投資方案二：購入甲公司的股票1股（現時股價為100元）。如果到期日股價為120元，購買期權的淨收益為300元[20×(120-100)-20×5]，收益率為300%；購買股票的淨收益為20元（120-100），收益率為20%。可見，投資期權有巨大的槓桿作用。但是，如果股票的價格在此期間沒有變化，購買期權的淨收入為零，其淨損失為100元；而購買股票的淨收入為100元，其淨損失為零。股價無論下降得多麼厲害，只要不降至為零，你手裡至少還有一股可以換一點錢的股票。購買期權風險要大得多，只要股價低於執行價格，無論低得多麼微小，你就什麼也沒有了。

1.5 期權的交易方式和市場結構

期權交易分為有組織的場內交易和場外交易兩部分，兩者共同構成期權市場。

1.5.1 有組織的場內交易

在證券交易所交易的期權合約都是標準化的，特定品種的期權有統一的到期日、執行價格和期權價格。場內交易一般通過如下方式進行：首先，交易者向其經紀公司發出下單

指令，說明要求買進或賣出的期權數量，看漲期權或看跌期權以及期權的執行價格、到期月份等；經紀公司接受指令，並將其傳送到交易所；然後，交易場地系統按照一定的成交原則將各方交易指令撮合成交；最後，經紀公司將成交結果告知交易者。交易完成後，期權的買賣雙方分別成為權利和義務的持有人，這種權利或義務最終都需要了結，了結的方式有三種：一是對沖平倉，即將先前買進（賣出）的合約賣出（買進）；二是在到期日或之前，期權買方向交易系統下達指令執行期權（期權賣方只能應買方要求履約）；三是等待期權到期。

在期權市場中，最為著名的組織化的交易所是芝加哥期權交易所（CBOE）。表 5－1 列示了芝加哥期權交易所股票期權的報價方法。

表 5－1　　　　　　　　　　　　　期權報價　　　　　　　　　　　　單位：美元

公司名稱：XYZ 前一個交易日收盤價	到期日和執行價格		看漲期權價格	看跌期權價格
53	9 月	55	3.75	5.25
		60	2.125	8.50
		65	1.25	12.50
		70	0.50	17.00
	1 月	45	12.00	2.75
		50	8.50	4.125
		55	5.75	6.5
		60	3.75	9.75
		65	2.25	12.25
		70	1.25	17.50

表 5－1 中的第一列顯示標的股票的名稱和前一日該股票的收盤價。

表 5－1 中的第二列是期權的到期日。同一股票可以有不止一種期權，它們有不同的到期時間。XYZ 公司的股票有兩種到期日的期權。到期日只標明了月份，具體時間是指到期月的第三個星期六。

第 5－2 中第三列顯示執行價格。同一到期日的期權可以有不同的執行價格，成為不同的期權品種。9 月到期、執行價格為 55 美元的看跌期權，其執行淨收入為 2 美元（55－53），但不會被立即執行，因為期權價格為 5.25 美元（大於 2 美元）。

表 5－1 中的第四列和第五列分別顯示看漲期權和看跌期權的交易價格。從期權價格的變化中我們可以看出：到期日相同的期權，執行價格越高，看漲期權的價格越低，而看

跌期權的價格越高。執行價格相同的期權，到期時間越長，期權的價格越高，無論看漲期權還是看跌期權都如此。

1.5.2 場外交易

除了在證券交易所交易期權之外，也可以在經紀公司或其他交易商的安排下進行「私人」期權交易。有時機構投資者會因其所需的產品不符合證券交易所交易產品的特徵而採用這種方法。執行價格、期權期限以及期權費都可以由交易各方商議決定。這就叫做場外交易期權。場外交易期權的優點是金融機構可以為客戶「量身訂制」期權合約，使其執行價格、到期日等更加符合交易方的需要。但是也要看到，一方面，場外交易期權的建立成本要比場內交易高很多；另一方面，場外交易期權易遭遇交易對手的違約風險，也就是說可能會出現執行期權時，交易的一方無法履行協定的情況。

場外交易期權因其唯一性的特徵，通常是不可互換的。它們也不可流通，這樣，場外交易期權持有者不能很快地以合理的價格售出場外交易期權。而有組織的交易所為期權交易提供了二級市場，期權持有者可以很快地將其持有的期權售出。

2 期權價格

2.1 期權的內在價值與時間價值

期權價值由兩個基本的部分構成：內在價值（Intrinsic Value）和時間價值（Time Value）。其計算公式為：

期權價值 = 內在價值 + 時間價值

2.1.1 期權的內在價值

期權的內在價值是指期權立即執行所帶來的收益。

對於看漲期權來說，現行資產價格高於執行價格時，立即執行期權能夠給持有人帶來淨收入，其內在價值為現行價格與執行價格的差額（$S_0 - X$）。如果資產的現行市價等於或低於執行價格時，立即執行不會給持有人帶來收入，持有人也不會去執行期權，此時看漲期權的內在價值為零。例如，看漲期權的執行價格為 100 元，如果現行價格為 120 元，其內在價值為 20 元（120 - 100）；如果現行價格變為 80 元，則內在價值為零。

對於看跌期權來說，現行資產價格低於執行價格時，其內在價值為執行價格減去現行價格（$X - S_0$）。如果資產的現行市價等於或高於執行價格，看跌期權的內在價值等於零。例如，看跌期權的執行價格為 100 元，如果現行價格為 80 元，其內在價值為 20 元（100 - 80）；如果現行價格變為 120 元，則內在價值為零。

從上面的例子不難看出，期權的內在價值取決於兩個方面的因素：①期權標的資產的

現行市價與期權執行價格的高低；②期權的種類，即所涉及的期權是看漲期權還是看跌期權。另外，期權的內在價值不同於到期日價值，期權的到期日價值取決「到期日」標的資產市價與執行價格的高低。如果現在已經到期，則內在價值與到期日價值相同。

由於標的資產的價格是隨時間變化的，所以其內在價值也是變化的。當執行期權能給持有人帶來正回報時，稱該期權為實值期權（In-the-money），或者說它處於實值狀態（溢價狀態），此時，期權的內在價值大於零；當執行期權將給持有人帶來負回報時，稱該期權為虛值期權（Out-of-the-money），或者說它處於虛值狀態（折價狀態），此時，持有人不會執行期權，期權的內在價值等於零；當資產的現行市價等於執行價格時，稱期權為平價期權（At-the-money），或者說它處於平價狀態，此時，期權的內在價值等於零。

對於看漲期權來說，標的資產現行市價高於執行價格時，該期權處於實值狀態；當資產的現行市價低於執行價格時，該期權處於虛值狀態。對於看跌期權來說，當資產現行市價低於執行價格時，該期權處於實值狀態；當資產的現行市價高於執行價格時，稱期權處於虛值狀態。

期權處於虛值狀態或平價狀態時不會被執行，只有處於實值狀態才有可能被執行，但也不一定會被執行。例如，2009年11月3日，Dell公司股票的市場價格為79元。有1股看跌期權，執行價格為80元，2010年1月到期，期權售價為4元，持有者可以在1月18日前的任意一天執行。如果持有人購買後立即執行，執行收入為1元（80－79）。期權發行時處於實值狀態，或者說發行日是實值期權。此時，持有人並不會立即執行以獲取1元收益，因為他花掉了4元錢成本，馬上換回1元錢，並不劃算。持有人購買看跌期權是預料將來股價會下跌，因此他會等待。只有到期日的實值期權才肯定會被執行，此時已不能再等待。

2.1.2 期權的時間價值

期權的時間價值是指期權價值超過內在價值的部分。其計算公式為：

時間價值＝期權價值－內在價值

例如，股票的現行價格為120元，看漲期權的執行價格為100元，期權價格為21元，則時間價值為1元（21－20）。如果現行價格等於或小於100元，則21元全部是時間價值。

期權的時間價值是一種等待的價值。期權買方願意支付超出內在價值的溢價，是寄希望於標的資產價格的變化可以增加期權的價值。很顯然，在其他條件不變的情況下，離到期時間越遠，標的資產價格波動的可能性越大，期權的時間價值也就越大。如果已經到了到期時間，期權的價值（價格）就只剩下內在價值（時間價值為零），因為已經不能再等待了。

一項看漲期權處於虛值狀態，仍然可以按正的價格售出，儘管其內在價值為零，但它還有時間價值。在未來的一段時間裡，如果價格上漲進入實值狀態，投資人可以獲得淨收入；如果價格進一步下跌，也不會造成更多的損失，選擇權為他提供了下跌保護。

期權的時間價值和貨幣的時間價值是不同的概念。期權的時間價值是波動的價值，距離到期時間越長，出現波動的可能性越大，期權的時間價值也就越大；而貨幣的時間價值是延續的價值，時間延續得越長，貨幣的時間價值越大。

2.2 影響期權價格的主要因素

影響期權價值的因素很多。以股票期權為例，影響期權價值的主要因素有股票的市價、執行價格、股價波動率、到期期限、無風險利率和期權有效期內預計發放的紅利。

2.2.1 股票的市價

如果看漲期權在將來某一時間執行，其收入為股票價格減去執行價格的差額。如果其他因素不變，隨著股票價格的上升，看漲期權的價值也增加。

看跌期權與看漲期權相反，看跌期權在未來某一時間執行，其收入是執行價格減去股票價格的差額。如果其他因素不變，當股票價格上升時，看跌期權的價值下降。

2.2.2 執行價格

執行價格對期權價格的影響與股票價格相反。看漲期權的執行價格越高，其價值越小；看跌期權的執行價格越高，其價值越大。

2.2.3 股價波動率

股價波動率，是指股票價格變動的不確定性，通常用標準差衡量。股票價格的波動率越大，股票上升或下降的機會越大。對於股票持有者來說，兩種變動趨勢可以相互抵消，期望股價是其均值。

對於看漲期權持有者來說，股價上升可以獲利，股價下降時的最大損失以期權費為限，兩者不會抵消。因此，股價波動率增加會使看漲期權價值增加。對於看跌期權持有者來說，股價下降可以獲利，股價上升時放棄執行，最大損失以期權費為限，兩者不會抵消。因此，股價波動率增加會使期權價值增加。

在期權估價過程中，價格的變動性是最重要的因素。如果一種股票的價格變動性很小，其期權也值不了多少錢。例如，有 A、B 兩種股票其現行價格相同，未來股票價格的期望值也相同（50元）。以該股票為標的的看漲期權有相同的執行價（48元），只要股價的變動性不同，則期權價值就會有顯著不同（見表5-2）。

表 5－2　　　　　　　　　　　股價變動性與期權價值　　　　　　　　　　單位：元

概率	0.1	0.25	0.3	0.25	0.1	合計
A 股票：						
未來股票價格	40	46	50	54	60	
股票價格期望值	4	11.5	15	13.5	6	50
期權執行價格	48	48	48	48	48	
期權到期日價值	0	0	2	6	12	
期權到期日價值期望值	0	0	0.6	1.5	1.2	3.3
B 股票：						
未來股票價格	30	40	50	60	70	
股票價格期望值	3	10	15	15	7	50
期權執行價格	48	48	48	48	48	
期權到期日價值	0	0	2	12	22	
期權到期日價值期望值	0	0	0.6	3	2.2	5.8

這種情況說明，期權的價值並不依賴股票價格的期望值，而是取決於股票價格的變動性（方差）。這是期權估價的基本原理之一。為便於理解，此處的舉例說的是期權的到期日價值，對於期權的現值該原理仍然適用。

2.2.4　到期期限

對於美式期權來說，較長的到期時間能增加看漲期權的價值。到期日離現在越遠，發生不可預知事件的可能性越大，股價變動的範圍也越大，從而使期權價值增加。美式看跌期權亦是如此。此外，隨著時間的延長，執行價格的現值會減少，從而有利於看漲期權的持有人，能夠增加期權的價值。

對於歐式期權來說，較長的到期時間不一定能增加期權價值。雖然較長的時間可以降低執行價格的現值，但並不增加執行的機會。到期日股票價格的降低，有可能超過時間價值的差額。例如，兩個歐式看漲期權，一個是 1 個月後到期，另一個是 3 個月後到期，預計標的公司兩個月後將發放大量現金股利，股票價格會大幅下降，則有可能使時間長的期權價值低於時間短的期權價值。

2.2.5　無風險利率

利率對於期權價格的影響是比較複雜的。一種簡單而不全面的解釋是：假設股票價格不變，高利率會導致執行價格的現值降低，從而增加看漲期權的價值。還有一種理解的辦法：投資於股票需要占用投資人一定的資金，投資於同樣數量的該股票的看漲期權只需要較少的資金。在高利率的情況下，購買股票並持有到期的成本更大，購買期權的吸引力更

強。因此，無風險利率越高，看漲期權的價格越高。對於看跌期權來說，情況正好與此相反。

2.2.6 期權有效期內預計發放的紅利

在除息日後，紅利的發放引起股票價格的降低、看漲期權價格降低。與此相反，股票價格的下降會引起看跌期權價格上升。因此，看跌期權價值與預期紅利大小呈正向變動，而看漲期權與預期紅利大小呈反向變動。

以上變量對於期權價格的影響，可以匯總如表5-3所示。

表5-3　　　　　　　一個變量增加（其他變量不變）對期權價格的影響

變量	歐式看漲期權	歐式看跌期權	美式看漲期權	美式看跌期權
股票價格	+	−	+	−
執行價格	−	+	−	+
股價波動率	+	+	+	+
到期期限	不一定	不一定	+	+
無風險利率	+	−	+	−
預期紅利	−	+	−	+

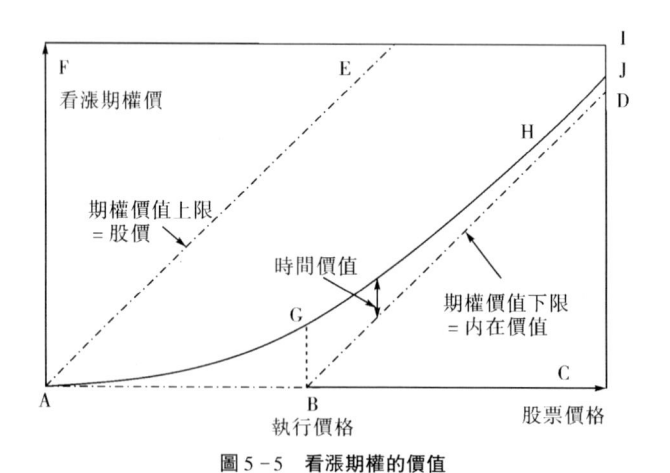

圖5-5　看漲期權的價值

結合期權的內在價值與時間價值以及影響期權價格的主要因素，我們可以利用圖5-5對期權價值（以看漲期權為例）作一個直觀的理解。在圖5-5中，橫坐標為股票價格，縱坐標為看漲期權（以下簡稱期權）價值；曲線AGH表示股票價格上升時期權價格也隨

之上升的關係，稱為期權價值線；由點劃線 AB、BD 和 AE 圍成的區域表示期權價值的可能範圍，左側的點劃線 AE 表示期權價值的上限，右側的點劃線 BD 表示期權價值的下限，下部的點劃線 AB 表示股票價格低於執行價格時期權價值為零；左右兩側的點劃線平行。

圖 5-5 有關的含義說明如下：

(1) A 點為原點，表示股票價格為零時，期權的價值也為零。

為什麼此時期權價值為零？股票價格為零，表明它未來沒有任何現金流量，也就是將來沒有任何價值。股票將來沒有價值，期權到期時肯定不會被執行，即期權到期時將一文不值，所以期權的現值也為零。

(2) 線段 AB 和線段 BD 組成期權的最低價值線。

線段 AB 表示執行日股票價格低於執行價格，看漲期權不會執行，期權價值為零。線段 BD 表示執行日股票價格高於執行價格，看漲期權的價值等於股票價格與執行價格的差額。

在執行日之前，期權價值永遠不會低於最低價值線。

為什麼？例如，你有 1 股股票，今天的股價為 90 元，若該股票的期權價格定為 39 元（執行價格為 50 元），小於立即執行的收入（40 元），你就可以賣出股票得到 90 元，用 39 元購買期權，然後花 50 元執行期權把股票買回來，你就可以淨賺 1 元。這種套利活動，會使期權的需求上漲，期權價格會回升到右側的點劃線 BD 的 D 點上方（如 J 點）。

(3) 左側的點劃線 AE 是期權價值的上限。

在執行日，股票的最終收入總要高於期權的最終收入。例如，假設看漲期權的價格等於股價，甲用 40 元購入 1 股股票，乙用 40 元購入該股票的 1 股看漲期權（執行價格為 50 元）；如果到期日股票價格高於執行價格（假設股價為 60 元），乙會借入 50 元執行期權，並將得到的股票出售，還掉借款後手裡剩下 10 元錢；甲出售股票，手中有 60 元（高於乙）。如果到期日股票價格為 49 元，乙會放棄期權，手中一無所有；甲出售股票，手中有 49 元（高於乙）。這就是說，期權價格如果等於股票價格，無論未來股價高低（只要它不為零），購買股票總比購買期權有利。在這種情況下，投資人必定拋出期權，購入股票，迫使期權價格下降。所以，看漲期權的價值上限是股價。

(4) 曲線 AGJ 是期權價值線。

期權價值線從 A 點出發後，呈一彎曲線向上，逐漸與線段 BD 趨於平行。該線段反應股價和期權價值的關係，期權價值隨股票價格上漲而上漲。

除原點外，期權價值線（AGJ）必定會在最低價值線（ABD）的上方。只要股價大於零，期權價值必定會高於最低價值線對應的最小價值。為什麼這樣說？我們觀察 G 點：今天股價等於執行價格，如果執行則收入為零。此時我們無法預計未來執行日的股價，可以假設有 50% 的可能會高於執行價格，另有 50% 的可能會低於執行價格。那麼，有 50% 的可能股價上漲，執行期權則收入為股價減執行價格的差額；另有 50% 的可能股價下降，放

棄期權則收入為零。因此，產生正的收入的概率大於零，最壞的結果是收入為零，期權肯定有價值。也就是說，只要尚未到期，期權的價格就會高於其價值的下限，超過部分為期權的時間價值。

（5）股價足夠高時，期權價值線與最低價值線的上升部分平行。

股價越高，期權被執行的可能性越大。股價高到一定程度，執行期權幾乎是可以肯定的，或者說股價再下降到執行價格之下的可能性已微乎其微。此時，期權持有人已經知道他的期權將被執行，可以認為他已經持有股票，唯一的差別是尚未支付執行所需的款項。該款項的支付，可以推遲到執行期權之時。在這種情況下，期權執行幾乎是肯定的，而且股票價值升高，期權的價值也會等值同步增加。

2.3 看漲期權與看跌期權的平價關係

期權價值由內在價值和時間價值構成，並受多種因素影響，不同的期權合約其價格也不同。但是，不同期權的價格及其影響因素之間存在著一定的聯繫，看漲期權與看跌期權的平價關係（Put－Call Parity）就反應了看漲期權價格、看跌期權價格、股票價格、到期時間、無風險利率以及執行價格之間的聯繫。

什麼是看漲期權與看跌期權的平價關係？我們先考慮這樣兩種情況：

情況一，以價格 S_0 購買 1 股 IBM 公司股票，同時支付 P 的期權費購入該股票的 1 股看跌期權，執行價格為 X，T 時期後到期；

情況二，支付 C 的期權費購入 1 股 IBM 公司股票的看漲期權，執行價格為 X，到期時間為 T，同時購入一份面值為 X，到期日與看漲期權相同的無風險零息票債券。

為了說明問題，這裡假定期權持有至到期或者是歐式期權，期權到期之前 IBM 公司不分發紅利，並且忽略交易成本。那麼 T 時刻，股票價格變化至 S_T。這兩種情況的收入如表 5-4 所示。

表 5-4　　　　　　　　　　　兩種情況未來的收入

		$S_T \leq X$	$S_T > X$
第一種情況	股票	S_T	S_T
	看跌期權	$X - S_T$	0
	合計	X	S_T
第二種情況	債券	X	X
	看漲期權	0	$S_T - X$
	合計	X	S_T

從表 5-4 可以看出,無論到期日股票價格 S_T 是多少,兩種情況未來的收入始終是一致的。根據無套利原理,既然兩種情況的未來收入相同,那麼其付出的成本也應該相同。因此,股票加看跌期權的成本等於看漲期權加債券的成本。在 0 時刻,股票現價為 S_0,看跌期權成本為 P;看漲期權的成本為 C,無風險零息票債券的成本為 $X/(1+r_f)^T$,r_f 是無風險利率,於是有:

$$S_0 + P = C + \frac{X}{(1+r_f)^T} \quad (5-1)$$

式 (5-1) 即為看漲期權與看跌期權的平價關係。如果這個關係被違背,就會出現套利機會,迫使期權價格迴歸到平價關係成立為止。下面我們通過一個例子來說明平價關係不成立時的套利操作。

例 5-5 假設 IBM 公司股票的現時價格為 110 美元,看漲期權價格為 17 美元(6 個月後到期,X = 105 美元),看跌期權價格為 5 美元(6 個月後到期,X = 105 美元),無風險利率每年為 10.25%。

首先,我們可以用式 (5-1) 來驗證以上數據是否違背平價關係:

$$S_0 + P = 110 + 5 = 115 \neq 117 = 17 + \frac{105}{1.1025^{1/2}} = C + \frac{X}{(1+r_f)^T}$$

可見,結果是平價關係不成立。這說明期權的定價有誤。為利用這種不正確的定價,你可以購買「賤」的組合(上式左邊所代表的股票加看跌期權的組合),同時出售「貴」的組合(上式右邊所代表的看漲期權加債券的組合)。於是,你買進股票,買進看跌期權,賣出看漲期權,借款 100 美元借 6 個月(借款是購買債券的相反行為),就可以獲得套利利潤。

再來看一下這種套利策略的收益。6 個月後股票價格為 S_T,100 美元的借款需要歸還本息,即現金流出 105 美元。如果 S_T 大於 105 美元,看漲期權空頭的現金流出 $S_T - 105$ 美元,如果 S_T 小於 105 美元,看跌期權多頭的收益為 105 美元 $- S_T$。

表 5-5 是對套利策略現金流的總結。現在的現金流為 2 美元,6 個月後各個頭寸的現金流都互相抵消了,也就是說實現了 2 美元的現金流入但是沒有相應的現金流出。投資者都會追求這種套利利潤,大量購買股票加看跌期權、出售看漲期權加債券,從而使看跌期權價格上升,看漲期權價格下降,直到買賣的壓力使得式 (5-1) 成立為止。

表 5-5   套利策略

頭寸	即期現金流	6 個月後的現金流	
		$S_T < 105$	$S_T \geq 105$
購買股票	-110	S_T	S_T

表5-5(續)

頭寸	即期現金流	6個月後的現金流	
		$S_T < 105$	$S_T \geq 105$
借款100美元	+100	-105	-105
出售看漲期權	+17	0	$-(S_T - 105)$
購買看跌期權	-5	$105 - S_T$	0
合計	2	0	0

式（5-1）實際上只對有效期內不分發紅利的情況適用，但可以很直接地將其推廣到股票支付紅利的歐式期權情況。如果放寬假設，標的公司在期權有效期內會發放紅利，則看漲期權與看跌期權的平價關係可以用更一般的公式表達：

$$P = C - S_0 + PV(X) + PV(紅利) \tag{5-2}$$

式中，$PV(X)$為執行價格的現值，$PV(紅利)$是在期權有效期內股票所收到紅利的現值。

這裡提醒一下，在理解式（5-2）時，有幾點我們必須要注意：①這個一般化公式只適用於歐式期權，或者說它反應的是在每個頭寸都持有至到期時，看漲期權與看跌期權的平價關係。②這個一般化公式也適用於除了股票外以其他資產作為標的物的歐式期權，我們只需讓該資產在期權有效期內的收益代替式（5-2）中紅利的位置。例如，債券的歐式看跌期權與看漲期權就滿足同樣的平價關係，只是債券的利息收入代替了公式中的紅利。③這個一般化公式從理論上反應了看漲期權、看跌期權、股票以及無風險債券之間的某種內在聯繫，但在現實中，是否不滿足式（5-2）就一定存在套利的機會呢？也不一定。現實中，我們必須要測度套利操作的潛在利潤是否能夠彌補看漲期權、看跌期權與股票的交易成本。

3 期權的交易策略

前面我們曾討論了單一股票期權的損益狀態。購買期權的特點是最小的淨收入為零，不會發生進一步的損失，因此具有構造不同損益的功能。從理論上說，期權可以幫助我們建立任意形式的損益狀態，用於控制投資風險。這裡只介紹三種基本的投資策略。

3.1 保護性看跌期權

前面曾提到過的股票加看跌期權組合，稱為保護性看跌期權（Protective Put）。單獨投

第 5 章 期權基礎

資股票風險很大，同時增加 1 股看跌期權，情況就會有變化，可以降低投資的風險。

例 5-6 購入 1 股 ABC 公司的股票，購入價格 $S_0 = 100$ 元；同時購入該股票的 1 股看跌期權，執行價格 $X = 100$ 元，期權成本 $P = 5$ 元，1 年後到期。在不同股票市場價格下的淨收入和損益如表 5-6 所示。

表 5-6　　　　　　　　　保護性看跌期權的損益　　　　　　　　單位：元

	股價小於執行價格			股價大於執行價格		
	符號	下降 20%	下降 50%	符號	上升 20%	上升 50%
股票淨收入	S_T	80	50	S_T	120	150
期權淨收入	$X - S_T$	20	50	0	0	0
組合淨收入	X	100	100	S_T	120	150
股票淨損益	$S_T - S_0$	-20	-50	$S_T - S_0$	20	50
期權淨損益	$X - S_T - P$	15	45	$0 - P$	-5	-5
組合淨損益	$X - S_0 - P$	-5	-5	$S_T - S_0 - P$	15	45

保護性看跌期權鎖定了最低淨收入（100 元）和最低淨損益（-5 元）。但是，同時淨損益的預期也因此降低了。在上述四種情景下，投資股票最好時能取得 50 元的淨收益，而投資於組合最好時只能取得 45 元的淨收益。保護性看跌期權的損益特點如圖 5-6 所示。

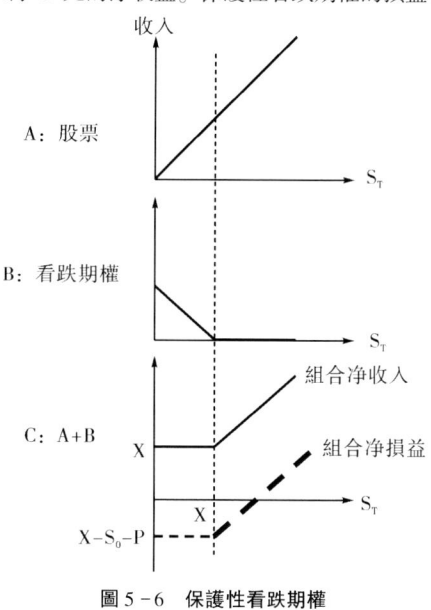

圖 5-6　保護性看跌期權

3.2 拋補看漲期權

股票加空頭看漲期權組合，指購買1股股票，同時出售該股票的1股看漲期權。這種組合被稱為「拋補看漲期權」（Covered call）。拋補看漲期權承擔的到期出售股票的潛在義務，可以被組合中持有的股票抵補，不需要另外補進股票。

例5-7 購入1股 ABC 公司的股票，購入價格 $S_0 = 100$ 元；同時出售該股票的1股看漲期權，執行價格 X = 100 元，期權價格 C = 5 元，1年後到期。在不同股票市場價格下的收入和損益如表5-7所示。

表5-7　　　　　　　　　　拋補看漲期權的損益　　　　　　　　　　單位：元

	股價小於執行價格			股價大於執行價格		
	符號	下降20%	下降50%	符號	上升20%	上升50%
股票淨收入	S_T	80	50	S_T	120	150
期權淨收入	$-(0)$	0	0	$-(S_T - X)$	-20	-50
組合淨收入	S_T	80	50	X	100	100
股票淨損益	$S_T - S_0$	-20	-50	$S_T - S_0$	20	50
期權淨損益	$C - 0$	5	5	$-(S_T - X) + C$	-15	-45
組合淨損益	$S_T - S_0 + C$	-15	-45	$X - S_0 + C$	5	5

拋補看漲期權減少了未來的不確定性。如果股價上升，鎖定了收入和淨收益，淨收入最多是執行價格（100元），由於不需要另外補進股票也就鎖定了淨損益，相當於「出售」了超過執行價格部分的股票價值，換取了期權收入。如果股價下跌，淨損失比單純購買股票要小一些，減少的數額相當於期權價格。拋補看漲期權的損益特點如圖5-7所示。

出售拋補的看漲期權是機構投資者常用的投資策略。如果基金管理人計劃在未來以100元的價格出售股票，以便套現分紅。他現在就可以拋補看漲期權，賺取期權費。如果股價上升，他雖然失去了100元以上部分的額外收入，但是仍可以按計劃取得100元現金；如果股價下跌，還可以減少損失（相當於期權費收入），因此成為一個有吸引力的策略。

第 5 章　期權基礎

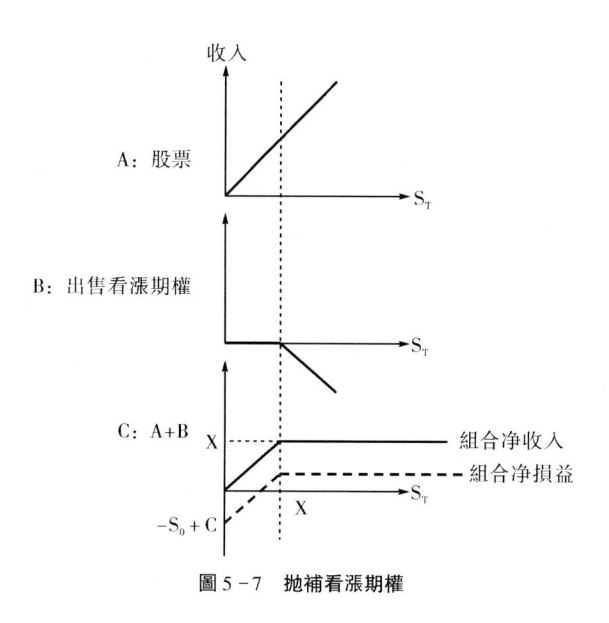

圖 5-7　拋補看漲期權

3.3 對敲

對敲（Straddle）策略分為多頭對敲和空頭對敲。我們以多頭對敲來說明該投資策略。多頭對敲是指同時買進一只股票的看漲期權和看跌期權，它們的執行價格、到期日都相同。

例 5-8　當前 ABC 公司股票的價格為 100 元，同時購入該公司股票的 1 股看漲期權（期權價格 C=5 元）和 1 股看跌期權（期權價格 P=5 元），執行價格相同（X=100 元），都是 1 年後到期。在不同股票市場價格下，多頭對敲組合的淨收入和損益如表 5-8 所示。

表 5-8　　　　　　　　　　　多頭對敲的損益　　　　　　　　　　單位：元

對敲	股價小於執行價格			股價大於執行價格		
	符號	下降 20%	下降 50%	符號	上升 20%	上升 50%
看漲期權淨收入	0	0	0	$S_T - X$	20	50
看跌期權淨收入	$X - S_T$	20	50	0	0	0
組合淨收入	$X - S_T$	20	50	$S_T - X$	20	50
看漲期權淨損益	$0 - C$	-5	-5	$S_T - X - C$	15	45
看跌期權淨損益	$X - S_T - P$	15	45	$0 - P$	-5	-5
組合淨損益	$X - S_T - C - P$	10	40	$S_T - X - C - P$	10	40

對那些預期股價將大幅升降但不知向哪個方向變動的投資者來說，對敲是很有用的策略。例如，得知一家公司的未決訴訟將要宣判，如果該公司勝訴，預計股價將翻一番；如果敗訴，預計股價將下跌一半，則無論結果如何，對敲策略都會取得收益。但應注意，股價偏離執行價格的差額必須超過期權購買成本，才能給投資者帶來淨收益。對敲的最壞結果是股價沒有變動，白白損失了看漲期權和看跌期權的購買成本。多頭對敲的損益特點如圖 5-8 所示。

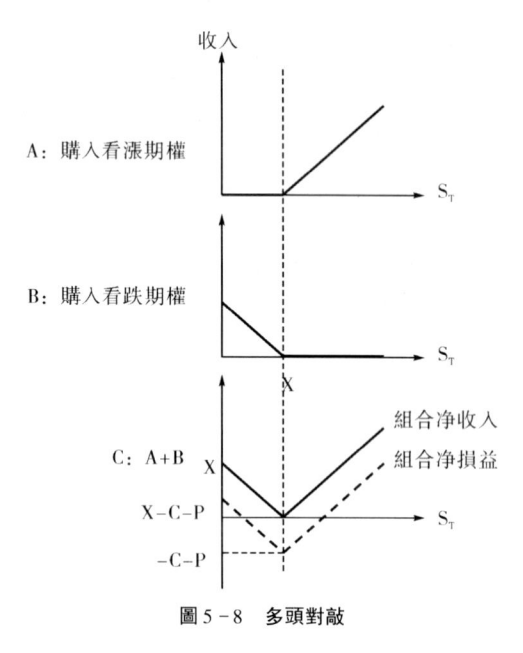

圖 5-8　多頭對敲

小結

本章作為期權部分的入門章節，知識點較多也較零散，概括起來主要包括以下幾個方面：

期權實質上是一種選擇權，期權買方可以選擇執行，也可以選擇不執行。按照執行時間的不同，期權可分為歐式期權和美式期權；按照合約授予期權持有人權利的不同，期權可分為看漲期權和看跌期權兩類，每類期權都有買入和賣出兩種操作方式，且各自具有不同的損益狀態。作為一種重要的衍生金融工具，期權具有風險管理、金融槓桿等作用。期權交易分為有組織的場內交易和場外交易兩部分，兩者共同構成期權市場。

第 5 章 期權基礎

期權價值由內在價值（期權立即執行所帶來的收益）和時間價值（等待的價值）這兩個基本的部分構成，並受標的資產市價、執行價格、標的資產價格的變動性、到期期限以及利率等多種因素的影響。看漲期權與看跌期權的平價關係反應了看漲期權價格、看跌期權價格、股票價格、到期時間、無風險利率以及執行價格之間的聯繫，如果這個關係被違背，就會出現套利機會，迫使期權價格迴歸到平價關係成立為止。

從理論上說，期權可以幫助我們建立任意形式的損益狀態，用於控制投資風險。本章只介紹了保護性看跌期權、拋補看漲期權和對敲三種基本的投資策略。

課後練習

1. 請比較美式期權和歐式期權之間的差異。

2. 假定有一期權，價格為 0.55 美元，它賦予期權持有者以 22.5 美元/股在 3 月 21 日之前出售微軟股票的權利。問這一期權是看漲期權還是看跌期權？投資者購買該期權後持有至到期，如果到期時微軟股票市價為 21.5 美元，其到期日價值與淨損益分別為多少？如果到期股價為 23 美元呢？

3. A 公司股票的當前價格為每股 10 元，該股票的執行價格為 5 元的一年期美式看漲期權定價為 4 元。你該如何把握這個大贏一把的機會？若此期權為歐式看漲期權，你又該如何行動？

4. 假定投資者認為家樂福公司的股票在今後 3 個月會大幅上漲。股票現價 S_0 為 100 美元。3 個月看漲期權執行價格 X 為 100 美元，期權價格 C 為 10 美元。用 10,000 美元投資，投資者有以下兩種選擇：

（1）投資 10,000 美元購買股票 100 股。
（2）投資 10,000 美元購買期權。

3 個月後股票為下列四種價格時，每種投資選擇的收益率各是多少？並結合表 5-9 說明期權的槓桿作用。

表 5-9

	3 個月後股價			
	80 美元	100 美元	110 美元	120 美元
全部是股票（100 股）				
全部是期權（1000 份）				

5. 表 5-1 列出了各種 XYZ 公司股票期權的價格。該公司股票的當前市價是 53 美元。

請計算 1 月份到期、執行價格 55 美元的看跌期權和 9 月份到期、執行價格 55 美元的看漲期權的內在價值和時間價值，並說明它們分別處於什麼狀態。此時，這兩個期權會被執行嗎？

6. 影響股票期權價值的主要因素有哪些？對於美式期權而言，這些因素中與看漲期權價值正相關變動的有哪幾個？對於歐式期權而言，答案是否一致？

7. 通用汽車公司擁有在芝加哥期權交易所交易的歐式看跌期權和看漲期權，兩種期權具有相同的執行價格 40 美元和相同的到期日，期權將於 1 年後到期。目前看漲期權的價格為 8 美元，看跌期權的價格為 2 美元，年利率為 10%。為了防止出現套利機會，則通用汽車公司股票的價格應為多少美元？

8. 假設一種不支付紅利的股票目前市價為 35 元，以該股票為標的資產、執行價格為 30 元、6 個月到期的歐式看漲期權價格為 7.15 元，相同執行價格和到期日的歐式看跌期權價格為 3 元。如果 6 個月的無風險利率為 4%，請問這裡的期權定價有沒有錯誤？如果定價有誤，你該如何利用這種錯誤進行套利？

9. 某投資者購入 1 股 A 公司的股票，購入價為 100 元，同時購入該股票的 1 股看跌期權，執行價格為 100 元，期權費為 10 元，1 年後到期。請問該投資者採用的是哪一種投資策略？如果一年後股票市價為 50 元，則該投資組合的淨損益為多少元？

10. 某公司股票看漲期權的執行價格是 45 元，期權為歐式期權，期限 1 年。目前該股票的價格是 44 元，期權費為 5 元。在到期日該股票的價格是 34 元。則拋補看漲期權的到期淨損益為多少元？

11. 當預計標的股票市場價格將發生劇烈變動，但不知道是升高還是降低時，投資者最適合採用的投資策略是什麼？

12. 試分析空頭對敲的損益特點。

第6章　二叉樹期權定價模型

學習目標

本章詳細介紹二叉樹期權定價模型的基本原理和推導過程，並結合股票期權介紹二叉樹期權定價模型的使用方法。通過本章的學習，你應該瞭解：

- 二叉樹期權定價的基本原理；
- 二叉樹期權定價模型的推導過程；
- 二叉樹期權定價模型的實際應用。

重要術語

二叉樹圖（Binomial Tree）、風險中性定價（Risk-neutral Valuation）、Delta 中性

期權定價是金融產品定價理論中最困難和最富挑戰性的部分。到 20 世紀 70 年代，布萊克—斯科爾斯提出的 Black-Scholes 期權定價模型才首次把期權定價納入到正統的金融產品定價體系中。隨後，在隨機微積分的發展和幫助下，期權定價理論取得了長足的進步，成為推動投資和金融創新領域發展的主要力量。但是即使到了今天，對期權定價的討論和研究還遠沒有結束，那些涉及價格運動路徑和規律的理論和假設，依舊是金融學中最著名的「黑匣子」之一。下面我們先用一種簡單和直觀的方式——二叉樹期權定價模型來學習有關期權定價的內在原理，為進一步學習 Black-Scholes 期權定價模型打下基礎。

在開始學習之前，我們想強調一點：期權定價理論的推導過程牽涉一些相對高深的數學知識，為了使初學者不至於被那些複雜的公式迷惑了頭腦，以至於喪失了繼續學習的興趣，我們用盡量簡單的數學對定價理論背後的邏輯思想進行描述、解釋和說明。希望通過這兩章的學習，讀者能夠瞭解期權定價的基本原理和一些實際應用的方法。

1 二叉樹期權定價

首先，讓我們從最簡單的二叉樹圖（Binomial Tree）——單步二叉樹圖入手，展開對二叉樹期權定價理論的學習。

例6-1 假設市場上有一個股票當前的價格是30元，我們知道在未來的3個月後，它的價格可能上漲為36元，也可能下跌為24元。如果這個股票在未來3個月裡不支付紅利，那麼現在一份在未來3個月後，可以用33元價格購買該股票的看漲期權的理論價格應該是多少？

根據已知條件和看漲期權的含義可以知道，如果股票在未來3月後的價格變為36元，那麼不考慮看漲期權的價格和交易成本，行使期權可以得到3元/股的收益。如果股票在未來3月後價格變為24，那麼行使期權就得到9元/股的損失收益。所以，在這種情況下，投資者會選擇不行權。我們可以用圖6-1來表示這種情形。

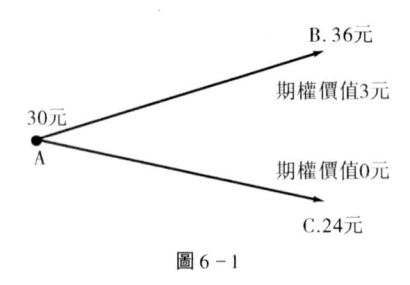

```
                B.36元
              期權價值3元
        30元
          A
              期權價值0元
                C.24元
```

圖6-1

依據題意，3個月後股票價格只有36元或24元兩種可能。如果投資者採用買入X股的股票，同時賣出一個看漲期權構成一個投資組合。當3個月後股票價格為36元時，賣出的看漲期權就應該向行權者支付3元，這樣投資組合的價格就是$(36X-3)$元；當3個月後股票價格為24元時，看漲期權的價值為0，這樣投資組合的價格就是$24X$元。如果投資者希望構成的組合是一個無論在什麼情況下收益都確定收益的組合（這種組合就稱為無風險組合），就有：$36X-3=24X \Rightarrow X=0.25$股。也就是說，只要買入股票0.25股，同時賣出持有一個看漲期權的空頭，這樣不論3個月後股票價格上漲還是下跌，投資者都會獲得6元的收益。

如果未來3個月的無風險連續利率是10%，那麼在3個月後收到的6元相當於現在的5.852元（$6e^{-0.1 \times 3/12}$）。

由於當前的股票價格是30元，在無套利的情況下，由0.25股和一個看漲期權空頭構成的投資組合的市場價格應該是5.852元（$30 \times 0.25 - f$）（f代表看漲期權的價格）從

中可以推出看漲期權的價格 $f = 1.648$ 元。

下面把上例情形做一個一般性推廣。假設當前的股票價格為 S，未來 t 時間內沒有紅利發放，到 t 時，股票價格可能以 u 的幅度上升，用 S_u 表示，這時看漲期權的價值為 f_u。股票價格可能以 d 的幅度下降，用 S_d 表示，（即：$S_u = S \times u$，$S_d = S \times d$）這時看漲期權的價值為 f_d。

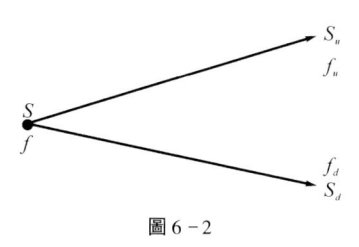

圖 6-2

這時買入 Δ 股票並賣出一個看漲期權，構成一個投資組合，那麼在 t 時，如果股票價格上升，該組合的價值為：$\Delta S_u - f_u$；如果股票價格下降，該組合的價值為：$\Delta S_d - f_d$。如果這個組合無風險，那麼就有：

$$\Delta S_u - f_u = \Delta S_d - f_d \Rightarrow \Delta = \frac{f_u - f_d}{S_u - S_d} \tag{6-1}$$

如果我們知道未來 t 時間內的無風險連續利率是 r，那麼在 t 時該組合價值的現值就為：

$(\Delta S_u - f_u)e^{-rt}$ 或 $(\Delta S_d - f_d)e^{-rt}$

構成該組合的成本為：$\Delta S - f$，根據無套利原則，得到：

$\Delta S - f = (\Delta S_u - f_u)e^{-rt}$

把公式 (6-1) 代入上式，化簡得到：

$$f = \left(\frac{e^{rt} - d}{u - d} f_u + \frac{u - e^{rt}}{u - d} f_d \right) e^{-rt} \tag{6-2}$$

令 $p = \dfrac{e^{rt} - d}{u - d}$，公式 (6-2) 就可以重新表述為：

$$f = e^{-rt}[pf_u + (1-p)f_d] \tag{6-3}$$

下面我們使用推導出的公式 (6-3) 來計算例 6-1。

根據例 6-1 的題意，$u = 36/30 = 1.2$，$d = 24/30 = 0.8$，$f_u = 3$，$f_d = 0$，$r = 0.1$，$t = 3/12 = 0.25$，代入公式 (6-3) 可知

$$f = 3e^{-0.1 \times 0.25} \times \frac{e^{0.1 \times 0.25} - 0.8}{1.2 - 0.8} = 1.648 \text{（元）}$$

該結果與例 6-1 得出的結論一樣。

現在我們知道了 3 個月期行權價為 33 元的看漲期權價格為 1.648 元,假設這個期權是一個歐式期權,那麼相同期限、相同行權價的看跌期權的市場價格是多少?利用上一章中講過的期權平價關係,就可以得到看跌期權的價格為 3.833 元(p = 1.648 + 33$e^{-0.1 \times 0.25}$ - 30)。如果採用單步二叉樹圖的方法計算這個看跌期權的價格,也會得到同樣的結果。

仔細觀察我們推導出的公式(6-3),可以發現這個式子沒有涉及股票價格上升或下降的概率。也就是說,股票價格有 90% 的概率上升與僅有 5% 的概率上升的情況下,期權價格是一致的。這是否違背了我們的直覺呢?實際上並非如此。因為我們以事先知道未來股票的可能價格為假設前提,而股票上升或下降的概率已經隱含在我們對未來價格的看法中。換句話說,只要知道股票未來可能出現的價格,我們不需要知道股票價格上漲或下跌的概率,就可以為股票期權定價。

在推導出的公式(6-3)中,p 並不表示概率,假如我們把它看成是概率的話,讓我們來觀察一下股票的預期收益。

$$E(S_t) = pS_u + (1-p)S_d$$

將上式整理後得到:

$$E(S_t) = pS(u-d) + S_d$$

把 $p = \dfrac{e^{rt} - d}{u - d}$ 代入上式就有:

$$E(S_t) = Se^{rt} \qquad (6-4)$$

公式(6-4)表明,假設股票價格以 p 的概率上升就等於假設股票的收益是無風險收益。這樣我就接觸到一個重要的概念——風險中性(Risk-neutral)。在風險中性條件下,所有投資者並不要求對承擔的風險獲得風險回報。因此,在風險中性的世界裡,所有證券都能夠而且只能按照無風險利率獲得收益。

繼續把 p 作為概率的假設,那麼 $f = e^{-rt}[pf_u + (1-p)f_d]$ 就可以解釋成為期權的價格等於它的預期收益在風險中性的世界裡按照無風險利率貼現的現值。這個結論有什麼意義呢?下面我們再次使用例 6-1 來說明風險中性的具體意義。

例 6-2 假設在一個風險中性的世界裡,已知股票價格的上升概率為 p,那麼 p 應該滿足條件:

$$36p + 24(1-p) = 30e^{0.1 \times 0.25}$$

計算出的 p = 0.5632,即股票價格的上升的概率為 0.5632。也可以說,一個 3 月期執行價為 36 元的看漲期權市場價為 3 元的概率是 0.5632,期權的市場價格應該等於它的預期收益。在風險中性的世界裡,按照無風險利率貼現的現值的說法,看漲期權現在價格就

應該是：

$$f = e^{-0.1 \times 0.25}[0.5632 \times 3 + (1 - 0.5632) \times 0] = 1.648 （元）$$

上面計算出的結果與我們在無套利定價原理指導下得出的結論相同。舉這個例子是想讓大家記住，在風險中性條件下得到的期權價格，與在其他條件下得到的結論都是一樣的。這就是風險中性定價原理（Risk-neutral Valuation）的核心內容。風險中性定價原理可以系統的表述為：在風險中性的世界裡，所有可交易證券的期望收益都是按照無風險利率獲得的無風險收益；未來的現金流都是依照無風險利率進行貼現計算。任何基於證券的衍生產品定價都可以依照這個原理進行估值。

下面我們把單步的二叉樹圖向兩步二叉樹圖推廣。

例 6-3 假設股票當前的價格是 30 元，在未來每 3 個月，股票價格以 20% 的比例上升或下降。如果無風險連續利率是 10%，那麼 6 個月後，執行價格為 33 元的看漲期權的價格應該是多少？

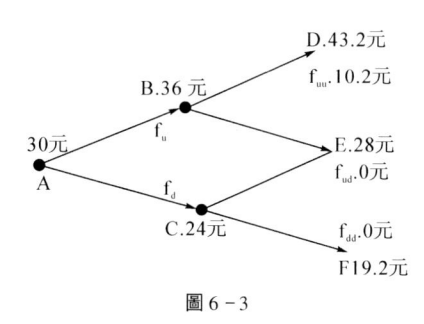

圖 6-3

從圖 6-3 可以看出：在 D 點，期權的價值為 10.2 元（43.2 - 33），在 E 點和 F 點，期權處於虛值狀態，價格為 0。使用我們前面學習的單步二叉數推導出的結論，B 點的期權價格應該等於：

$$f_u = 10.2 \times \frac{e^{0.1 \times 0.25} - 0.8}{1.2 - 0.8} \times e^{-0.1 \times 0.25} = 5.60 （元）$$

由於在 E 點和 F 點，期權處於虛值狀態，所以 C 點的期權價格等於 0。這樣我們得到了 B 點的期權價格為 $f_u = 5.60$，C 點的期權價格為 $f_d = 0$。根據這個結果，重複上面的步驟，就可以推導出 A 點的期權價格：

$$f = 5.60 \times \frac{e^{0.1 \times 0.25} - 0.8}{1.2 - 0.8} \times e^{-0.1 \times 0.25} = 3.08 （元）$$

我們把上面的例子做個普遍形式的推廣。在一個兩步二叉樹結構的價格變化中，假如股票的初始價格為 S，每個單步二叉樹代表的時間相同（都為 t 年），並且在單步二叉樹圖的每個節點上，股票價格上升和下降的幅度 u 和 d 都是一致的，如果無風險利率為 r，那

麼期權的初始價格就可以表示成：

$$f = e^{-rt}[pf_u + (1-p)f_d]$$

把 $f_u = e^{-rt}[pf_{uu} + (1-p)f_{ud}]$ 和 $f_d = e^{-rt}[pf_{ud} + (1-p)f_{dd}]$ 代入上式，就有：

$$f = e^{-2rt}[p^2 f_{uu} + 2p(1-p)f_{ud} + (1-p)^2 f_{dd}] \tag{6-5}$$

下面我們使用上面的公式（6-5）對一個看跌期權定價。

例6-4 假設股票當前的價格是30元，在未來每3個月，股票價格以20%的比例上升或下降，如果無風險連續利率是10%，那麼6個月期、執行價格為33元的歐式看跌期權的價格應該是多少？

使用兩步二叉樹來描述已知條件：

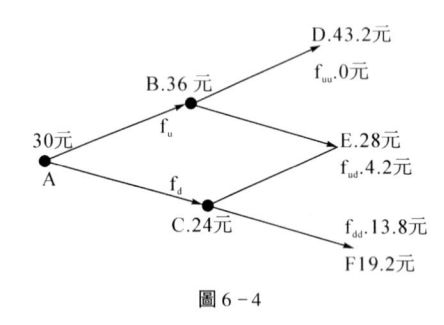

```
                                    D.43.2元
                                    f_uu.0元
                B.36元
                  f_u
    30元                           E.28元
     A                              f_ud.4.2元
                  f_d
                C.24元
                                    f_dd.13.8元
                                    F.19.2元
```

圖6-4

$$p = \frac{e^{rt} - d}{u - d} = \frac{e^{0.1 \times 0.25} - 0.8}{1.2 - 0.8} = 0.56$$

根據 $f = e^{-2rt}[p^2 f_{uu} + 2p(1-p)f_{ud} + (1-p)^2 f_{dd}]$，就有：

$$f = e^{-2 \times 0.1 \times 0.25}[0.56^2 \times 0 + 2 \times 0.56 \times (1-0.56) \times 4.2 + (1-0.56)^2 \times 13.8]$$

$$= 4.47（元）$$

利用例6-3的結果，以及期權平價定理，可以得到6個月期、執行價格為33元的看跌期權的價格為4.47元（$33e^{-0.1 \times 0.5} + 3.08 - 30$）。也就是說，公式（6-5）可以用於對看漲或者看跌兩種期權的定價。

如果在真實世界中使用二叉樹模型來對期權定價，首先需要把股票價格的運動軌跡分解成若干個很細小的時間段 Δt。根據微積分的理論，每一個微小的時間段內，價格運動就可以近似看成是從上個時間段結束的價格 S 向可能的價格 S_u 或 S_d 的單步二叉樹結構。

假設在這樣每段微小的時間段內，股票價格上漲或下降的幅度 u 和 d 都是一致的（如果仔細觀察證券市場，就可以發現在大多數連續交易狀態下，成交價格的變動總是與證券的單位變動價位一致，所以這樣的假設基本能符合實際情況），那我們就可以利用類似兩步二叉樹的推導方法，從最後的股票價格向前倒推出期權的價格。但是我們怎麼確定 p、

圖 6-5

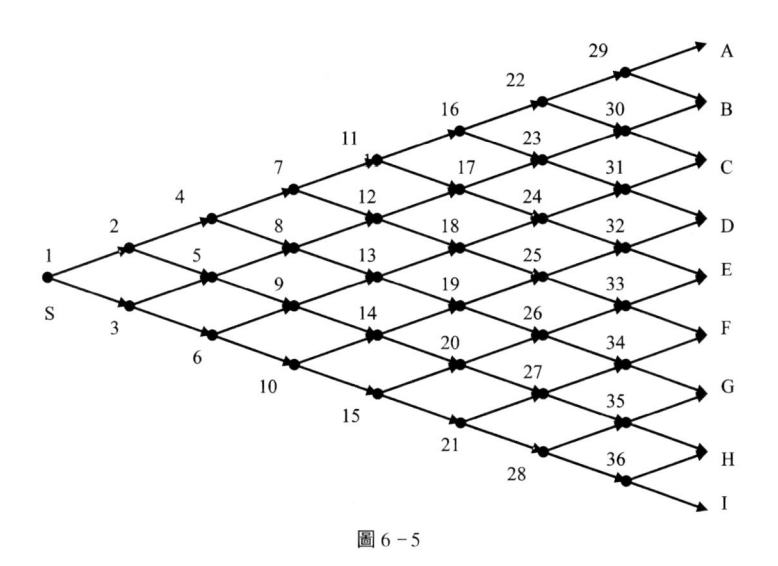

u、d 這三個在二叉樹模型中的關鍵參數呢？

根據無風險定價原理，在每個細小的時間段 Δt 末，股票價格的期望值可以表示為：

$$E(S_{\Delta t}) = Se^{r\Delta t} = pS_u + (1-p)S_d \tag{6-6}$$

於是就有：

$$e^{r\Delta t} = pu + (1-p)d \tag{6-7}$$

在每一個微小的時間段 Δt 內，股票價格變化百分比的標準差為 $\sigma\sqrt{\Delta t}$（在下一章我們會介紹這個結論的來源，在這裡我們暫時把它作為一個已知條件），那麼在時間段 Δt 內，股票價格變化的方差就等於 $S^2\sigma^2\Delta t$，應用方差等於平方的預期減預期的平方，就有這樣的等式：

$$S^2\sigma^2\Delta t = pS^2u^2 + (1-p)S^2d^2 - S^2[pu + (1-p)d]^2$$

即：

$$\sigma^2\Delta t = pu^2 + (1-p)d^2 - [pu + (1-p)d]^2 \tag{6-8}$$

令 $u = 1/d$，$a = e^{rt}$，根據前面推導出的公式 (6-7)、公式 (6-8) 和 $p = \dfrac{e^{rt} - d}{u - d}$，有：

$$u = e^{\sigma\sqrt{\Delta t}},\ d = e^{-\sigma\sqrt{\Delta t}},\ p = \dfrac{a - d}{u - d}$$

下面我們使用兩個具體的例子，看看如何使用二叉樹模型對期權定價。

例 6-5 已經知道股票當前的價格為 40 元，年波動率為 30%，未來的無風險利率為

10%。問一個 6 個月期、執行價格為 40 元的看跌期權應該如何定價？

把 6 個月割分成 12 個相等的時間段，根據已知條件，我們可以計算出：

$u = e^{\sigma \sqrt{\Delta t}} = e^{0.3\sqrt{0.5/12}} = 1.063$；

$d = e^{-\sigma \sqrt{\Delta t}} = 0.941$

$p = \dfrac{a-d}{u-d} = 0.519$

我們使用 $Su_i d_j$ ($0 \leq i,j \leq 13$) 表示二叉樹上的節點。

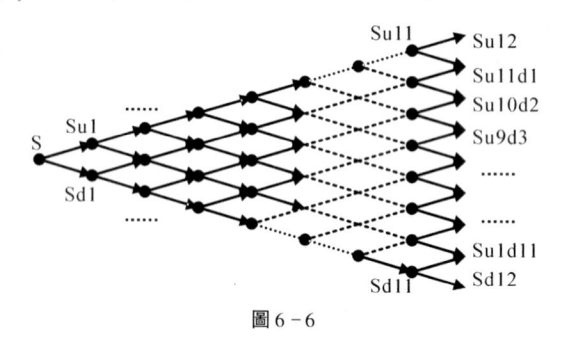

圖 6-6

現在我們需要知道在二叉樹上最後一層的每個節點上期權的價值。根據二叉樹的結構可以知道，把 6 個月割分成 12 個相等的時間段後，在 6 個月後股票共有 13 個可能的價格，以及與之對應的執行價格為 40 元的看跌期權價值分別見表 6-1。

表 6-1　　　　　　　　　　　　　　　　　　　　　　　　　　　　　單位：元

Su12	Su11d1	Su10d2	Su9d3	Su8d4	Su7d5	Su6d6	Su5d7	Su4d8	Su3d9	Su2d10	Su1d11	Sd12
83.26	73.71	65.25	57.76	51.13	45.26	40.07	35.47	31.40	27.79	24.60	21.78	19.28
Fu12	Fu11d1	Fu10d2	Fu9d3	Fu8d4	Fu7d5	Fu6d6	Fu5d7	Fu4d8	Fu3d9	Fu2d10	Fu1d11	Fd12
0.00	0.00	0.00	0.00	0.00	0.00	0.00	4.53	8.60	12.21	15.40	18.22	20.72

現在我們應用前面學習的單步二叉樹期權定價方法，可以推出在 5.5 個月時，每個可能的價格對應的期權價格，見表 6-2。

表 6-2　　　　　　　　　　　　　　　　　　　　　　　　　　　　　單位：元

Fu11	Fu10d1	Fu9d2	Fu8d3	Fu7d4	Fu6d5	Fu5d6	Fu4d7	Fu3d8	Fu2d9	Fu1d10	Fd11
0.00	0.00	0.00	0.00	0.00	0.00	2.17	6.46	10.29	13.68	16.68	19.34

這樣層層遞推，最後可以計算出 6 個月期、執行價格為 40 元的看跌期權的價格是 2.31 元。

上面我們已經介紹了二叉樹期權定價的基本思想和具體應用方法。下面我們將學習如何應用二叉樹期權定價模型對美式期權價格或者對支付股息的股票期權定價。

2　二叉樹期權定價模型的應用

首先我們先討論如何應用二叉樹期權定價模型對美式期權定價。

前面講過，美式期權（American Options）是一種可以在期權有效期的任意時間裡行權的期權。如果對美式期權定價，那麼在二叉樹圖的每一個節點上都必須考慮提前行權的損益情況。如果提前行權的收益大，那麼期權持有者就會選擇提前行權來獲得更大的收益，這種行為必須在期權價格中反應出來。

例 6-6　假設股票當前的價格是 40 元，在未來每 2 個月，股票價格以 10% 的比例上升或下降，如果無風險連續利率是 8%，那麼 6 個月期、執行價格為 38 元的美式看跌期權的價格應該是多少？

先畫出三層的二叉數圖，見圖 6-7。

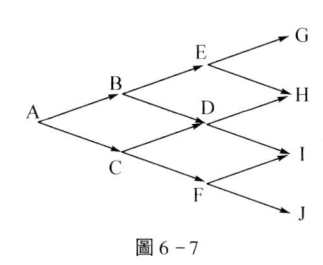

圖 6-7

根據題意，我們知道 $u = 1.1$，$d = 0.9$，而

$$p = \frac{e^{0.08 \times 2/12} - 0.9}{1.1 - 0.9} = 0.567$$

在 6 個月後，股票可能的價格和對應的期權價值見表 6-3。

表 6-3

G	H	I	J
53.24	43.56	35.64	29.16
Fg	Fh	Fi	Fj
0	0	2.36	8.84

如果是歐式期權，那麼在 E 點、D 點、F 點時，期權的價格分別應該是：0 元、1.01 元和 5.10 元。而 E 點、D 點、F 點的股票價格應該是：48.4 元、39.6 元和 32.4 元。如果在這個時候行權，那麼在 E 和 D 點權證是虛值，而 F 點行權可以帶來 5.6 元的收益，這大於不行權時，5.10 元的權證價格，因此假如在 4 個月後，股票價格運行到 F 點（即價格為 32.4 元時），理性的投資者會選擇行權。這樣在美式期權條件下，4 個月後的期權價值見圖 6-8。

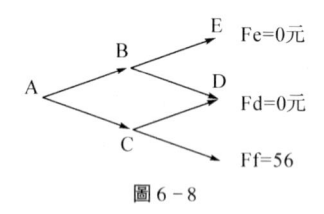

```
            E  Fe=0元
         B
            D  Fd=0元
   A
         C
            F  Ff=56
```
圖 6-8

再次向前一層的二叉樹倒推，得到在 B 點和 C 點的期權價格分別為 0 元和 2.39 元，而 B 點和 C 點的股票價格分別是 44 元和 36 元，選擇在兩個月後行權（即 B 點或 C 點）就可能得到 0 元或 2 元，這低於在 B 和 C 點的期權價格。因此理性的投資者不會選擇行權，而願意持有權證到下一期（兩個月後）。在這種情況下，美式看跌期權的當前價格應該是：

$$f = e^{-0.08 \times 2/12}[0.567 \times 0 + (1 - 0.567) \times 2.39] = 1.022 \text{（元）}$$

從上例的計算中可以看出，相對於歐式期權，利用二叉樹期權定價模型對美式期權定價的理論和計算過程並沒有什麼根本的不同，都是在風險中性條件下，將每期末期權的預期價值（或價格）按照無風險利率貼現計算當前一期的期權價格，由此滾動，得到期權的現價。但是，美式期權可以提前行權，所以在計算出每期期權價格時都需要額外考慮在當時行權，一旦期權獲得的收益高於期權預期價格，那麼就應該使用收益替代期權當時的預期價格進行計算。

前面使用的事例都是以不支付紅利的股票為標的資產。如果在期權有效期內，股票出現紅利支付的情況，期權價格應該如何確定呢？

由於紅利意味著帶來了新的收益，如果紅利的連續收益率已知，那麼將不支付紅利的期權定價模型略作修改就可以得到紅利的連續收益率 q 已知條件下的二叉樹期權定價模型。也就是：

$$p = \frac{e^{(r-q)t} - d}{u - d}$$

而 $f = e^{-rt}[pf_u + (1-p)f_d]$ 還是不變。

這樣我們就可以把股票指數期權、債券期權和外匯期權都看成是已知紅利連續收益率的股票期權，採用相同的方法進行定價。

例6-7 考慮一個6個月期的美式的英鎊看跌期權，期權的執行價為1.62美元，當前的匯率是1.62美元，美元的無風險利率是8%，英鎊的無風險利率是10%，英鎊的波動率為12%，如果把期權的有效期分為3期，那麼期權的價格應該是多少？

根據題意，可以知道：$T = 6/12 = 0.5$，$r = 0.08$，$q = 0.10$，$\sigma = 0.12$，$S = 1.62$，$X = 1.62$，$t = 2/12 = 0.1667$，$u = e^{\sigma\sqrt{\Delta t}} = 1.050$，$d = e^{-\sigma\sqrt{\Delta t}} = 0.9522$，則：

$$p = \frac{e^{(0.08-0.10) \times 0.1667} - 0.99}{1.01 - 0.99} = 0.4538$$

把上述結果代入公式（6-3），這樣就可以計算出期權的價格為0.064元。注意：在C點的期權預期價格低於行權收益，由於是美式期權，所以在C點使用了行權收益進行計算。

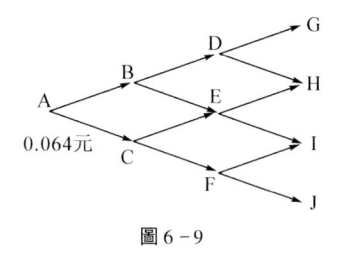

圖6-9

在股票中，我們經常遇到的情況是不連續支付紅利，而且定時支付一定數量的紅利。這種情況下，計算期權就相對麻煩一些。

在期權有效期內，出現一次紅利支付，假設收到的紅利為R，在紅利發放時預期的股票價格為S_a，紅利發放以後，股票的價格就會變成$S_a - R$。這樣二叉數將不再連續變成圖6-10中的形狀。

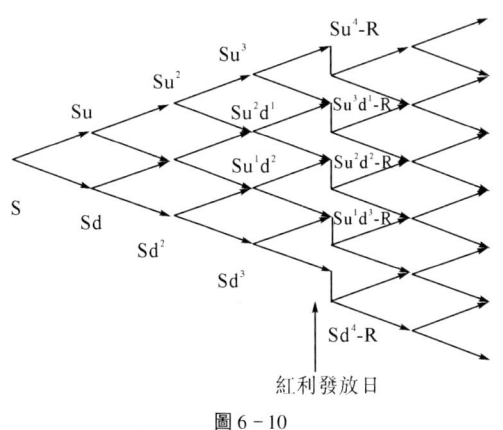

圖6-10

在這種情況下，我們可以這樣處理，把紅利 R 在每個時間段內貼現，並用紅利發放前每一期的預期股票價格加上貼現到那期的紅利，紅利發放引起的價格跳躍就得到了修正。實際上，在處理價格數據時，這種方法經常被採用。下面我們就用一個例子來說明具體的做法。

例6-8 一個有效期為9個月的歐式看漲期權，期權的執行價格是60元，當前股票的價格是60元，在6個月後，該股票將發放3.12元的紅利，已知無風險利率為8%，股價波動率為30%，把期權的有效期分為三段，那麼看漲期權的價格應該是多少？

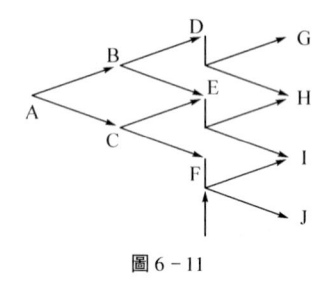

圖6-11

根據題意，可以知道：$T = 9/12 = 0.75$，$r = 0.08$，$\sigma = 0.30$，$S = 60$，$X = 60$，$t = 3/12 = 0.25$，$u = e^{\sigma\sqrt{\Delta t}} = 1.162$，$d = e^{-\sigma\sqrt{\Delta t}} = 0.861$，

$$p = \frac{e^{0.08 \times 0.25} - 0.861}{1.162 - 0.861} = 0.5289$$

不考慮紅利發放，每個節點對應的價格見表6-4。

表6-4 單位：元

A	B	C	D	E	F	G	H	I	J
60.00	69.72	51.64	81.01	60.01	44.45	94.14	69.73	51.65	38.26

6個月後的紅利貼現為3元（$3.12e^{-0.08 \times 6/12}$），這樣當前的股票價格就變成57元（60 - 3）。

6個月後的紅利貼現到3個月後的現值為3.06元（$3.12e^{-0.08 \times 3/12}$），分別加B點和C點的預期價格，修正後的B點和C點的價格就分別變成66.66元和48.58元。

相應的D點、E點、F點、H點、I點和J點的價格分別減去紅利3.12元，得到77.89元、56.89元、41.33元、91.02元、66.61元、48.53元和35.14元，見圖6-12。

這樣就把原來有跳躍的二叉樹修正成平滑的二叉樹了，我們就可以重新計算平滑條件下的 u 值、d 值和 p 值分別是1.17、0.85和0.53。

根據這個結果，推導出期權的價格為6.84元。

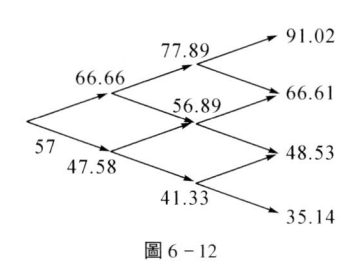

```
                          91.02
              77.89
      66.66          66.61
              56.89
  57          
      47.58         48.53
              41.33
                          35.14
```

圖 6－12

儘管在這裡我們只列舉了在期權有效期內有一次紅利發放的情況，但實際上對於在期權有效期內有多次紅利發放的情形，對期權定價的方法和一次紅利發放的情況沒有不同，只是具體計算的時候，需要把每次紅利發放引起的價格跳躍進行分步處理。最後獲得一個價格變動平滑的替代二叉樹，再使用前面介紹的方法，對這個價格變動具有平滑性的二叉樹進行處理，就可以推導出期權的價格。

3　使用期權進行保值的操作策略

下面我們將學習一個用期權進行套期保值的常用術語——Delta 中性。

在期權的定價和對沖中「Δ」——Delta 都是一個重要的概念。在期權中，Delta 是指期權價格變化與標的資產價格變化的比值。從實際操作的角度，Delta 代表了為了構造一個無風險的對沖策略，每一個賣空的期權頭寸應該持有的標的的增產數量。用 Delta 值確定的套期保值操作策略被稱為 Delta 對沖（Delta Hedging）或 Delta 套期保值。

回憶本章例 6-1 中描述的情況，在 B 點和 C 點，期權的價格從 3 元變成 0 元，而股票的價格從 36 元變到 24 元，按照 Delta 的定義，這時的 Delta 值應該是：$\Delta = \dfrac{3-0}{36-24} = 0.25$ 股。這意味著，如果要賣出一個執行價格為 30 元的看漲期權，需要買入股票的數量是 0.25 股。這樣無論未來股票的實際價格是 36 元還是 24 元，這個投資組合都可以獲得 6 元的收益。

對於多步二叉樹的情況，Delta 的取值是變動的，回憶例 6-4 描述的情況，在第一個時間步（Time Step）裡，最高價格為 36 元（B 點），最低價格為 24 元（C 點），這時期權價格從 1.81 元變到 8.26 元，這時的 Delta 值是：$\Delta = \dfrac{1.81-8.26}{36-24} = -0.54$ 股。這表明賣出一個執行價為 33 元的看跌期權，需要同時賣出（注意 Delta 值是負值）0.54 股的股票，如果在第一個時間段結束後，股票價格為 36 元，那麼在第二個時間段裡，股票的可能價

格就是43.2元（D點）或28.8元（E點），而期權的價格就可能在0～4.2元之間變動，這樣Delta值就變成：$\Delta = \dfrac{0-4.2}{43.2-28.8} = -0.29$股。這表明在股票價格運行到36元後，我們只需要賣出一個看跌期權就可以對沖賣出0.29股的股票的風險。當投資者使用按照Delta值來持有和調整標的資產的數量，這樣就使整個投資免於收益風險。我們就把這種狀態稱為Delta中性。

上面的例子說明，如果使用期權來對沖標的資產的風險，那麼標的資產的數量就必須不斷地調整，這對於只持有一種期權的投資者來說，由於存在交易成本，頻繁的調整持有的證券數量並不現實，但是對於持有多種期權的組合投資而言，保持Delta中性不僅重要，而且相對容易操作。

對於持有同一種標的資產的n種期權組合而言，整個組合的Delta值等於組合中每個期權Delta值的總和。用公式表示如下：

$$\Delta = \sum_{i=1}^{n} w_i \Delta_i \tag{6-9}$$

式中：Δ代表組合的Delta值；

　　　Δ_i代表組合中第i種期權的Delta值；

　　　w_i代表第i種期權的數量。

下面我們用一個例子來說明。

例6-9　某個金融機構持有3種美元的期權組合，分別是：100,000份3個月後到期的美元看漲期權，Delta值為0.47；300,000份5個月後到期的美元看漲期權，Delta值為0.62；200,000份2個月後到期的美元看跌期權，Delta值為-0.36。問這個期權組合的Delta值是多少？

$$\Delta = \sum_{i=1}^{n} w_i \Delta_i = 0.47 \times 100,000 + 0.62 \times 300,000 + (-0.36) \times 200,000$$

$$\Delta = 161,000$$

由此表明如果要使整個組合處於Delta中性的狀態，就需要賣出161,000美元。

與期貨的定價相比，期權的定價明顯更加複雜。這是因為假設在完美市場條件下，使用期貨進行套期保值，那麼不論未來價格漲跌，期貨都可以對沖全部現貨價格變動的風險，使整個組合達到無風險狀態。但即使在完美市場條件下，使用期權進行套期保值，期權的持有者可以在未來價格出現不利的情況下選擇行權，也可以在價格有利的情況，放棄行使期權賦予的權利。從這個角度看，期權與保險有些類似。如果保險人按照保險公司的規定，遞交了一定數量的保費（期權費），那麼當不利事件出現時，就可以要求保險公司按照規定的承保比例賠償不利事件中帶來的損失（行權）。如果沒有出現不利事件，那麼保險人也只是損失了保險費（期權費）。

二叉樹期權定價模型給出了一種期權定價的方法，但在具體的應用二叉樹期權定價模型時，我們會發現這樣一個矛盾，把資產價格運動軌跡劃分的區間越小，結果雖然對現實的貼近程度越高，但相應的計算就越繁瑣。如果為了計算方便，擴大每個區間的範圍，那麼計算結果的偏差就越大。二叉樹期權定價模型雖然直觀但實用性不高。一直到20世紀70年代，由Fischer Black、Myron Scholes和Robert Merton推導出股票期權定價模型後，才正式推導出一個既符合理論又具有很強操作性的期權定價模型。我們將在下一章學習B-S期權定價模型的主要內容（實際上當區間無窮小的時候，二叉樹期權定價的結論與下一章我們將學習的B-S期權定價模型得出的結論完全一致）。

既然這樣，為什麼還要學習二叉樹期權定價的內容呢？實際上學習二叉樹期權定價有兩個好處：一方面，與B-S期權定價模型相比，二叉樹期權定價簡單、直觀，更容易理解和掌握，在這個基礎上學習B-S期權定價模型，更容易把握B-S期權定價模型中相對複雜和深奧的邏輯思想和推導過程；另一方面，在確定美式期權價格或者對股息支付不規則的股票期權定價方面，二叉樹期權定價顯然比B-S期權定價模型更為實用。

小結

本章中我們學習了使用二叉樹推導期權價格的基本原理、計算過程和使用方法。每個單步的二叉樹圖都對應著價格變動的兩種可能，在一些文獻資料上也把二叉樹期權定價稱為二項式期權定價模型。

二叉樹期權定價模型的基本原理和計算過程是通過從樹的末端向後逐級倒推得出期權的價格。在期權到期時刻T，一個看跌期權的價值是$\max(X-S_T,0)$（X表示期權的行權價，S_T表示資產在T時刻的價格），一個看漲期權的價值是$\max(S_T-X,0)$。把價格運動軌跡分為若干個小區間Δt，在風險中性的條件下，在與時刻T相差Δt的前一個時間點$T-\Delta t$期權的價格都可以用在時刻T期權的期望值按照無風險利率貼現得到。

在二叉樹期權定價的推導過程中，我們首先假定了資產價格在每一個階段都以一個事先確定的幅度（即u和d）上升或下降。初看起來，這種假設很不現實，但是當我們把價格變動的軌跡劃分成無窮小的區間時，可以設想在每個區間裡價格變動會足夠的小，這樣二叉樹期權定價的假設就合乎實際情況了。

對於在期權有效內，以有紅利發放的證券為標的資產的期權定價，如果知道連續發放的紅利率，那麼只需要用在無風險收益率中扣除連續發放的紅利率來計算p值，連續紅利發放率對其他的變量並沒有影響。如果發放的紅利並不連續，那麼就需要在二叉樹中每個節點的價格基礎上扣除紅利貼現值，進行價格平滑替代，使用替代後的新的二叉樹重新

計算對應的期權價格。

利用期權進行套期保值操作中，用期權價格變化與標的資產價格變化的比值來表示的 Delta 值是一個很重要的概念，組合處於 Delta 中性的狀態，就意味著該組合沒有完全無風險。

課後練習

1. 某個股票的價格為 50 元，已知在 1 個月後股票的價格可能是 58 元或 46 元，無風險利率為 8%。問：一份 1 個月後執行、執行價格為 50 元的看漲期權的價格應該是多少？

2. 解釋無風險定價原理，並說明無套利定價與無風險定價之間的聯繫。

3. 請解釋 Delta 中性的具體含義。

4. 如果股票現價為 40 元，無風險利率為 10%，已知每兩個月該股票的價格以 20% 的幅度上漲或下跌，不考慮紅利支付。問：一份 8 個月後執行、執行價格為 40 元的看漲期權的價格應該是多少？

5. 與第四題條件相同。問：一份 8 個月後執行、執行價格為 40 元的看跌歐式期權的價格應該是多少？如果這是一份美式期權，它的價格應該是多少？

6. 有一份 2 個月期、執行價格為 500 元的股票指數美式看跌期權，假設指數期權規定 1 點對應 1 元，指數目前的水準為 490 點，無風險利率為 10%，股票指數年紅利收益率（按照連續複利計算）為 3%，股價波動率為 30%，將期權的有效期等分為 4 個時間段，用二叉樹計算該期權的價格。

7. 某個股票的歐式看跌期權，有效期為 6 個月，預期在 2 月和 5 月的月末各支付 1 元的紅利，股票的現價為 35 元，無風險利率為 10%，不支付紅利的股價波動率為 30%，將期權有效期分為 6 等份。計算該期權的價格。

8. 有一家金融機構持有 4 種黃金期權組合，分別是：50,000 份 3 個月後到期的黃金看漲期權，Delta 值為 0.27；30,000 份 5 個月後到期的黃金看漲期權，Delta 值為 0.32；40,000 份 6 個月後到期的黃金看跌期權，Delta 值為 -0.47；10,000 份 1 個月後到期的黃金看跌期權，Delta 值為 -0.39。問這個期權組合的 Delta 值是多少？

第 7 章　Black – Scholes 期權定價模型

學習目標

本章詳細介紹 Black – Scholes 期權定價模型的思想和推導過程，並結合股票期權介紹 Black – Scholes 期權定價模型的具體使用方法。通過本章的學習，你應該瞭解：

· B – S 期權定價模型的基本原理；
· B – S 期權定價模型的表述；
· B – S 期權定價模型的實際應用。

重要術語

Black – Scholes 期權定價模型、波動率、隱含波動率、Theta、Gamma、Vega、rho

在 20 世紀 70 年代，Fischer Black、Myron Scholes 和 Robert Merton 推導出股票期權定價模型，這個以研究者名字命名的模型對研究期權對沖定價和投資者行為產生了巨大的影響，成為現代金融學的最主要的支柱性理論之一。這一章我們主要介紹 Black – Scholes 期權定價模型的假設條件、推導過程和基本結論，並在這個基礎上，討論該定價模型的推廣應用、局限和發展情況。其中，Black – Scholes 期權定價模型的推導過程應用了隨機微積分的知識。為了使對隨機過程不太瞭解的讀者也能夠理解和應用 Black – Scholes（簡稱 B – S）期權定價模型，我們盡量簡化推導的過程。當然如果還是不能理解 Black – Scholes 期權定價模型的推導過程應，也不用擔心，因為 Black – Scholes 期權定價模型的隨機應用才是我們需要學習和掌握的重點。

1 B-S期權定價模型的推導與應用

對期權定價首先需要設定標的資產的價格運動形式，Black-Scholes 期權定價模型也不例外。在考察股票期權定價規律時，B-S 期權定價模型假定股票的價格遵循「隨機遊走」（Random walk）的運動形式，這樣在每個微小的時間段內，股票價格變動的比例就服從正態分佈。用數學形式可以表示為：

$$\Delta S/S \sim \varphi(\mu \Delta t, \sigma \sqrt{\Delta t}) \qquad (7-1)$$

式中：μ 代表股票的預期收益率；

　　　σ 代表股票的價格波動；

　　　ΔS 代表在 Δt 時間裡股票價格 S 的變動值；

　　　$\varphi(\mu \Delta t, \sigma \sqrt{\Delta t})$ 代表 $\Delta S/S$ 服從均值為 $\mu \Delta t$；

　　　標準差代表 $\sigma \sqrt{\Delta t}$ 的正態分佈。

根據隨機遊走的假設，在未來任何一個時間段內股票價格都服從對數正態分佈（Log-normal distribution）。與一般的正態分佈不同，服從對數正態分佈的變量只能取正值，而服從正態分佈的變量既可以取正值也可以取負值。另外，正態分佈是對稱的，而對數正態分佈是有偏的，所以均值、中值和眾值均不相同。如果一個變量服從對數正態分佈，那麼這個變量的自然對數也一定服從正態分佈。如圖 7-1 所示。

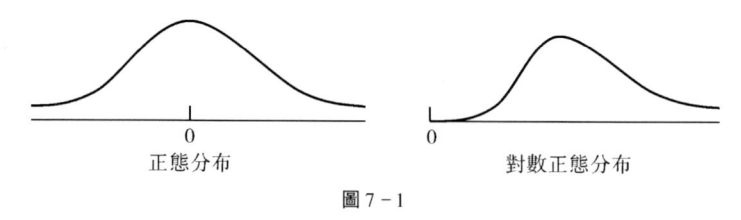

正態分佈　　　　　對數正態分佈

圖 7-1

這樣，Black-Scholes 期權定價模型的假設條件就是：在未來 T 時刻的股票價格 S_T 的自然對數 $Ln(S_T)$ 也服從正態分佈。即：

$$\ln S_T \sim \varphi[\ln S + (\mu - \sigma^2/2)T, \sigma \sqrt{T}] \qquad (7-2)$$

從公式（7-2）還可以推導出：

$$\ln(S_T/S) \sim \varphi[(\mu - \sigma^2/2)T, \sigma \sqrt{T}] \qquad (7-3)$$

注意：當 $T=1$ 時，$\ln(S_T/S)$ 代表年複利計算的連續收益率，因此公式（7-3）相當於給出了年複利計算的連續收益率的均值 $\mu - \sigma^2/2$ 和標準差 σ。

其中，S 代表當前的股票價格，$\ln S + (\mu - \sigma^2/2)T$ 和 $\sigma\sqrt{T}$ 分別代表 $\ln S_T$ 的均值和方差。按照公式（7-1）中的「μ 代表股票的預期收益率，σ 代表股票的價格波動」的表示方法，T 時刻的股票價格 S_T 的均值和方差可以表示為：

$$E(S_T) = Se^{\mu T} \qquad (7-3)$$

$$\text{var}(S_T) = S^2 e^{2\mu T}(e^{\sigma^2 T} - 1) \qquad (7-4)$$

例 7-1 假設有一個股票的現價為 50 元，預期年連續收益率為 18%，股價波動率為 20%。問：在 6 個月後，股票價格的均值和方差是多少？置信度為 95% 的股票價格區間是多少？

使用上面給出的公式（7-3）和公式（7-4），在 6 個月後，股票價格的均值和方差分別是：

$$E(S_T) = 50e^{0.18 \times 0.5} = 54.71$$

$$\text{var}(S_T) = 50^2 e^{2 \times 0.18 \times 0.5}(e^{0.2^2 \times 0.5} - 1) = 60.46$$

根據公式（7-2）可以得出在 6 個月後股票價格的自然對數服從以下的正態分佈：

$$\ln S_T \sim \varphi[\ln 50 + (0.18 - 0.2^2/2)0.5, 0.2\sqrt{0.5}]$$

即：$\ln S_T \sim \varphi(3.992, 0.141)$

根據正態分佈的特點，變量在均值的 2 倍標準差的範圍內取值的概率為 95%。因此在未來 6 個月，股票價格自然對數的 95% 置信區間為：

$4.27 < \ln S_T < 3.71$

即：$40.82 < S_T < 71.87$

說明在 6 個月後，股票價格在 40.82～71.87 之間的概率為 95%。

上面的講述過程中，我們使用了「σ」來代表股票的價格波動，也就是股價變動的不確定性。$\sigma\sqrt{T}$ 則代表著在未來 T 時期內，股票價格對數值 $\ln S$ 的標準差，或者是股票價格變動比例 $\Delta S/S$ 的標準差。$\sigma\sqrt{T}$ 表明 $\ln S$ 或者是股票價格變動比例 $\Delta S/S$ 的標準差都與未來預期時間長度的平方根成正比，並且兩者之間不是線形關係。

知道了股票價格預期收益率和波動率的含義，下面我們正式給出 Black-Scholes 對股票期權定價時的 7 個假設條件：

（1）股票價格的變動服從對數正態分佈，股票的預期收益率 μ 和股價波動率 σ 都是常數。

（2）市場上不存在交易費用，所有證券都無限可分。

（3）在期權的有效期內，股票沒有紅利支付的情況出現。

（4）不存在無風險套利機會。

（5）證券都是連續交易。

（6）投資者可以用相同的無風險利率進行無限的借款或貸款。

（7）無風險利率為常數。

在這些假設條件下，首先構造一種包含看漲期權頭寸和標的股票的無風險組合。這樣在無套利條件下，這個組合的收益率必然等於無風險利率，進而可以得到期權定價的微分方程。

知道在構造無風險組合中，為什麼這裡使用看漲期權而不是看跌期權嗎？這是因為在無紅利支付的情況下，持有美式期權的理性的投資者不會提前行權。如果股票價格過高，看漲期權的投資者完全可以通過買入股票而持有期權來鎖定收益，或者通過出售期權獲得更大的收益，而不需要通過行權來獲利。其實 Black‐Scholes 提出的期權定價模型主要應用在對沒有提前行權的期權定價。

令：一個由賣出看漲期權頭寸和標的股票構成的無風險組合初始成本等於 V_h，S 為股票的市場價格，C 為當前看漲期權的市場價格，Q_s 表示組合中包括的股票數量，Q_c 表示組合中賣出看漲期權的數量。這樣就有：

$$V_h = SQ_s - CQ_c \tag{7-5}$$

當股票價格和期權價格發生微小變動時，組合的價值變化可以表示為：

$$dV_h = Q_s dS - Q_c dC$$

由於組合是無風險的，所以在每個單位時間段內，組合只能按照無風險利率取得收益：

$$rV_h dt = Q_s dS - Q_c dC \tag{7-6}$$

當組合中只包含 1 個單位的股票，即：$Q_s = 1$ 時，那麼組合中包含的看漲期權的數量 Q_c 就應該等於 $\dfrac{1}{\partial C/\partial S}$

$$r\left(S - \frac{C}{\partial C/\partial S}\right)dt = dS - \frac{1}{\partial C/\partial S}dC$$

整理上式，就得到：

$$dC = \frac{\partial C}{\partial S}dS - r\frac{\partial C}{\partial S}\left(S - \frac{C}{\partial C/\partial S}\right)dt = \frac{\partial C}{\partial S}dS - rS\frac{\partial C}{\partial S}dt + rCdt \tag{7-7}$$

由於股票價格服從正態分佈，即：

$$\frac{\Delta S}{S} = \frac{dS}{S} = \mu dt + \sigma dZ$$

dZ 是一個服從標準正態分佈的隨機變量，即 dZ 期望值為 0，標準差為 1。這樣，根據伊滕引理（Ito's Lemma），就可以推導出以下的等式：

$$dC = \frac{\partial C}{\partial S}dS + \frac{\partial C}{\partial t}dt + 1/2\frac{\partial^2 C}{\partial S^2}\sigma^2 S^2 dt \tag{7-8}$$

觀察等式（7-8），可以發現等式右側的前兩項是期權價格 C 的全微分，而最後一項表示隨機因素的期權價格的影響。用式（7-7）的結果替代式（7-8）的左側，就有：

$$\frac{\partial C}{\partial S}dS - rS\frac{\partial C}{\partial S}dt + rCdt = \frac{\partial C}{\partial S}dS + \frac{\partial C}{\partial t}dt + 1/2\frac{\partial^2 C}{\partial S^2}\sigma^2 S^2 dt$$

整理後，得到：

$$\frac{\partial C}{\partial t} = rC - rS\frac{\partial C}{\partial S} - 1/2\frac{\partial^2 C}{\partial S^2}\sigma^2 S^2 \qquad (7-9)$$

在到期日，看漲期權的價值為：

$$C = \begin{matrix} S - X & S > X \\ 0 & S \leq X \end{matrix} \quad \text{（X 代表期權的執行價格，S 代表股票價格）}$$

在上述條件下，求解微分方程（7-9），就得到 Black-Scholes 期權定價模型的標準表達式：

$$C = SN(d_1) - \frac{X}{e^{rt}}N(d_2) \qquad (7-10)$$

其中：

$$d_1 = \frac{\ln(S/X) + (r + \frac{1}{2}\sigma^2)t}{\sigma\sqrt{t}}$$

$$d_2 = \frac{\ln(S/X) + (r - \frac{1}{2}\sigma^2)t}{\sigma\sqrt{t}} = d_1 - \sigma\sqrt{t}$$

為了閱讀方便，現在我們把 Black-Scholes 期權定價模型標準表達式（7-10）中各個符號的含義完整表述一遍：C 代表看漲期權的現價，S 代表標的股票的當前價格，r 代表以連續複利表示的無風險利率，X 代表看漲期權的執行價格，t 代表以年為單位計算的、距離期權到期日的時間，σ 代表以連續複利形式表示的股票收益率的標準差。

在 B-S 期權定價模型中，$N(d)$ 表示自變量取 d 時的標準正態分佈的密度函數值。換句話說，$N(d)$ 就是服從標準正態分佈 $\varphi(0,1)$ 的變量小於 d 的概率。如圖 7-2 所示。

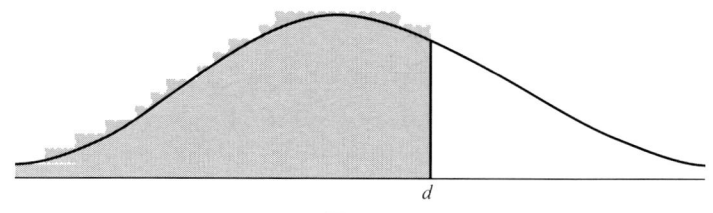

圖 7-2

在推導 B-S 看漲期權公式時，我們並沒有假定期權的類型。這是因為對於不支付紅利的股票，即使持有的看漲期權種類是美式期權，持有人也不會提前行權。也就是說，對於不支付紅利的看漲期權，不論期權屬於歐式還是美式，B-S 期權定價公式都適用。

根據平價公式很容易推導出歐式看跌期權的 B-S 公式：

$$P = \frac{X}{e^{rt}} N(-d_2) - SN(-d_1) \tag{7-11}$$

在公式（7-11）中，所有符號的含義與公式（7-10）中所做的規定是一致的。

Black-Scholes 推導的期權定價不僅可以運用在對股票的定價方面，而且可以用於確定所有在期權有效期內不支付紅利資產的期權價格方面。觀察公式（7-10）和公式（7-11）可以發現，在 B-S 期權定價公式中，收益率 μ 並沒有出現在期權定價公式中，資產的價格 S 是決定期權價格的因素；在 B-S 期權定價公式中，資產當前價格 S 成為當前期權價格的計量單位。回憶收益率的含義，就可以知道，收益率 μ 的作用是確定每一期資產的價格，如果我們已經知道了每一期資產的價格，就可以使用 B-S 期權定價公式確定每期對應的期權價格，這樣收益率對期權價格的影響就通過資產的價格體現出來。

在 Black-Scholes 看漲期權定價模型中，影響期權價格的因素包括以下幾項：

（1）資產的現行價格 S 與看漲期權的執行價格 X 的比值。從 B-S 期權定價模型的表達式可以看出，資產的現行價格與看漲期權執行價格的比值越高，看漲期權的價格越高。這個結論與一般的直觀經驗相符，因為資產的現行價格與看漲期權執行價格的比值越高，那麼在期權到期時具有實值的可能性就越大。

（2）距離期權到期時的時間 T。對於看漲期權而言，只要資產價格低於期權價格，無論資產價格下降多少，看漲期權的內在價值都是 0，但資產價格上升，到期時看漲期權成為實值期權的可能性就增加。由於資產價格變動對看漲期權的收益影響不對稱，所以距離期權到期的時間越長，期權到期時資產價格偏離現在價格的可能性就越大，看漲期權的價格就越高。

（3）無風險利率 r。無風險利率 r 越高，執行看漲期權時支付的購買標的資產的現值就越少。

假設資產的價格 S 非常高，這時 B-S 期權定價公式中的 d_1 和 d_2 就變得很大，根據標準正態分佈的特點，公式（7-10）中的 $N(d_1)$ 和 $N(d_2)$ 就無限趨近於 1，這時 B-S 期權公式表明看漲期權 C 的價格就應該是：$C = S - Xe^{-rt}$。也就是說，在這種極端的情況下，看漲期權會馬上被執行。

與看漲期權相對，當資產的價格 S 非常高時，歐式看跌期權的價格應該是 0。因為在這種情況下，公式（7-11）中的 $N(-d_1)$ 和 $N(-d_2)$ 就無限趨近於 0，使用 B-S 看跌期權定價公式得出的結論也是 0。

如果資產價格變得很小，情況正好相反，$N(d_1)$ 和 $N(d_2)$ 就趨近於 0，而 $N(-d_1)$ 和 $N(-d_2)$ 就趨近於 1。這樣看漲期權的價格變為 0，而看跌期權的價格就變為 $p = Xe^{-rt} - S$。

下面我們看兩個具體的例子。

例 7-2 有一個有效期為 6 個月、執行價格為 40 元的歐式股票看漲期權，已知以連續複利計算的無風險年利率為 8%，股票現價為 45 元，波動率為 20%，在期權有效期內沒有紅利支付。問：這個看漲期權的價格應該是多少？相同有效期和執行價格的歐式看跌期權價格是多少？

$$d_1 = \frac{\ln(45/40) + (0.08 + \frac{0.2^2}{2})0.5}{0.2\sqrt{0.5}} = 1.186$$

$$d_2 = d_1 - \sigma\sqrt{t} = 1.045$$

查標準正態分佈的密度函數表得到：

$N(d_1) = 0.8822$

$N(d_2) = 0.8520$

$Xe^{-rt} = 40e^{-0.08 \times 0.5} = 38.432$

把上面的計算結果代入公式（7-10），就得到歐式看漲期權的價格：

$C = 45 \times 0.8822 - 38.432 \times 0.8520 = 6.96$（元）

把上面的計算結果代入公式（7-11），就得到歐式看跌期權的價格：

$P = 38.432 N(-1.045) - 45 N(-1.186) = 0.39$（元）

這個結果說明，如果要使看漲期權的購買者達到盈虧平衡，在期權到期日，股票價格應該上升 1.96 元，而在 6 個月後股票價格必須下跌 5.39 元，看跌期權的持有者才能達到盈虧平衡。

例 7-3 有一個有效期為 2 個月、執行價格為 300 元的歐式股票指數看漲期權，已知以連續複利計算的無風險年利率為 8%，股票指數現值為 310 元，波動率為 20%，在第一個月和第二個月（在期權有效期內）預期的紅利收益率分別是 0.2% 和 0.3%。問：這個看漲期權的價格應該是多少？

本例中，由於股票指數存在紅利收益，所以我們應該在 B-S 期權公式中的無風險收益率中扣除紅利率，作為股票指數的實際收益率。

根據題意，股票指數每兩個月的平均紅利率為 0.5%，這樣股票指數的年紅利率就是 3%。代入公式（7-10）就有：

$$d_1 = \frac{\ln(310/300) + (0.08 - 0.03 + \frac{0.2^2}{2}) \times 2/12}{0.2\sqrt{2/12}} = 0.5444$$

$$d_2 = \frac{\ln(310/300) + (0.08 - 0.03 - \frac{0.2^2}{2}) \times 2/12}{0.2\sqrt{2/12}} = 0.4628$$

查標準正態分佈的密度函數表得到：

$N(d_1) = 0.7069$

$N(d_2) = 0.6782$

由於股票指數的年紅利率是3%，那麼股票指數的現值中應該扣除紅利收益，才是股票指數的實際值。這樣應用B-S期權定價公式，歐式看漲期權的價格就是：

$C = 310e^{-0.03 \times 2/12} N(0.7069) - 300e^{-0.08 \times 2/12} N(0.6782) = 17.28$（元）

如果知道紅利發放的時間和具體數量，而不是紅利率，那麼只需要在標的資產的現值中扣除紅利貼現值，就可以使用B-S期權定價公式對歐式期權定價。但是，對於一個由多種股票共同組成的股票指數來說，如果對每種樣本股票的現值中扣除紅利貼現值後，再計算股票指數期權的方法顯然過於麻煩。這時我們往往通過估算股票指數的連續收益率，再代入B-S期權定價公式來計算歐式股票指數期權。需要特別強調的是，由於存在提前執行的可能性，所以B-S期權定價公式並直接不適用於對美式看跌期權或支付紅利情況下的美式看漲期權價格的計算。

從上面的講述中可以發現，相對於二叉樹期權定價模型，Black-Scholes期權定價模型的使用方法相對簡便，而且在Black-Scholes公式的自變量中，只有波動率一項不能直接觀測到，其他的變量都可以在現實世界中方便地找到對應的數值。

對於金融投資或研究而言，金融工具的波動率都是一個極其重要的參數，對預測金融工具的價格以及價格走勢的準確程度有直接的影響。由於波動率不可直接觀測，所以在實際操作中，我們經常使用Black-Scholes期權定價公式來倒推標的資產價格的波動率。

2 B-S期權定價模型與隱含波動率

上文中我們已經講過，波動率是指資產價格的標準差。要知道資產價格的標準差，需要從資產的收益率的標準差入手。如果使用非連續複利來表示資產的收益率，那麼在固定時間間隔中，資產價格變動值百分比的標準差就表示資產收益率的波動率。即：

$$\sigma = \sqrt{\mathrm{var}(\frac{S_{t+1} - S_t}{S_t})} \qquad (7-12)$$

如果使用連續複利來表示收益率，那麼在固定時間間隔中，資產價格變動值的自然對數的標準差就表示連續複利收益率的波動率。即：

$$\sigma = \sqrt{\operatorname{var}\left[\ln(\frac{S_{t+1}}{S_t})\right]} \qquad (7-13)$$

式中：S_{t+1} 代表在 t+1 時間點上資產的價格；

S_t 代表在 t 時間點上資產的價格。

在實際應用中，主要採用資產價格變動值的自然對數的標準差來表示特定時間裡收益率的波動情況。因此，我們就會想到通過資產的歷史價格變動情況來估計波動率。這種波動率也被稱為歷史波動率（History Volatility，簡稱 HV）。它代表著如果使用歷史價格數據估計波動率，首先應該確定價格的時間間隔週期（如天、周或月）。

我們用 n 代表確定時間裡的觀察次數，S_i 代表在 i 時間點上的資產價格（i = 0, 1, 2…n），Δt 代表以年為單位計算的每個時間間隔的長度。這樣，在每個時間段，用連續複利來表示收益率：

$$\mu_i = \ln(\frac{S_{i+1}}{S_i})$$

收益率的標準差就可以表示成：

$$\hat{\sigma} = \sqrt{\frac{1}{n}\sum_{i=0}^{n-1}(\mu_i - \bar{\mu})^2} \qquad (\bar{\mu} \text{ 表示收益率的均值}) \qquad (7-14)$$

即：

$$\hat{\sigma} = \sqrt{\frac{1}{n}\sum_{i=0}^{n-1}\mu_i^2 - \frac{1}{n(n+1)}(\sum_{i=0}^{n-1}\mu_i)^2}$$

從公式（7-1）中我們知道，資產預期收益率 μ_i 的標準差也等於 $\sigma\sqrt{\Delta t}$，這樣就有 $\hat{\sigma} = \sigma\sqrt{\Delta t}$。注意其中 $\hat{\sigma}$ 代表收益率的標準差，我們更關心的是資產價格本身的標準差或波動率 σ，所以就有 $\sigma = \hat{\sigma}/\sqrt{\Delta t}$，而這個結果的標準誤差近似表示為 $\sigma/\sqrt{2n}$。

從標準誤差的表達式中可以看出，隨著觀測次數的增加，對價格波動率的誤差就越小。但是在絕大多數情況下，資產價格的波動率總是隨著時間的變化而變化。也就是說，波動率是一個時間函數 $\sigma(t)$，使用太長的時間，反而可能使得出的價格波動率失真。實際操作中，一般採用 3～6 個月的日價格數據來估算歷史價格波動率，並使用計算結果替代對未來價格波動率的預測，但對這種替代的準確性還存在許多疑問。從 Black - Scholes 期權定價公式中倒推標的資產價格波動率為我們提供了一種找尋資產價格波動率的方法。我們把通過觀察期權價格得到的標的資產價格波動率稱為隱含波動率（Implied Volatility）。下面用一個例子來說明如何利用 Black - Scholes 期權定價公式來估計標的資產價格的隱含波動率。

例 7-4 一個 3 個月期、執行價格為 20 元的股票看漲期權價格為 1.875 元，標的股票的市場價格為 21 元，已知無風險利率為 10%，在期權有效期內，股票沒有紅利支付。

問：這個股票價格的隱含波動率是多少？

根據題意知道，C = 1.875 元，T = 0.25 年，r = 0.10，X = 20 元，S = 21 元，代入 Black-Scholes 期權定價公式，就有：

$$1.875 = 21N\left[\frac{\ln(21/20) + (0.10 + \frac{1}{2}\sigma^2)0.25}{\sigma\sqrt{0.25}}\right]$$

$$-\frac{20}{e^{0.10\times0.25}}N\left[\frac{\ln(21/20) + (0.10 - \frac{1}{2}\sigma^2)0.25}{\sigma\sqrt{0.25}}\right]$$

不能從上面的式子中直接解出股票的價格波動率 σ，我們可以採用迭代的方法來估算價格波動率。

首先假設波動率 σ = 20%，並代入上式的右側，結果發現這時的看漲期權的價格 C 為 1.76 元，小於實際的看漲期權價格。再次假設 σ = 30%，重新代入上式的右側，發現計算出的 C 值為 2.10 元，大於實際的看漲期權價格 1.875 元。現在就推斷出隱含波動率應該在 20%～30% 之間。下面再一次代入 σ = 25%、23%……層層試錯後，最後可以得到使等式成立的波動率應該是每年 23.5%。也就是說股票價格的隱含波動率是 0.235。

Black-Scholes 期權定價公式假定標的資產的價格在任何給定的未來時間裡都服從對數正態分佈。在許多情況下，這個假設並不貼合實際。當預期價格不服從對數正態分佈時，Black-Scholes 期權定價模型得出的結論就存在偏差。假如標的資產價格真實分佈的右側拖尾比對數正態分佈的右側拖尾寬，那麼使用 Black-Scholes 期權定價公式就會低估處於虛值狀態的看漲期權和處於實值狀態的看跌期權的價格；相反，如果標的資產價格真實分佈的左側拖尾比對數正態分佈的左側拖尾寬，那麼使用 Black-Scholes 期權定價公式就會低估處於虛值狀態的看跌期權和處於實值狀態的看漲期權的價格。如圖 7-3 所示。

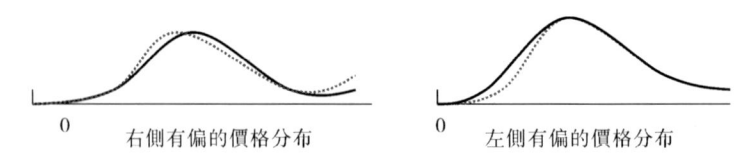

右側有偏的價格分布　　　左側有偏的價格分布

（圖中的實線表示對數正態分佈，虛線表示預期價格的實際分佈。）

圖 7-3

對於處於深度虛值狀態的看漲期權，只有當資產價格大幅上升時，期權的價格才有可能變成正值，這時看漲期權的價格就依賴資產價格分佈右半側的拖尾。如果真實價格分佈右側拖尾比對數正態分佈的右側拖尾寬，那麼依照對數正態分佈計算處於虛值狀態看漲期權的價格就會被低估。同理，對於深度虛值狀態的看跌期權，只有當資產價格大幅下跌

時，期權的價格才有可能變成正值，這時期權的價格就依賴資產價格分佈左半側的拖尾。如果真實價格分佈左側拖尾比對數正態分佈的左側拖尾寬，那麼依照對數正態分佈計算處於虛值狀態看跌期權的價格就會被低估。

根據歐式期權的平價公式：$P + Se^{-qt} = C + Xe^{-rt}$（$P$和$C$分別為看跌期權和看漲期權的價格，$S$為標的資產的價格，$X$為期權執行價格，$q$為資產收益率，$r$為無風險利率），如果看漲期權處於虛值狀態，那麼同等條件的看跌期權就必然處於實值狀態。

下面歸納了不同預期價格分佈情況下，使用 Black - Scholes 期權定價公式得到的結果與實際的偏差，見表 7 - 1。

表 7 - 1

價格分佈特性	偏差情況
兩端拖尾都比對數正態分佈窄	Black - Scholes 期權定價公式高估所有期權的價格
左端拖尾比對數正態分佈窄，右端拖尾比對數正態分佈寬	Black - Scholes 期權定價公式高估虛值看跌期權和實值看漲期權的價格，低估虛值看漲期權和實值看跌期權的價格
左端拖尾比對數正態分佈寬，右端拖尾比對數正態分佈窄	Black - Scholes 期權定價公式高估虛值看漲期權和實值看跌期權的價格，低估虛值看跌期權和實值看漲期權的價格
兩端拖尾都比對數正態分佈寬	Black - Scholes 期權定價公式低估所有期權的價格

當預期價格分佈不服從對數正態分佈時，應該如何使用 Black - Scholes 期權定價公式呢？在實際操作和應用中，一般通過改變波動率參數來調整和修正 Black - Scholes 期權定價公式計算結果的偏差。

隱含波動率與期權的執行價格和距離期權到期日的時間有關。對於隱含波動率與期權的執行價格的關係，對外匯期權的考察表明，處於虛值或實值狀態期權的隱含波動率高於處於兩平期權的隱含波動率，而期權的價格越高，隱含的波動率越大。

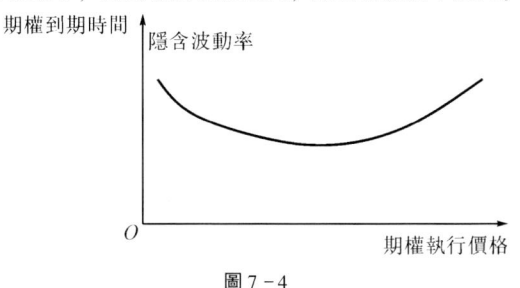

圖 7 - 4

在外匯期權上面，隱含波動率與期權的執行價格的關係類似於微笑，所以我們把期權的執行價格對隱含波動率的影響稱為波動率的微笑效應。特別需要強調的是，其實並不是所有的期權執行價格與隱含波動率之間都保持著「微笑」，如對於股票指數期權而言，低執行價格的期權，往往對應的隱含波動率要高一些。

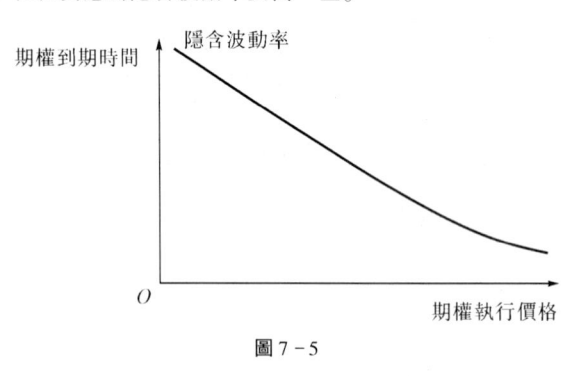

圖 7-5

　　另外，隱含波動率與期權到期時間的長短也有關係。一般來說，隨著距離期權到期時間的增加，隱含波動率會變大。

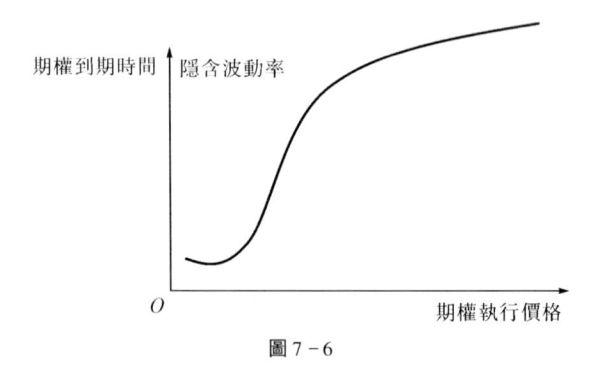

圖 7-6

　　為了降低期權到期時間和執行價格對波動率的影響，進而影響 Black–Scholes 期權定價公式的結論，許多金融機構採用波動率矩陣來修正期權到期時間和執行價格對波動率的影響。

　　波動率矩陣的橫坐標為期權的執行價格，縱坐標為距離期權到期的時間。矩陣記載了對於每個執行價格下，不同期權到期時間標的資產最新的價格波動率。這樣在估計具體期權的波動率時，只需要利用在矩陣中查詢對應的波動率就可以利用 Black–Scholes 期權定價公式對期權進行定價。

3　B-S期權定價模型與套期保值策略

在上一章中，我們講解了利用Delt中性進行套期保值的基本概念和原理。下面我們還要講解幾個與期權套期保值操作相關的術語。

首先是「Θ」—「Theta」，它用於表示在其他條件不變的情況下，一個包含期權的投資組合的價值相對於時間變化的比率。因此「Θ」也被稱為時間損耗（Time decay）。

對基於不支付紅利股票的歐式看漲期權，「Θ」的表達式為：

$$\Theta = \frac{SN'(d_1)\sigma}{2\sqrt{t}} - rXe^{-rt}N(d_2) \tag{7-15}$$

對基於不支付紅利股票的歐式看跌期權，「Θ」的表達式為：

$$\Theta = rXe^{-rt}N(-d_2) - \frac{SN'(d_1)\sigma}{2\sqrt{t}} \tag{7-16}$$

在公式（7-15）和公式（7-16）中，所有符號的含義與前面推導出的Black-Scholes期權定價公式中使用的相同符號的含義一致，只是，

$$N'(x) = \frac{1}{2\pi}e^{-x^2/2}$$

對於基於支付紅利率為q的歐式看漲期權，「Θ」的表達式就變為：

$$\Theta = \frac{SN'(d_1)\sigma e^{-qt}}{2\sqrt{t}} + qSN(d_1)e^{-qt} - rXe^{-rt}N(d_2) \tag{7-17}$$

在這種情況下，對於歐式看跌期權，「Θ」的表達式為：

$$\Theta = rXe^{-rt}N(-d_2) - qSN(-d_1)e^{-qt} - \frac{SN'(d_1)\sigma e^{-qt}}{2\sqrt{t}} \tag{7-18}$$

例7-5　對於一個有效期為4個月、執行價格為300元的歐式股票指數看跌期權，已知股票指數的現值是305元，紅利率為3%，股票指數的年波動率為25%，無風險利率為8%。那麼這個期權的Theta值是多少？

把已知條件代入公式（7-18），就有：

$$\Theta = rXe^{-rt}N(-d_2) - qSN(-d_1)e^{-qt} - \frac{SN'(d_1)\sigma e^{-qt}}{2\sqrt{t}} = -18.15$$

這意味著每過去0.01年，即使指數數值或波動率沒有改變，期權的價值也會減少0.1815元。

在其他條件不變的情況下，隨著到期日的臨近，期權的價格會越來越低。因此，單個期權的Theta值基本小於0。但是Theta不能像Delta一樣，作為指導套期保值操作的參數，

因為運用 Delta 的結果，可以利用資產價格的變動抵消期權價格的變化。而期權發行以後，距離期權到期的時間就會逐漸減少，因此沒有辦法消除時間對期權價格變動的影響。儘管如此，許多投資者還是把 Theta 作為一種描述期權狀態的統計量。

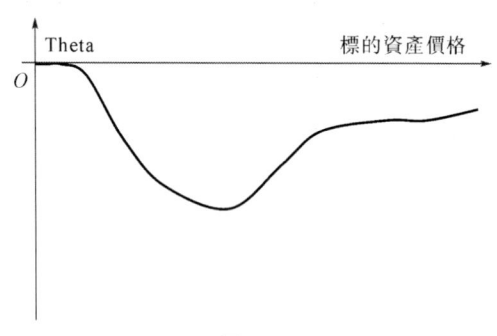

圖 7-5

下面我們介紹另一個重要的套期保值參數，Gamma——「Γ」。這個參數表明該組合的 Delta 變化相對於標的資產價格變化的比率。Γ 值很小，就表明 Delta 的變化對於標的資產價格的變化不敏感。當標的資產的價格發生很大變化的時候，期權組合的 Delta 值變化相對較小，這樣就意味著不需要頻繁的調整組合的結構來維持 Delta 中性。

基於不支付紅利股票的歐式看漲期權或看跌期權的 Gamma 值是：

$$\Gamma = \frac{N'(d_1)}{S\sigma\sqrt{T}} \qquad (7-19)$$

上式中的所有符號的含義與上文相同。從公式（7-19）可以看出，Γ 值總是正數。隨著期權到期日的臨近，期權的 Gamma 值可能會大一些。特別是兩平期權和虛值期權在到期日前，Gamma 值往往比實值期權大。因為隨著到期日的臨近，兩平期權和虛值期權的價值對股票價格的變化會相對敏感一些。

對於連續支付紅利率為 q 的歐式看漲期權或看跌期權而言，它們的 Gamma 值是：

$$\Gamma = \frac{N'(d_1)e^{-qT}}{S\sigma\sqrt{T}} \qquad (7-20)$$

如果把公式（7-20）中的連續支付紅利率 q 看成外匯無風險利率，那麼公式（7-20）也是歐式外匯期權的 Gamma 值表達式。

例 7-6 有一個 4 個月期、執行價格為 300 元的股票指數看跌期權，已知無風險收益率為 8%，股票指數的現值是 305 元，年連續紅利率為 3%，股票指數的年波動率為 25%。問這個期權的 Gamma 值是多少？

第7章 Black-Scholes期權定價模型

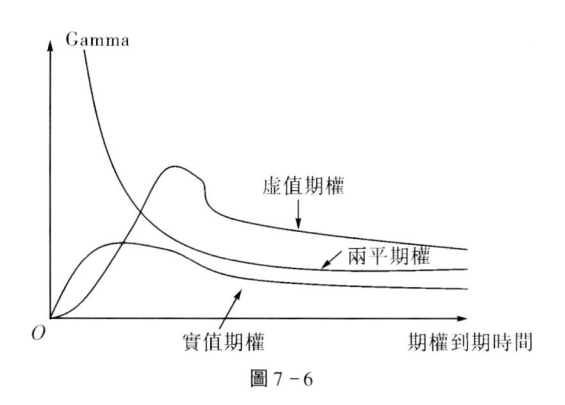

圖 7-6

$$d_1 = \frac{\ln(305/300) + (0.08 + \frac{0.25^2}{2}) \times 4/12}{0.25\sqrt{4/12}} = 0.3714$$

$$\Gamma = \frac{N'(d_1)e^{-qT}}{S\sigma\sqrt{T}} = \frac{N'(0.3714)e^{-0.03 \times 4/12}}{305 \times 0.25 \times \sqrt{4/12}} = 0.008,57$$

結果表明，當指數增加一個點，會引起期權的 Delta 增加 0.008,57。

作為一個套期保值參數，如何構造 Gamma 中性？假設有一個 Delta 中性組合的 Gamma 值為 Γ_a，另外一種可交易期權 i 的 Gamma 值為 Γ_i，現在購買 W_i 份 i 期權，合併到投資組合中。這樣整個組合的 Gamma 值就變成：$\Gamma_a + W_i \Gamma_i$。

如果購買 i 期權的數量為 $W_i = -\dfrac{\Gamma_a}{\Gamma_i}$ 份，那麼整個組合的 Gamma 值就變為 0，這時候的組合就具有「Gamma 中性」。

維持組合 Gamma 中性的目的就是減少組合調整的次數。比較 Gamma 和 Delta 的定義就可以看出，Gamma 其實是對 Delta 中性組合的一階校正。Delta 中性保證在價格變動較小的情況下，組合的投資價值不變。在這個基礎上，保持 Gamma 中性則保證在價格變動相對較大的情況下，對組合的價值不變。

例7-7 有一個 Delta 中性的投資組合，組合的 Gamma 值為 -2800，投資者希望從市場上購入一種 Delta 值是 0.58、Gamma 值是 0.70 的可交易的看漲期權來保持組合 Gamma 中性和 Delta 中性，問應該怎麼操作？

投資者應購買看漲期權的數量是 $W_i = -\dfrac{-2800}{0.70} = 4000$ 份，這樣組合就達到 Gamma 中性。而這時組合的 Delta 值就變成 $\Delta = 0.58 \times 4000 = 2320$，這意味著投資者需要出售 2320 份標的資產來保持 Delta 中性。

在上面的討論中，我們都假設標的資產的價格波動率為常數。實際上，價格的波動率是時間函數，隨著時間的變化而不斷改變。在前面學習的期權定價公式中，當標的資產價格波動率改變的，期權的價格也會相應地發生變化。用「ν」—「Vega」來表示包含期權衍生品在內的投資組合價格變化與標的資產價格波動率變化的比率。「Vega」的絕對值越大，證明組合的價格對標的資產價格波動率的變動越敏感。對波動率相當敏感的投資組合，為了迴避波動率的變動造成的風險，一般組合的持有者會通過改變組合中可交易期權的數量來改變組合的 Vega 值。在理想狀態下，組合的 Vega 值應該為 0，這時組合的價格就不會受標的資產價格波動率變化的影響。這種狀態稱為 Vega 中性。在大多數情況下，當組合達到 Vega 中性的狀態時，該組合的 Gamma 值不等於 0。要使組合同時達到 Vega 中性和 Gamma 中性，一般需要兩種以上基於相同標的資產的期權產品。

例 7-8 有一個 Delta 中性的投資組合，組合的 Gamma 值為 -6000，Vega 值為 -9000，假設市場上有兩種可交易期權，A 期權的 Delta 值是 0.2、Gamma 值是 0.60、Vega 值為 3.0，B 期權的 Delta 值是 0.5、Gamma 值是 0.8、Vega 值為 1.5。問怎樣調整，才能使整個組合保持 Vega 中性、Gamma 中性和 Delta 中性？

如果單獨買入 A 期權，使組合達到 Vega 中性。那麼需要買入 A 期權的數量是：

$$\nu_A = -\frac{-9000}{3} = 3000$$

當買入 3000 份 A 期權，組合的 Vega 值就達到中性狀態。這時組合的 Delta 值變成 600，也就是說再賣出 600 份標的資產，組合的 Delta 值就變為 0。這時 Gamma 值是 -4200。這無法使組合的 Vega、Gamma 和 Delta 都達到 0 中性狀態。

可以計算，單獨買入 B 期權也無法使組合的 Vega、Gamma 和 Delta 都達到中性狀態。

下面我們考慮同時買入 A、B 兩種期權。假設購買 A、B 兩種期權的數量分別為 W_A 和 W_B，使整個組合同時達到 Vega 中性和 Gamma 中性，就有如下等式：

$\Gamma = -6000 + 0.6W_A + 0.8W_B = 0$

$\nu = -9000 + 3W_A + 1.5W_B = 0$

解出上面的等式，得到 $W_A = -1200$ 和 $W_B = 8400$，即：組合同時達到 Vega 中性和 Gamma 中性需要賣出 A 期權 1200 份，買入 B 期權 8400 份。

這時組合的 Delta 值變成 $\Delta = -1200 \times 0.2 + 8400 \times 0.5 = 3960$，這樣再賣出 3960 份標的資產就可以使組合同時達到 Vega 中性、Gamma 中性和 Delta 中性狀態。

下面給出 Vega 值的計算公式。

對於不支付紅利股票的歐式看漲期權或看跌期權的 Vega 值等於：

$$\nu = S\sqrt{T}N'(d_1) \qquad (7-21)$$

對於連續支付紅利率為 q 的歐式看漲期權或看跌期權的 Vega 值等於：

$$\nu = S\sqrt{T}N'(d_1)e^{-qT} \tag{7-22}$$

例7-9 有一個4個月期、執行價格為300元的股票指數看跌期權，已知無風險收益率為8%，股票指數的現值是305，年連續紅利率為3%，股票指數的年波動率為25%。問這個期權的Vega值是多少？

$$\nu = S\sqrt{T}N'(d_1)e^{-qT} = 66.44$$

這表明，當股票指數的波動率增加1%時，期權的價格會增加0.6644。

最後我們介紹一個衡量利率變動與投資組合價格變化之間關係的參數——「rho」。這個參數使用投資組合價值變化與利率變化之間的比率來表示，表明組合價格變化對利率變動的敏感性。

不支付紅利股票歐式看漲期權的rho值等於：

$$rho = XTe^{-rT}N(d_2) \tag{7-23}$$

不支付紅利股票歐式看跌期權的rho值等於：

$$rho = -XTe^{-rT}N(-d_2) \tag{7-24}$$

對於連續支付紅利率為q的歐式看漲期權或看跌期權而言，它們的rho值只需要在上述公式的基礎上對d_2進行相應的調整即可。

小結

本章主要介紹了Black-Scholes期權定價模型的推論過程和在實際中的基礎應用。由於Black-Scholes期權定價模型的推導過程涉及一些相對複雜的數學知識，因此在大部分的初級教材中省略了Black-Scholes期權定價模型的推導過程。為了加深對公式的理解，以便在實際中靈活應用，在本章中，我們從邏輯推理的角度給出了Black-Scholes期權定價模型簡要的推論過程，其中主要強調推論過程中蘊涵的邏輯思路。這種編排一方面考慮到瞭解和學習解決問題的思路是初學者應該學習和掌握的關鍵技能；另一方面也為那些有數學基礎並有興趣深入研究的讀者提供了一個理論支點。

與二叉樹期權定價模型相比，除了波動率，Black-Scholes期權定價模型中涉及的變量都可以方便地在現實中找到對應的取值，這種便利使得B-S公式被廣泛地應用在研究和實際投資領域。

學習了本章後，應該能從歷史價格中，熟練地推導出歷史波動率，也應該能夠使用B-S公式推導隱含的價格波動率。

在使用期權進行套期保值操作時，在Delta中性狀態下，期權對沖了組合的全部風險。在比較的時間裡，要一直保持組合的Delta中性狀態，就需要不斷地對組合的標的資產數

量進行調整，這樣既麻煩也很不經濟。在本章中，我們介紹了衡量時間、Delta 值、標的資產波動率和利率等變量發生變化時，對組合價值的影響情況的 Theta、Gamma、Vega、rho 指標，並在這個基礎上介紹了構造 Vega 中性和 Gamma 中性的方法。這些知識對於構造和管理投資組合，對沖組合風險都非常有用。

課後練習

1. 請分別寫出不支付紅利條件下的 Black–Scholes 歐式股票期權定價模型，已知紅利支付率 q 的 Black–Scholes 歐式股票期權定價模型，並解釋其中各變量的含義以及對期權價格的影響。

2. 假設有一個股票的現價為 40 元，預期年連續收益率為 15%，波動率為 25%。問：在 4 個月後，股票價格的均值和方差是多少？置信度為 95% 的股票價格區間是多少？

3. 有一個有效期為 8 個月、執行價格為 50 元的歐式股票看漲期權，已知以連續複利計算的無風險年利率為 10%，股票現價為 52 元，波動率為 30%，在期權有效期內沒有紅利支付。問：這個看漲期權的價格應該是多少？相同有效期和執行價格的歐式看跌期權價格是多少？

4. 有一個有效期為 3 個月、執行價格為 310 元的歐式股票指數看漲期權，已知以連續複利計算的無風險年利率為 9%，股票指數現值為 330 元，波動率為 20%，在第一個月和第二個月（在期權有效期內）預期的紅利收益率分別為 0.2% 和 0.3%。問：這個看漲期權的價格應該是多少？

5. 一個 6 個月期、執行價格為 30 元的股票看漲期權價格為 2.369 元，標的股票的市場價格為 25 元，已知無風險利率為 10%，在期權有效期內，股票沒有紅利支付。問：這個股票價格的隱含波動率是多少？

6. 請解釋期權組合中 Theta 的含義。

7. 對於一個有效期為 6 個月、執行價格為 320 元的歐式股票指數看跌期權，已知指數的現值是 310 元，紅利率為 3%，年波動率為 25%，無風險利率為 8%。那麼這個期權的 Theta 值是多少？

8. 請解釋 Gamma 中性的含義以及在對沖風險中的作用。

9. 有一個 6 個月期、執行價格為 200 元的股票指數看跌期權，已知無風險收益率為 6%，股指的現值是 210，年連續紅利率為 3%，年波動率為 20%。問這個期權的 Gamma 值是多少？

10. 有一個 Delta 中性的投資組合，組合的 Gamma 值為 -3000，投資者希望從市場上

購入一種 Delta 值是 0.60、Gamma 值是 0.60 的可交易的看漲期權來保持組合 Gamma 中性和 Delta 中性，問應該怎麼操作？

11. 請解釋 Vega 中性的含義以及在對沖風險中的作用。

12. 有一個 Delta 中性的投資組合，組合的 Gamma 值為 -8000、Vega 值為 -9000，假設市場上有兩種可交易期權，A 期權的 Delta 值是 0.3、Gamma 值是 0.60、Vega 值為 1.5，B 期權的 Delta 值是 0.6、Gamma 值是 0.9、Vega 值為 1.2。問怎樣調整，才能使整個組合保持 Vega 中性、Gamma 中性和 Delta 中性？

13. 請解釋期權組合中 rho 的含義。

第8章 期權的風險對沖與合成期權

學習目標

本章主要討論期權的套期保值以及使用期權套利的常用策略,並介紹合成期權的基本知識。通過本章的學習,你應該知道:
- 期權 Delta 的計算及其特徵;
- 期權 Delta 對沖;
- 期權套利的各種常用策略;
- Gamma 中性的概念及計算方法;
- 構造合成期權的基本思想;
- 構造合成期權的途徑。

重要術語

Delta、Delta 中性、牛市差價策略、熊市差價策略、跨式策略、寬跨式策略、Gamma、Gamma 中性、合成期權

1 期權的套期保值

在期權交易尤其是期權套期保值交易中,不僅要瞭解各種因素對期權價格的影響,還必須知道這些因素對期權價格的影響程度。因此,有必要對期權價格的敏感性進行分析。期權價格的敏感性,是指期權價格之決定因素的變動對期權價格變動的影響程度。Delta(通常以 Δ 表示),是期權價格最重要的敏感性指標之一。

當使用衍生證券作為保值工具,為基礎資產或其他衍生證券(保值對象)進行套期保

值時，可以運用以下方法實現：首先，分別求出保值工具與保值對象兩者的價值對一些共同的變量（如基礎資產的價格、時間、基礎資產價格的波動率、無風險利率等）的敏感性；然後，建立適當數量的衍生證券頭寸，構建套期保值組合，使該組合中的保值工具與保值對象的價格變動能相互對沖，從而達到套期保值的目標。

1.1 對 Delta 的基本理解

衍生證券的 Delta，用於衡量衍生證券價格對基礎資產價格變動的敏感度，它等於衍生證券價格變化與基礎資產價格變化的比率。從數學角度理解，衍生證券的 Delta 值等於衍生證券價格對基礎資產價格的偏導數，它是衍生證券價格與基礎資產價格關係曲線的斜率。基礎資產的 Delta 恒為 1。

1.1.1 Delta 的計算

令 f 表示衍生證券的價格，S 表示基礎資產的價格，Δ 表示衍生證券的 Delta，則：

$$\Delta = \frac{\partial f}{\partial S} \tag{8-1}$$

根據布萊克—斯科爾斯無收益資產期權定價公式，可以求出無收益資產歐式看漲期權的 Delta 值為：

$$\Delta = N(d_1) \tag{8-2}$$

無收益資產歐式看跌期權的 Delta 值為：

$$\Delta = -N(-d_1) = N(d_1) - 1 \tag{8-3}$$

其中，d_1 的定義與布萊克—斯科爾斯無收益資產期權定價公式中的 d_1 的含義相同。

根據累積標準正態分佈函數的性質可知，$0 < N(d_1) < 1$。因此，無收益資產歐式看漲期權的 Δ 總是大於 0 但小於 1，而無收益資產歐式看跌期權的 Δ 總是大於 -1 小於 0。

同理，對於支付已知紅利率 q（連續複利）的股價指數的歐式看漲期權來說，其 Δ 值為：

$$\Delta = e^{-q(T-t)} N(d_1) \tag{8-4}$$

對於支付已知紅利率 q（連續複利）的股價指數的歐式看跌期權來說，其 Δ 值為：

$$\Delta = e^{-q(T-t)} [N(d_1) - 1] \tag{8-5}$$

對於歐式外匯看漲期權而言，其 Δ 的值為：

$$\Delta = e^{-r_f(T-t)} N(d_1) \tag{8-6}$$

對於歐式外匯看跌期權而言，其 Δ 的值為：

$$\Delta = e^{-r_f(T-t)} [N(d_1) - 1] \tag{8-7}$$

對於歐式期貨看漲期權而言，其 Δ 的值為：

$$\Delta = e^{-r(T-t)} N(d_1) \tag{8-8}$$

對於歐式期貨看跌期權而言，其 Δ 的值為：

$$\Delta = e^{-r(T-t)}[N(d_1) - 1] \tag{8-9}$$

1.1.2 Delta 的特徵

從 d_1 的定義可知,期權的 Δ 值取決於基礎資產價格 S、無風險利率 r、基礎資產價格波動率 σ 和距離期權到期時間 T−t。根據期權價格曲線的形狀,可知無收益資產歐式看漲期權和歐式看跌期權的 Δ 值與基礎資產價格的關係如圖 8−1(a)和 8−1(b)所示。

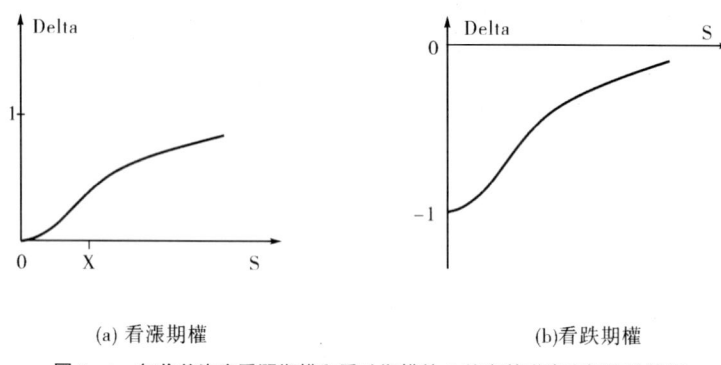

(a) 看漲期權   (b) 看跌期權

圖 8−1 無收益資產看漲期權和看跌期權的 Δ 值與基礎資產價格的關係

1.2 期權 Delta 對沖

當證券組合中包含多種資產,如股票等基礎資產,也包含如期權等衍生證券時,該證券組合的 Δ 值,就等於組合中各種衍生證券 Δ 值的加權總和:

$$\Delta = \sum_{i=1}^{n} w_i \Delta_i \tag{8-10}$$

其中,w_i 表示第 i 種證券(或衍生證券)的數量,Δ_i 表示第 i 種證券或衍生證券的 Δ 值。

由於基礎資產和衍生證券可取多頭或空頭,因此其 Δ 值可正亦可負。這樣,若組合內基礎資產和衍生證券數量配合適當的話,整個組合的 Δ 值就可能等於 0。因此,當證券組合的 Δ 值為 0 時,稱該證券組合處於 Delta 中性狀態。

所謂 Delta 對沖(套期保值),就是通過證券組合內不同證券的配比關係,保持證券組合的 Delta 為 0。這種調整證券組合 Delta 的方法,稱之為 Delta 對沖。

當證券組合處於 Delta 中性狀態時,該組合的價值在一個短時間內就不受基礎資產價格的影響,從而實現了瞬時套期保值。

例 8−1 美國某公司持有 100 萬英鎊的現貨頭寸,假設當時英鎊兌美元的匯率為 1 英鎊 = 1.6200 美元,英國的無風險連續複利年利率為 13%,美國的無風險連續複利年利率為 10%,英鎊匯率的波動率每年為 15%。為防止英鎊貶值,該公司打算用 6 個月遠期協

議價格為 1.6000 美元的英鎊歐式看跌期權，對持有的英鎊現貨進行保值。請問該公司應買入多少該期權？

英鎊歐式看跌期權的 Δ 值為：

$[N(d_1) - 1]e^{-r_f(T-t)} = [N(0.0287) - 1]e^{-0.13 \times 0.5} = -0.458$

而英鎊現貨的 Δ 值為 +1，故 100 萬英鎊現貨頭寸的 Δ 值為 +100 萬。為了抵消現貨頭寸的 Δ 值，該公司應買入的看跌期權數量等於：

$\dfrac{100}{0.458} = 218.34$（萬英鎊）

即該公司要買入 218.34 萬英鎊的歐式看跌期權。

應該注意的是，投資者的保值組合維持在 Delta 中性狀態只能維持一個相當短暫的時間。隨著 S、T-t、r 和 σ 的變化，Δ 值也在不斷變化，因此需要定期調整保值頭寸以便使保值組合重新處於 Δ 中性狀態，這種調整稱為再均衡（Rebalancing）。而這些步驟調整需要較高的手續費，因此套期保值者應在成本與可容忍的風險之間進行權衡。

2　期權套利的常用策略

所謂套利（Arbitrage），是指利用一個或多個市場存在的各種價格差異，在無任何風險[①]且無需投資者自有資金的情況下，有可能賺取利潤的交易策略（或行為）。判斷一個交易策略是否屬於套利策略，有三條標準：一是無需自有資金投入，套利所用資金通過借款或賣空獲得；二是獲利的概率為正；三是沒有損失風險，套利者的最壞結果（除掉資金成本）是零。

套利是利用資產定價的錯誤、價格聯繫的失常，以及市場缺乏有效性的其他機會，通過買進價格被低估的資產，同時賣出價格被高估的資產來獲取無風險利潤。套利機會來源於市場的無效率，而套利的結果則促使市場效率的提高。

基於期權的套利，是利用期權價格與標的資產（現貨、期貨或互換）價格之間的差異，構造不同的期權頭寸，賺取無風險收益的交易行為。期權套利的常用策略包括：差價期權策略和組合期權策略。

2.1　差價期權策略

差價（Spreads）期權策略是指持有相同期限、不同執行價格的兩個或多個同種期權頭寸（即同是看漲期權，或者同是看跌期權）。該策略主要有牛市差價策略、熊市差價策

[①] 理論上存在。

略、蝶式差價策略等。

2.1.1 牛市差價策略（Bull Spreads Strategy）

牛市差價策略由一份看漲期權多頭與一份看漲期權空頭組成，或由一份看跌期權多頭與一份看跌期權空頭組成。構造該策略的期權多頭與期權空頭期限相同，但期權空頭的執行價格較高於期權多頭的執行價格。該策略可用圖 8-2（a）和圖 8-2（b）來表示，圖 8-2（a）是由看漲期權構造的牛市差價策略，圖 8-2（b）是由看跌期權構造的牛市差價策略。

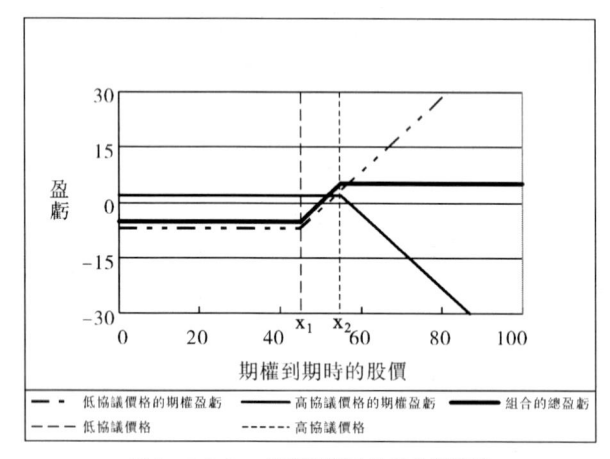

圖 8-2（a）　看漲期權的牛市差價策略

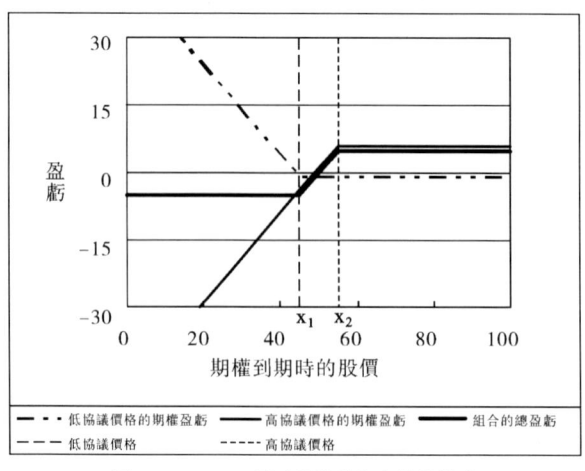

圖 8-2（b）　看跌期權的牛市差價策略

第8章 期權的風險對沖與合成期權

從上圖可以看出，如果到期日股票價格上漲，則該組合持有者較有利，故稱牛市差價策略。對投資者而言，該策略鎖定了股價下跌時的損失，但也限制了股價上漲時的潛在收益。

通過比較標的資產現價與執行價格的關係，可以把牛市差價期權分為三類：一是兩虛值期權組合。該組合是指兩個執行價格均比現貨價格高。二是多頭實值期權加空頭虛值期權組合。該組合是指多頭期權的執行價格比現貨價格低，而空頭期權的執行價格比現貨價格高。三是兩實值期權組合，指兩個執行價格均比現貨價格低。同時，比較看漲期權的牛市差價策略與看跌期權的牛市差價策略，可以發現：前者期初現金流為負，後者期初現金流為正，但前者的最終收益可能大於後者。

2.1.2 熊市差價策略（Bear Spreads Strategy）

熊市差價策略跟牛市差價策略類似，它也是由一份看漲期權多頭與一份看漲期權空頭組成，或由一份看跌期權多頭與一份看跌期權空頭組成。構造該策略的期權多頭與期權空頭的期限亦相同。該策略與牛市差價策略的差別在於，期權多頭的執行價格較高於期權空頭的執行價格。該策略可用圖8-3（a）和圖8-3（b）表示，圖8-3（a）是由看漲期權構造的熊市差價策略，圖8-3（b）是由看跌期權構造的熊市差價策略。

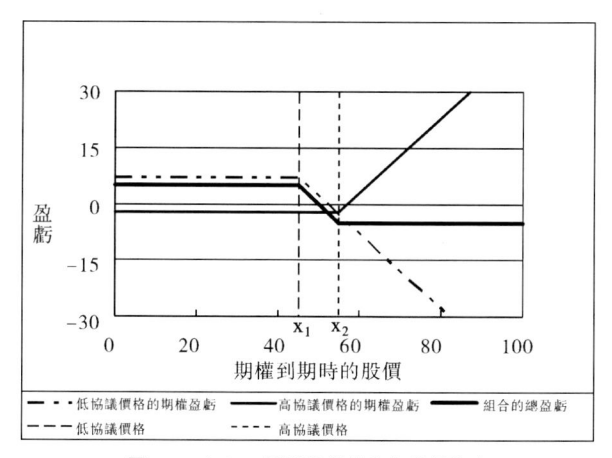

圖8-3（a） 看漲期權的熊市差價策略

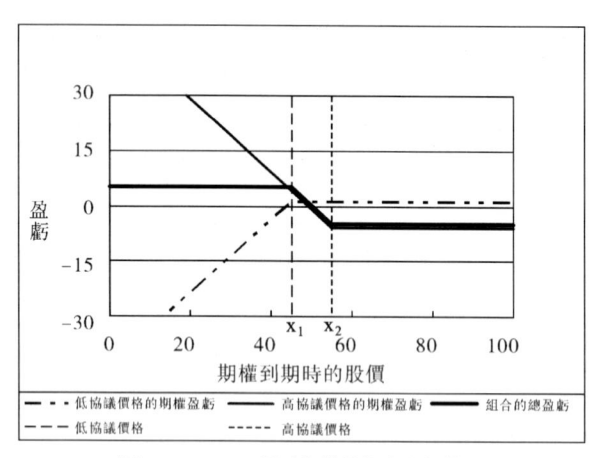

圖 8 - 3 （b） **看跌期權的熊市差價策略**

從上圖可以看出，如果到期日股票價格下跌，則該組合持有者較有利，故稱熊市差價策略。對投資者而言，該策略鎖定股價上漲時的損失，但也限制了股價下跌時的潛在收益。

比較牛市差價策略和熊市差價策略，可以看出：對於同類期權而言，只要多頭價格低於空頭價格，此為牛市差價策略；若多頭價格高於空頭價格，此即為熊市差價策略，此處的價格是指執行價格。

2.1.3 蝶式差價策略（Butterfly Spreads Strategy）

蝶式差價策略由四份相同期限而不同執行價格的期權頭寸構成。構造該策略的方式如下：首先，持有兩個執行價格分別為 X_1、X_2 的期權頭寸；同時，持有兩個執行價格同為 X_2 的期權頭寸，後兩個期權頭寸與頭兩個期權頭寸方向相反[①]，$X_1 < X_2 < X_3$，且 $X_2 = (X_1 + X_3) /2$。

具體而言，蝶式差價策略可由看漲期權構成：一是看漲期權的正向蝶式差價策略。它由執行價格分別為 X_1 和 X_3 的看漲期權多頭，與兩份執行價格為 X_2 的看漲期權空頭組成，其盈虧分佈圖如圖 8 - 4（a）所示。二是看漲期權的反向蝶式差價策略。它由執行價格分別為 X_1 和 X_3 的看漲期權空頭，與兩份執行價格為 X_2 的看漲期權多頭組成，其盈虧圖剛好與圖 8 - 4（a）相反。

---

① 即前者若為多頭，後者即為空頭；反之亦然。

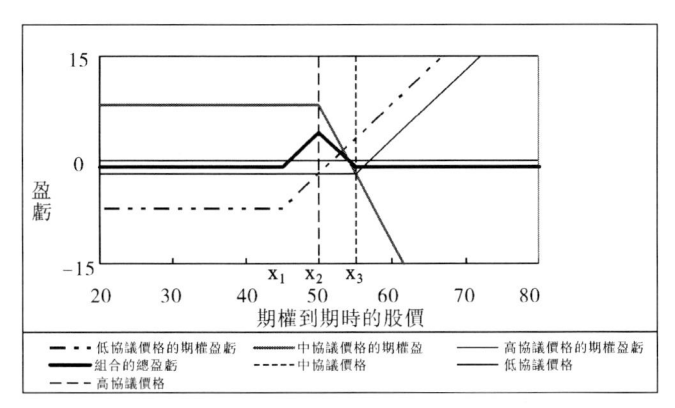

第8章 期權的風險對沖與合成期權

圖8-4（a） 看漲期權的正向蝶式差價策略

同理，蝶式差價策略亦可由看跌期權構成：一是看跌期權的正向蝶式差價策略。它由執行價格分別為 X_1 和 X_3 的看跌期權多頭，與兩份執行價格為 X_2 的看跌期權空頭組成，其盈虧圖如圖8-4（b）所示。二是看跌期權的反向蝶式差價組合。它由執行價格分別為 X_1 和 X_3 的看跌期權空頭，與兩份執行價格為 X_2 的看跌期權多頭組成，其盈虧圖與圖8-4（b）剛好相反。

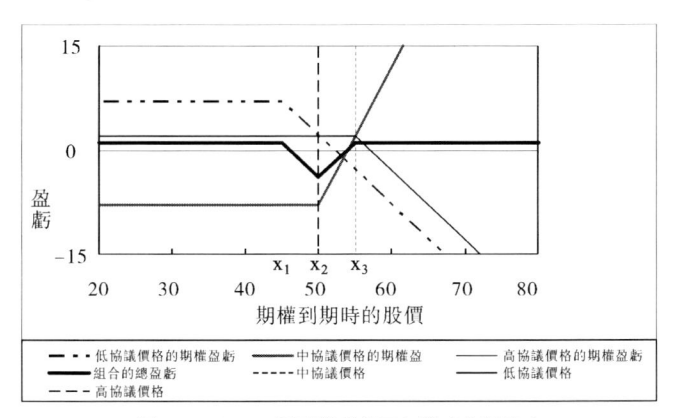

圖8-4（b） 看跌期權的正向蝶式差價策略

一般而言，X_2 非常接近股票的現價。如果到期日股票價格在 X_2 附近波動不大，則運用該策略會有盈利；如果到期日股票價格偏離 X_2 較大，則運用該策略會有少量損失。

2.2 組合期權策略

組合（Combination）期權策略的構造，是通過持有同種股票的看漲期權和看跌期權頭寸來完成。該策略主要有跨式策略、寬跨式策略等。

2.2.1 跨式策略（Straddle Strategy）

跨式策略由具有相同執行價格、相同期限的一份看漲期權和一份看跌期權構成。跨式策略分為兩種：底部跨式（Bottom Straddle）和頂部跨式（Top Straddle）。底部跨式也叫買入跨式（Straddle Purchase），由兩份多頭組成，該策略的盈虧如圖 8-5 所示。頂部跨式也叫賣出跨式（Straddle Write），由兩份空頭組成，該策略的盈虧與圖 8-5 剛好相反。

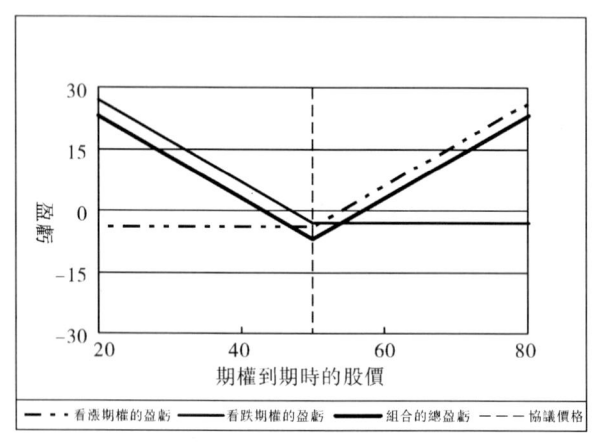

圖 8-5　底部跨式策略

如圖 8-5 所示，當採用底部跨式策略時，在期權到期日，如果股票現價在任何方向上，與執行價格有很大偏移，該策略將產生很大的盈利；反之，若股票現價非常接近執行價格，則該策略將導致損失。因此，當投資者預期標的資產價格將會有很大變動，但又無法把握其變動方向時，則可採用底部跨式策略。

同理，頂部跨式策略的盈虧與底部跨式策略的盈虧正好相反，其盈虧曲線與圖 8-5 正好關於水準軸對稱。在期權到期日，若股票現價在任何方向上，與執行價格有很大偏移，該策略將產生很大的損失；反之，若股票現價非常接近執行價格，則該策略將會盈利。因此，當投資者預期標的資產價格將會接近於執行價格，可採用頂部跨式策略。較之於底部跨式策略，頂部跨式策略風險較高。

2.2.2 寬跨式策略（Strangle Strategy）

寬跨式策略（Strangle）由相同到期日但執行價格不同的一份看漲期權和一份看跌期

權組成，其中看漲期權的執行價格高於看跌期權。類似於跨式策略，寬跨式策略也分底部和頂部，前者由多頭組成，後者由空頭組成。前者的盈虧圖如圖8-6所示，後者的盈虧圖剛好相反。

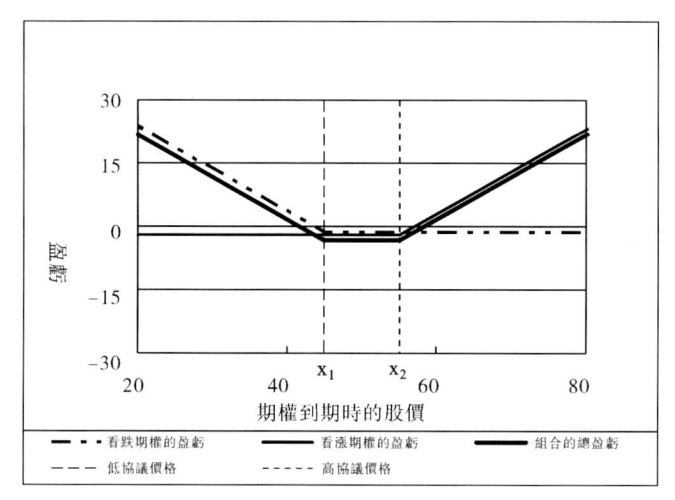

圖8-6 底部寬跨式策略

根據金融工程原理，只要有足夠多的期權執行價格，可以構造的期權策略是無限多的。投資者可以根據自己對未來價格走勢的判斷、套期保值和套利的需要以及自己的風險—收益偏好，自主地構造不同的期權策略，甚至構建新的金融品種。在實務中，各種期權策略盈虧的具體形狀是由構成該組合的各種期權的價格決定的。從理論上講，盈虧曲線在X軸上方的部分與下方的部分在概率上應該是平衡的，即每種策略的淨現值應等於零，且符合無套利原理。但在現實中，由於各種期權價格是分別由各自的供求決定的，所以常常出現不平衡的情況，此時就出現了無風險套利的機會。

3 合成期權

在期權Delta的基礎上，可以得到期權Gamma定義：它是期權Delta的變化與標的資產價格變化之比。它代表期權價格與標的資產價格之間的曲率，類似於證券組合的Delta中性，證券組合的Gamma中性是整個證券組合的加權Gamma值為零，在此狀態下，實現了證券組合的Gamma對沖。

構造合成期權，可視作對股票現貨進行保險。構造合成期權的基本原理，是通過股票

現貨交易或股指期貨交易，將單純持有的股票現貨轉換為一個看跌期權，以此來對沖股價下跌造成的損失。

3.1 對 Gamma 的基本理解

3.1.1 Gamma 的計算及其特徵

衍生證券的 Gamma（Γ）用於衡量該證券的 Delta 值，對基礎資產價格變化的敏感度，它等於衍生證券價格對基礎資產價格的二階偏導數，也等於衍生證券的 Delta 對基礎資產價格的一階偏導數。由於看漲期權與看跌期權的 Δ 之間只相差一個常數，因此兩者的 Γ 值總是相等的。

$$\Gamma = \frac{\partial^2 f}{\partial S^2} = \frac{\partial \Delta}{\partial S} \tag{8-11}$$

根據布萊克—斯科爾斯無收益資產期權定價公式，可以計算出無收益資產看漲期權和歐式看跌期權的 Γ 值為：

$$\Gamma = \frac{e^{-0.5d_1^2}}{S\sigma \sqrt{2\pi(T-t)}} \tag{8-12}$$

無收益資產期權的 Γ 值總為正值，但它會隨著 S、(T-t)、r 和 σ 的變化而變化。圖 8-7 和圖 8-8 分別表示了它與股票價格 S 及到期期限（T-t）的關係。

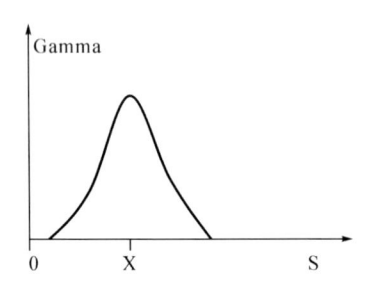

圖 8-7　股票期權 Gamma 值與股票價格 S 之間的關係

從圖 8-7 可以看出，當 S 在 X 附近時，Γ 值最大，即 Δ 值對於 S 最敏感。

從圖 8-8 可以看出，對於平價期權來說，期權有效期很短時，Gamma 值將非常大，即 Δ 值對到期期限非常敏感。

對於支付已知連續收益率 q 的股價指數歐式期權而言，

$$\Gamma = \frac{e^{-0.5d_1^2-q(T-t)}}{S\sigma \sqrt{2\pi(T-t)}} \tag{8-13}$$

用 r_f 替代上式的 q，就可以得到歐式外匯期權的 Gamma 計算公式；用 r 替換 q，用 F 替換 S，就可得歐式期貨期權的 Gamma 計算公式。

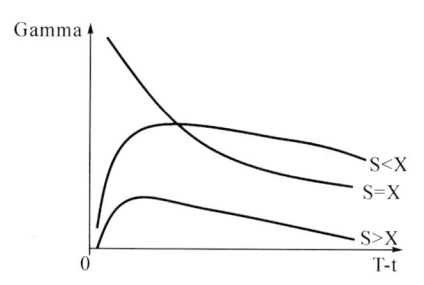

图 8-8　无收益资产看涨期权和欧式看跌期权 Gamma 值与 T-t 的关系

对于基础资产远期和期货合约来说，Gamma 值均为 0。

3.1.2　证券组合的 Gamma 值与 Gamma 中性

类似于证券组合的 Delta，当证券组合中含有基础资产和与该基础资产相关的各种衍生证券时，则该证券组合的 Γ 值就等于组合内各种衍生证券 Γ 值的加权总和：

$$\Gamma = \sum_{i=1}^{n} w_i \Gamma_i \qquad (8-14)$$

其中，w_i 表示第 i 种证券（或衍生证券）所占的份额，Γ_i 表示第 i 种证券（或衍生证券）的 Γ 值。

由于基础资产远期和期货的 Γ 值均为零，因此证券组合的 Γ 值实际上等于该组合内各种期权的份额与其 Γ 值乘积的总和。由于期权多头的 Γ 值总是正的，而期权空头的 Γ 值总是负的，因此若期权多头和空头数量配合适当的话，该组合的 Γ 值就等于零。此时，称该证券组合处于 Gamma 中性状态。

证券组合的 Γ 值可用于衡量 Δ 中性保值法的保值误差。这是因为期权的 Δ 值仅衡量基础资产价格 S 微小变动时期权价格的变动量，而期权价格与基础资产价格的关系曲线是一条曲线，因此当 S 变动量较大时，用 Δ 估计出的期权价格的变动量与期权价格的实际变动量就会有偏差。

这种偏差的大小取决于期权价格与基础资产价格之间的关系曲线的曲度。Γ 值越大，该曲度就越大，Δ 中性保值误差就越大。为了消除 Δ 中性保值的误差，应使保值组合的 Γ 中性化。为此，应不断地根据原保值组合的 Γ 值，买进或卖出适当数量基础资产的期权，以保持新组合 Γ 中性，同时调整基础资产或期货合约的头寸，以保证新组合 Δ 中性。

由于证券组合的 Γ 值会随时间变化而变化，因此随时间流逝，我们要不断调整期权头寸和基础资产或期货头寸，才能保持保值组合处于 Γ 中性和 Δ 中性状态。

3.2　合成期权的构造

对于证券组合的持有者，如基金管理者，防止其持有的证券组合的价值在市场波动条

件下，低於某個確定的目標價格，是一個至關重要的問題。根據風險對沖的思想構造合成期權對證券組合進行保險，是解決此問題的可選方案之一。合成期權的基本原理，是通過股票現貨交易或股指期貨交易，將單純持有的股票現貨轉換為一個看跌期權，以此來對沖股價下跌造成的損失。基金管理者構造合成期權的原因在於：①雖然存在公開的可交易期權市場，但這些可交易期權不一定與證券組合持有者的要求相匹配。如可交易期權的到期日、執行價格，很可能難以滿足基金管理者的目標要求。②由於基金管理者管理的資產規模比較龐大，即使可交易期權能夠滿足基金管理者的要求，但期權市場一般不具備如此大的交易規模。③較之其他方式，構造合成期權的成本比較低。比較構造合成期權的兩條路線，可知路線二具有一定的優勢。其原因在於：股指期貨的交易費用，通常比股票的交易費用更少。合成期權的構造，可視作對股票現貨進行保險，並可通過以下兩條路線完成。

3.2.1 由股票現貨與無風險資產構造看跌期權

首先，根據持有的證券組合的當前價值與目標價值，以及持有時間長短等因素，確定將要構造的看跌期權的基本性質；其次，根據上述已知變量的值，求出該看跌期權的 Delta 值；最後，以此 Delta 值為基準，賣出以該 Delta 值為份額的部分證券組合，並將所得資金投資於無風險資產。

例 8-2 某基金公司擁有 4000 萬歐元市值的高度分散化的證券組合。該基金公司的目標是：在未來 6 個月後，其所持有的證券組合的市值不低於 3800 萬歐元。根據構造合成期權的思路，可以將其目標視作持有一個看跌期權：該期權的現值為 4000 萬歐元，執行價格為 3800 萬歐元，期限為 6 個月，是一個歐式看跌期權。根據公式（8-5），可得到股價指數的歐式看跌期權的 Δ 值為：

$$\Delta = e^{-q(T-t)} [N(d_1) - 1]$$

其中，

$$d_1 = \frac{\ln(S/X) + (r - q + \sigma^2/2)T}{\sigma\sqrt{T}}$$

式中，S 為股票市值現價 4000 萬歐元，X 為執行價格 3800 萬歐元，T 為半年，r 為連續複利的無風險收益率，q 為股票的連續複利的紅利支付率，σ^2 為該證券組合的波動率。如果 r、q、σ^2 已知，則根據公式（8-5），可以求出該看跌期權的 Δ。根據累積標準正態分佈函數的性質可知，$0 < N(d_1) < 1$，則該看跌期權的 Δ 值為負。

如果由股票現貨與無風險資產構造看跌期權，則該基金公司需要在從當前到未來半年時段內，在任一給定時間，將 -Δ 比例的證券組合從原有的 4000 萬歐元的證券組合中賣出，並將所得收入購買無風險資產。

在未來半年內，如果原證券組合的市值 S 發生變化，則合成期權的 Δ 也將發生變化。因此，必須根據合成期權 Δ 的變化，不斷調整持有的證券組合頭寸及無風險資產頭寸，保

持動態平衡。

3.2.2 由股票現貨與股指期貨構造看跌期權

此路線的前兩步與路線一相同，區別在於最後一步。當採用股指期貨構造合成期權時，不必賣出所持有的證券，只需賣出一定數量的股指期貨合約。賣出的股票期貨合約數量，由看跌期權的 Delta 值、股指期貨合約的到期時間等參數推算得到。

例 8-3　類似於例 8-2，某基金公司擁有 3000 萬美元市值的指數基金，該指數基金為複製 S&P500 指數的股票基金。該基金公司的目標是：在未來 6 個月後，其所持有的證券組合的市值不低於 2900 萬美元。根據構造合成期權的思路，可以將其目標視作持有一個看跌期權：該期權的現值為 3000 萬美元，執行價格為 2900 萬美元，期限為 6 個月，也是一個歐式看跌期權。計算該期權 Δ 的方法同上。

如果由股票現貨與股指期貨構造合成期權，則需要賣出一定數量的股指期貨合約。以下討論如何確定股指期貨合約的數量。

假設標的資產頭寸為 H_A，該標的資產是股票或股票指數。H_F 為 S&P500 股指期貨頭寸，T^* 為該股指期貨合約的到期日。同時，該股指期貨對標的資產實現 Delta 對沖。則有：

$$H_F = e^{-rT^*} H_A$$

若 r 為連續複利的無風險收益率，股票的連續複利紅利支付率為 q，則又有：

$$H_F = e^{-(r-q)T^*} H_A$$

由此可得到套期比率 H 為：

$$H = \frac{H_F}{H_A} = e^{-(r-q)T^*} \tag{8-15}$$

因此，要達到和賣出股票現貨同樣的效果，賣出的 S&P500 股指期貨合約的頭寸占該指數基金頭寸的比例 H^* 應為：

$$H^* = H \times (-\Delta) \tag{8-16}$$

如果每份 S&P500 股指期貨合約的價值為 S&P500 指數的 K_1 倍，該指數基金的市值為 S&P500 指數的 K_2 倍，則需要賣出的 S&P500 股指期貨合約的份數 n 應為：

$$n = H^* \times \frac{K_2}{K_1}$$

如果已知上述各參數，則賣出 n 份 S&P500 股指期貨合約，就能夠實現由股票現貨與股指期貨構造看跌期權。

小結

1. 當使用衍生證券作為保值工具，為基礎資產或其他衍生證券（保值對象）進行套

期保值時，可以使用以下方法：首先，分別求出保值工具與保值對象兩者的價值對一些共同的變量（如基礎資產的價格、時間、基礎資產價格的波動率、無風險利率等）的敏感性；然後，建立適當數量的衍生證券頭寸，構建套期保值組合，使該組合中的保值工具與保值對象的價格變動能相互對沖。這種保值技術稱為動態套期保值。

2. 衍生證券的 Delta（通常以 Δ 表示），是衡量衍生證券價格對基礎資產價格變動的敏感度，它等於衍生證券價格變化與基礎資產價格變化的比率。從數學角度理解，衍生證券的 Delta 值等於衍生證券價格對基礎資產價格的偏導數，它是衍生證券價格與基礎資產價格關係曲線的斜率。基礎資產的 Delta 恒為 1。

3. 該證券組合的 Δ 值，就等於組合中各種衍生證券 Δ 值的加權總和。當證券組合的 Δ 值為 0 時，稱該證券組合處於 Delta 中性狀態。Delta 對沖，是指通過證券組合內不同證券的配比關係，保持證券組合的 Delta 為 0。當證券組合處於 Delta 中性狀態時，該組合的價值在一個短時間內就不受基礎資產價格的影響，從而實現了瞬時套期保值。

4. 基於期權的套利，是利用期權價格與標的資產（現貨、期貨或互換）價格之間的差異，構造不同的期權頭寸，賺取無風險收益的交易行為。期權套利的常用策略包括差價期權策略和組合期權策略。

5. 差價期權策略是指持有相同期限、不同執行價格的兩個或多個同種期權頭寸（即同是看漲期權，或者同是看跌期權）。該策略主要有牛市差價策略、熊市差價策略、蝶式差價策略等。牛市差價策略由一份看漲期權多頭與一份看漲期權空頭組成，或由一份看跌期權多頭與一份看跌期權空頭組成。構造該策略的期權多頭與期權空頭期限相同，但期權空頭的執行價格較高於期權多頭的執行價格。熊市差價策略由一份看漲期權多頭與一份看漲期權空頭組成，或由一份看跌期權多頭與一份看跌期權空頭組成。構造該策略的期權多頭與期權空頭的期限亦相同，期權多頭的執行價格較高於期權空頭的執行價格。蝶式差價期權策略包括購買一個低執行價格和一個高執行價格的看漲期權（或看跌期權），同時出售兩個中間價位執行價格的看漲期權（或看跌期權）。

6. 組合期權策略的構造，是通過持有同種股票的看漲期權和看跌期權頭寸來完成的。該策略主要有跨式策略、寬跨式策略等。跨式策略由具有相同執行價格、相同期限的一份看漲期權和一份看跌期權構成。跨式策略分為兩種，即底部跨式（也叫買入跨式）和頂部跨式（也叫賣出跨式）。寬跨式策略由相同到期日但執行價格不同的一份看漲期權和一份看跌期權組成，其中看漲期權的執行價格高於看跌期權。寬跨式策略分為底部和頂部，前者由多頭組成，後者由空頭組成。

7. 期權 Gamma，是指期權 Delta 的變化與標的資產價格變化之比。它代表期權價格與標的資產價格之間的曲率，類似於證券組合的 Delta 中性。證券組合的 Gamma 中性是整個證券組合的加權 Gamma 值為零，在此狀態下，實現了證券組合的 Gamma 對沖。

8. 根據風險對沖的思想構造合成期權對證券組合進行保險，是對沖證券組合價格下

跌的可選方案之一。合成期權的基本原理，是通過股票現貨交易或股指期貨交易，將單純持有的股票現貨轉換為一個看跌期權，以此來對沖股價下跌造成的損失。基於成本和交易便利的原因，構造合成期權具有比較優勢。

9. 構造合成期權有兩條路線：一是由股票現貨與無風險資產構造看跌期權；二是由股票現貨與股指期貨構造看跌期權。較之路線一，路線二具有一定的優勢。

課後練習

1. 如何理解 Delta 對沖？
2. 股票 A 不支付股息，其價格的年波動率為25%，市場無風險利率為10%。請計算該股票6個月期處於平價狀態的歐式看漲期權的 Delta 值。
3. 美國某公司持有200萬歐元的現貨頭寸，假設當時歐元兌美元的匯率為1歐元＝1.6200美元，歐元的無風險連續複利年利率為13%，美元的無風險連續複利年利率為10%，歐元匯率的波動率每年為15%。為防止歐元貶值，該公司打算用6個月遠期協議價格為1.6000美元的歐元歐式看跌期權，對持有的英鎊現貨進行保值。請問該公司應買入多少該期權？
4. 如何認識金融交易中的套利策略？
5. 如何理解差價期權策略？
6. 如何理解組合期權策略？
7. 如何理解 Gamma 中性？
8. 假設某個 Gamma 中性的證券組合的 Γ 值等於 -5000，該組合中標的資產的某個看漲期權多頭的 Delta 值和 Gamma 值分別等於0.8和2.0。為保持該證券組合 Gamma 中性，並且保持 Delta 中性，應該購買多少份該種期權，同時賣出多少份標的資產？
9. 如何理解合成期權的基本原理及其技術路線？

衍生金融工具

第9章 股票指數期權與貨幣期權

學習目標

本章簡要描述了股票指數期權與貨幣期權的功能和用途,重點講解股票指數期權與貨幣期權的定價原理和交易者的操作策略。通過本章的學習,你應該知道:

- 股票指數期權與貨幣期權的定義;
- 股票指數期權與貨幣期權的定價原理;
- 股票指數期權與貨幣期權的投資策略和操作方法。

重要術語

股票指數期權、貨幣期權

1 股票指數期權概述

1.1 股票指數期權的定義

股票指數期權(Stock Index Options)是指一種賦予合約購買者在某一時期、以一定的指數點位買入或賣出一定數量的某種股票指數現貨或股票指數期貨的權利的金融衍生產品。與股票指數期貨一樣,股票指數期權也是以現金的方式進行交割。股票指數期權的購買方有權利但無義務去執行交易,而出售方有義務履行合約的要求,這與股票指數期貨的合約買賣雙方均有履行合約的義務存在較大的本質區別。由於股票指數期權的買方實際上是購買一份處理(買或賣)某種股票指數資產的權利,因此他必須為這種權利的購買支付一定的成本費用,這便是期權的價格(Options Prices)。

其實,在股票指數期貨問世不久,國際上便推出了股票指數期權方面的產品。在最早

的股票指數期貨包括價值線指數期貨——S&P500 指數期貨於 1982 年分別在堪薩斯市交易所、芝加哥商品交易所登臺亮相後不久，有關的指數期權也開始上市交易。例如，最早以股票指數期貨為標的物的期權於 1982 年便開始上市交易；到了 1983 年 2 月，芝加哥期權交易所推出了標準普爾 S&P100 指數期權，這是一種以指數現貨為標的物的指數期權；後來，紐約證券交易所的綜合指數期權、芝加哥期權交易所的 S&P500 指數期權、美國證券交易所的主要市場指數期權、費城股票交易所的價值線指數期權相繼成為主要的指數期權交易品種。截至 1995 年初，在美國交易的指數期權品種就達到 20 多種，其中部分是非美國指數期權如日本指數期權等。

一份指數期權合約的價值＝指數點×乘數。如 S&P100 指數期權的乘數為 100 美元，則當指數點為 500 時，其合約價值代表 500×100＝5 萬美元。美國其他一些指數期權的乘數均為 500 美元，包括 S&P500 指數期權、主要市場指數期權、NYSE 綜合指數期權、價值線指數期權等；而日本的 Nikkei225 股票指數期權的乘數為 5 美元；歐洲的 Top100 指數期權的乘數為 100 美元等。

按照標的物的不同，股票指數期權可以分為以股票指數現貨為基礎資產的期權和以股票指數期貨為基礎資產的期權。但目前股票指數期貨的期權不如股票指數現貨的期權使用得廣泛，因此，我們通常討論的股票指數期權主要指的是指數現貨的期權。

按照買賣方式的不同，股票指數期權可以分為看漲期權（Call Options）與看跌期權（Put Options）。看漲期權的持有人有權利在某一時間以某一確定的指數點（價格）買入某股票指數；而看跌期權的持有人則有權利在某一時間以某一確定的指數點（價格）賣出某股票指數。

按照執行期限的不同，股票指數期權可以分為歐式期權（European Options）與美式期權（American Options）。歐式期權的持有人只能在期權到期日當天進行交割，如 S&P500 指數期權；而美式期權可以在到期日之前的任何時間執行期權，如 S&P100 指數期權、主要市場指數期權等。機構投資者一般喜歡出售歐式期權，因為它們不必擔心為完成投資目標而被提前執行已出售的期權；它們比較喜歡購買的是美式期權，因為根據市場變化狀況隨時可以放棄或執行買入或賣出協議。

1.2　股指期權與股指期貨的區別

目前，中國已經推出股指期貨交易方式，那麼我們所說的股票指數期權與股指期貨有什麼區別呢？總的來說，區別體現在以下兩個方面：

（1）權利與義務不同。股指期貨賦予持有人的權利與義務是對等的，即合約到期時，持有人必須按照約定價格買入或賣出指數；而股指期權則不同，股指期權的多頭只有權利而不承擔義務，股指期權的空頭只有義務而不享有權利。

（2）槓桿效應不同。股指期貨的槓桿效應主要體現為，利用較低保證金交易較大數額

的合約；而期權的槓桿效應則體現期權本身定價所具有的槓桿性。

1.3 股指期權的應用實例

股票指數期權的基本功能就是為投資者提供了一種套期保值（Hedge）的工具。

（1）利用看跌股票指數期權進行套期保值。例如，某證券公司與一家上市公司簽訂協議，3個月內按每股8美元的價格包銷100萬股該公司股票，簽約後該證券公司便買入50份3個月期的某看跌股票指數期權合約，每份期權合約價格為80美元，合約執行價格為指數點1000，若每一點代表100美元，則50份合約的總價值為500萬美元（1000×100×50）。3個月後，股票指數下跌到950點，該證券公司執行期權合約，獲利24.6萬美元〔（1000-950）×100×50-50×80〕。但是，受到股指下跌影響，股票以每股7.50美元發行，則該證券公司損失50萬美元。由於採取了購買看跌期權的套期保值措施，該公司少損失24.6萬美元，最終損失為25.4萬美元（50萬-24.6萬）。若在3個月後，股票指數上漲到1050點，則放棄執行期權，但此時因指數上漲而導致公司股票發行價上升到8.2美元/股，則在股票上盈利20萬美元，除掉購買期權的費用4000美元（50×80），最終淨盈利為19.6萬美元。

（2）利用看漲股票指數期權進行套期保值。例如，3月1日，某投資者由於某種原因需要賣出10萬股A公司股票，假定股票賣出價格為10美元/股。但該投資者預計日後股票市場會上漲，於是便買入50份S&P100股票指數的看漲期權，每份合約的購買費用為40美元，到期日為6月1日，執行價格為500點。若在期權的到期日，指數現貨價格為540點，A公司股票上漲到12美元/股。則該投資者在股票上的相對損失為20萬美元〔（12-10）×100,000〕。但投資者執行期權合約，他在指數期權交易上盈利19.8萬美元〔（540-500）×100×50-50×40〕，最終淨損失為2000美元；反之，若在到期日，股票指數下跌到480點，則該投資者放棄執行期權，損失期權購買成本2000美元（50×40）；而A公司股票跌到9美元/股，則在股票上相對盈利10萬美元〔（10-9）×100,000〕，最終該投資者淨盈利為98,000美元。

2 股票指數期權的定價

通過第一節的分析，我們可以認識到，股票指數期權的購買方實際上是為了按照對自己更加有利的方式處理某種股票指數資產，這種處理的權利就是股票指數期權。而為了獲得這種權利，買方必須支付一定的費用，這個費用就是股票指數期權的價格，也就是期權費。由此可見，合理的定價是股票指數期權運行的核心。為了更好地理解股票指數期權，

我們必須瞭解股票指數的定價過程。

2.1 布萊克—斯科爾斯定價公式的擴展

之前的章節我們學習了布萊克—斯科爾斯期權定價公式，這個公式可以為期權定價，這裡就不再贅述。現在為大家介紹一種新的股票指數期權定價模型——默頓模型。默頓（Merton）模型是 Black–Scholes 模型的擴展，可以用來為支付連續複利紅利的資產的歐式期權定價。

默頓模型通過將股票所支付的連續複利的紅利看成負的利率來擴展 Black–Scholes 模型。對期權的買家來講，紅利的支付會降低看漲期權的價值，因為上市公司的分紅降低期權標的股票的價值。連續紅利支付意味著股票價值的連續漏損，令 q 表示漏損率，它等於紅利的支付率。因此，我們只要將 $Se^{-q(T-t)}$ 代替式 Black–Scholes 模型中的 S（股票指數現貨價格），就可以求出支付連續複利收益率證券的歐式看漲期權和看跌期權的價格。根據默頓模型，標的股票支付連續紅利的歐式看漲期權的價值為：

$$c = Se^{-q(T-t)}N(d_1) - Xe^{-r(T-t)}N(d_2) \quad (9-1)$$

由於

$$\ln\left(\frac{Se^{-q(T-t)}}{X}\right) = \ln\frac{S}{X} - q(T-t)$$

因此，d_1、d_2 分別為：

$$d_1 = \frac{\ln(S/X) + (r - q + \sigma^2/2)(T-t)}{\sigma\sqrt{T-t}}$$

$$d_2 = \frac{\ln(S/X) + (r - q - \sigma^2/2)(T-t)}{\sigma\sqrt{T-t}} = d_1 - \sigma\sqrt{T-t}$$

從中可以看出，默頓模型將標準的 Black–Scholes 模型中的 S 換成了 $Se^{-q(T-t)}$。

依據默頓模型得出的歐式看跌期權價值為：

$$p = Xe^{-r(T-t)}N(-d_2) - Se^{-q(T-t)}N(-d_1) \quad (9-2)$$

其中：N 是標準正態分佈函數；S 為股指期權的現貨價格；X 為執行價格；T 為到期日；r 為無風險利率；q 為分紅比率；δ 為風險，也就是指數的年波動率。注意：當 $q = 0$ 時，默頓模型就轉化為 Black–Scholes 模型。

2.2 運用默頓模型定價的股票指數期權

默頓模型可以用來給股票指數期權定價。股票指數綜合反應了一系列股票的表現，我們可以將股票指數看成是一個股票組合，每期都可能有一部分股票支付紅利。因為我們是給以一個組合為標的的期權定價，所以我們關心的只是組合的紅利支付。幾乎所有的股票

都只是按期支付離散的紅利，不過股票指數中包含了眾多的股票，因此假設股票指數支付連續紅利是比較接近現實的，而且指數所含股票越多，這個假設就越合理。為了解釋默頓模型在股票指數期權定價上的運用，我們用一個例子（例9-1）來進行說明。

例9-1 假設現在有一價值為350.00元的股票指數，指數收益的標準差是0.2，無風險利率是8%，指數的連續紅利支付率是4%。該指數的有效期為150天的歐式看漲期權和看跌期權的執行價格為340.00元，那麼，$q=4\%$，$S=350.00$。則：

$$d_1 = \frac{\ln\left(\frac{350}{340}\right) + [0.08 - 0.04 + 0.5(0.2)(0.2)]\left(\frac{150}{365}\right)}{0.2\sqrt{\frac{150}{365}}}$$

$$= \frac{0.028,988 + 0.024,658}{0.128,212} = 0.418,413$$

$$d_2 = 0.418,413 - 0.2\sqrt{\frac{150}{365}} = 0.290,201$$

從而

$N(d_1) = N(0.418,41) = 0.662,177$

$N(d_2) = N(0.290,201) = 0.614,169$

$N(-d_1) = N(-0.418,41) = 0.337,823$

$N(-d_2) = N(-0.290,201) = 0.385,831$

因此，期權價值為：

$c = e^{-0.04(150/365)} \times 350 \times 0.662,177 - 340 \times e^{-0.08(150/365)} \times 0.614,169 = 25.92$

$p = 340 \times e^{-0.08(150/365)} \times 0.385,831 - e^{-0.04(150/365)} \times 350 \times 0.337,823 = 10.63$

3 貨幣期權概述

3.1 貨幣期權的定義

貨幣期權也稱為外匯期權（Foreign Exchange Options），是指合約購買方在向出售方支付一定期權費後，所獲得的在未來約定日期或一定時間內，按照規定匯率買進或者賣出一定數量外匯資產的選擇權。

貨幣期權是期權的一種，相對於股票期權、指數期權等其他種類的期權來說，貨幣期權買賣的是貨幣，即期權買方在向期權賣方支付相應期權費後獲得一項權利，即期權買方在支付一定數額的期權費後，有權在約定的到期日按照雙方事先約定的協定匯率和金額同

期權賣方買賣約定的貨幣，同時權利的買方也有權不執行上述買賣合約。

個人貨幣期權業務實際是對一種權利的買賣，權利的買方有權在未來一定時間內按約定的匯率向權利的賣方買進或賣出約定數額的某種貨幣；同時權利的買方也有權不執行上述買賣合約，為個人投資者提供了從匯率變動中保值獲利的靈活工具和機會。具體分為買入期權和賣出期權兩種。

買入期權指客戶根據自己對外匯匯率未來變動方向的判斷，向銀行支付一定金額的期權費後買入相應面值、期限和執行價格的貨幣期權（看漲期權或看跌期權）。期權到期時，如果匯率變動對客戶有利，則客戶通過執行期權可獲得較高收益；如果匯率變動對客戶不利，則客戶可選擇不執行期權。

賣出期權是指客戶在存入一筆定期存款的同時根據自己的判斷向銀行賣出一個貨幣期權，客戶除收入定期存款利息（扣除利息稅）外還可得到一筆期權費。期權到期時，如果匯率變動對銀行不利，則銀行不行使期權，客戶有可能獲得高於定期存款利息的收益；如果匯率變動對銀行有利，則銀行行使期權，將客戶的定期存款本金按協定匯率折成相對應的掛勾貨幣。

執行價格是指期權的買方行使權利時事先規定的買賣價格。執行價格確定後，在期權合約規定的期限內，無論價格怎樣波動，只要期權的買方要求執行該期權，期權的賣方就必須以此價格履行義務。例如，期權買方買入了看漲期權，在期權合約的有效期內，若價格上漲，並且高於執行價格，則期權買方就有權以較低的執行價格買入期權合約規定數量的特定商品。而期權賣方也必須無條件以較低的執行價格履行賣出義務。

貨幣期權業務的優點在於：可鎖定未來匯率，提供外匯保值，客戶有較好的靈活選擇性，在匯率變動向有利方向發展時，也可從中獲得盈利的機會。對於那些合同尚未最後確定的進出口業務具有很好的保值作用。期權的買方風險有限，僅限於期權費，獲得收益的可能性無限大；賣方利潤有限，僅限於期權費，風險無限。

3.2 貨幣期權應用舉例

公司參與貨幣期權市場進行保值，防範匯率風險，可採用：

（1）利用買權進行保值。假設1991年5月31日，某跨國公司決定在英國設立一家子公司，投資額為£ 250,000[①]。這一投資項目因涉及英國國內就業和工會等問題，需要英國政府批准，批准時間為4個月。在這種情況下，這家公司可在貨幣期權市場上買進9月份到期、期權交易價為$ 1.35的20個英鎊期權合同。5月31日即期匯率為$ 1.2735/£，公司必須支付每個合同$ 0.0265/£，即$ 6625（20 × $ 0.0265/單位 × 12,500 單位）的買權費。9月底，如果英國政府批准這一項目，公司可行使買權。假定9月底的即期外匯

---

① 陳浪南，陳海山. 貨幣期權市場的保值與投資［J］. 投資理論與實踐，2004（9）．

市場上的匯率為 $1.40/£。購買這一買權合同的利潤如下：
    ① 英鎊按 9 月份即期匯率估計的美元值 = $1.40 × 12,500 × 20 = $350,000
    ② 行使買權所需的美元 = $1.35 × 12,500 × 20 = $337,500
    ③ 買權費 = $0.026,5 × 12,500 × 20 = $6,625
    ④ 利潤 = 350,000 − 337,000 − 6,625 = $5,875
    反之，如果英國政府不批准這一項目，在匯率升至期權交易價之上時，該公司可行使買權，然後在即期市場上賣出英鎊；在匯率降至期權交易價之下時，公司可不行使買權，其損失僅為 $6625 的買權費。此外，企業如有定期債務需要支付，可以通過購買買權來抵消匯率變動可能造成的風險。例如，某跨國公司從瑞士進口原材料，3 個月後付款而購買買權。3 個月後，如果瑞士法郎升值、匯率超過期權交易價，公司可行使買權，按低於即期匯率的交易價購買瑞士法郎並支付貨款；如果瑞士法郎貶值、匯率低於期權交易價，該公司可不行使買權，而在即期外匯市場上按當時的即期匯率購買瑞士法郎，並償付債務。應指出的是，與買權持有者相對應的是買權的賣者，買者有權但沒有義務履行買權；然而，如果買者需要行使買權，賣者有義務在到期日按期權交易價出售某一貨幣。前一例中，如果美國公司行使買權，它可獲取 $5875 的利潤，這一利潤正好是賣者的虧損額；反之，如果不行使買權，它的虧損額為 $6625，這一虧損正好是賣者的利潤。
    （2）利用賣權進行保值。企業如有定期外幣債務，可通過購買賣權來抵消匯率變動可能造成的風險。例如，某跨國公司向法國出口一批商品，以法郎計值，3 個月後付款。為避免 3 個月後法郎貶值的風險，它可以購買法郎賣權。3 個月後，如果法郎匯率降至期權交易價以下，該公司可行使賣權，按高於即期匯率的交易價賣出法郎，收回美元；如果法郎升值，匯率升至期權交易價以上，該公司不行使期權，而在即期外匯市場上按當時即期匯率賣出法郎，收回美元。同樣，與賣權持有者相對應的是賣權的買者。如果該公司行使賣權，賣者有義務按期權交易價買進賣權，雙方互為盈虧。
    投資者利用貨幣期權市場。個人或單位投資者可以根據其對某一貨幣匯率變動的預期在貨幣期權市場上從事投機性投資活動。貨幣期權市場投資的原則是：預測某一貨幣將升值，可以在貨幣期權市場上購買這一貨幣的買權或賣出這一貨幣的賣權；反之，預測某一貨幣將貶值，可以在貨幣期權市場上購買這一貨幣的賣權或賣出這一貨幣的買權。
    （1）買權投資。如果投資者預測某一貨幣將升值，他可以通過買權從事投資，即在市場上買進這一貨幣的買權。如果投資者的預測準確，他可以行使買權，按期權交易價買進這一貨幣，然後在即期外匯市場上按即期匯率賣出這一貨幣，從而賺取利潤；反之，如果匯率不按預期的方向變動，即貶值，他可以不行使買權，他的虧損額表現為買權費。例如，英鎊期權交易價為 $1.40，即期匯率為 $1.39，買權費為每單位 1.20 美分，即

$150（12,500 單位 × $0.012/單位）①。12 月份即期匯率為 $1.42，則投資者（買者）的利潤為（按 12 月份即期匯率賣出英鎊收入）：$1.42×12,500 = $17,750/單位。行使買權支出：$1.40×12,500 = $17,500/單位。買權費支出：$0.012×12,500 = $150/單位。利潤：$17,750 - 17,500 - 150 = $100/單位。

與買者相對應的另一投資者——賣者，則預測某一貨幣將貶值，因此願按期權交易價出售買權。如果匯率升值，買者行使買權，賣者將遭受損失，其虧損額正好等於買者的利潤。如果匯率貶值，買者不行使買權，賣者賺取利潤，其利潤額正好等於買者的虧損額（買權費）。上例中，賣者的虧損額為 $100。

（2）賣權投資。如果投資者預測某一貨幣將貶值，他可以通過賣權從事投資，即在市場上買進這一貨幣的賣權。如果投資者的預測準確，他可以行使賣權，按期權交易價賣出這一貨幣。如果他手中沒有這一貨幣，他在行使賣權之前，可以在即期外匯市場上按即期匯率買進這一貨幣，從而賺取利潤；反之，如果匯率不按預期的方向變動，即升值，他可以不行使賣權，他的虧損額表現為買權費。例如，英鎊期權交易價為 $1.40，即期匯率為 $1.44，賣權費為每單位 1.60 美分，即 $200（12,500 單位 × $0.016/單位）②。12 月份即期匯率為 $1.30，則投資者（買者）的利潤為（按 12 月份即期匯率購買英鎊支出）：$1.40×12,500 = $17,500/單位。行使賣權收入：$1.30×12,500 = $16,250/單位。賣權費支出：$0.016×12,500 = $200/單位。利潤：$17,500 - 16,250 - 200 = $1050/單位。

與買者相對應的另一投資者——賣者，則預測匯率將升值，因此他願按期權交易價出售賣權。如果匯率貶值，買者行使賣權，賣者將遭受損失，其虧損額正好等於買者的利潤；反之，如果匯率升值，買者不行使賣權，賣者將賺取利潤，其利潤額正好等於買者的虧損額，即賣權費。上例中，賣者的虧損額為 $1050。應指出的是，投資者對匯率的預測不總是正確的，如匯率變動與其預期相反，投資者將遭受經濟損失。

4 貨幣期權定價公式

1983 年，M. Garman 和 Kohlhagan 在布萊克—斯科爾斯期權定價公式的基礎上第一次給出外匯期權定價模型。為了推導外匯期權的定價公式，我們先做如下假設：

（1）期權價格是只含有一個隨機變量 S 的函數。
（2）市場是無摩擦的。

---

① 陳浪南，陳海山. 貨幣期權市場的保值與投資 [J]. 投資理論與實踐，2004（9）.
② 陳浪南，陳海山. 貨幣期權市場的保值與投資 [J]. 投資理論與實踐，2004（9）.

(3) 國內和國外市場上的無風險利率都是常數。

(4) 外匯價格服從幾何布朗分佈。其微分形式為：ds = μSdt + δSdz。其中 μ，δ 都是常數，dz 是標準的維納過程。

在上述條件下，Kohlhagan 和 M. Garman 得到了外匯期權價格，滿足微分方程：

$$\frac{\partial c}{\partial t} = -(r_d - r_f) S \frac{\partial C}{\partial S} - \frac{1}{2}\delta^2 S^2 \frac{\partial^2 C}{\partial S^2} + r_d C$$

將該式移項得：

$$\frac{\partial c}{\partial t} + 1/2\delta^2 s^2 \frac{\partial^2 C}{\partial S^2} + (r_d - r_f) S \frac{\partial C}{\partial S} = r_d C$$

解這個微分方程，可以得到歐式外匯期權公式：

$$C = Se^{-r_f(T-t)}N(d1) - Ke^{-rd(T-t)}N(d2) \tag{9-3}$$

$$p = Ke^{-r_f(T-t)}N(-d2) - Se^{-r_f(T-t)}N(-d1) \tag{9-4}$$

式中：$d_2 = d_1 - \delta\sqrt{T-t}$；

　　　　N 代表標準正態分佈函數；

　　　　T 代表期權到期日；

　　　　t 代表當前時間；

　　　　K 代表期權協議交割價格；

　　　　r_d 代表國內無風險利率；

　　　　r_f 代表國外無風險利率；

　　　　δ 代表外匯價格的波動率；

　　　　μ 代表對數外匯價格預期收益率。

美式貨幣期權定價也可以通過二項式方法計算。其基本思路是：將時間軸分成幾個離散時間點，將價格軸分成一系列價格點；利用期權與其他金融工具構造無風險套期保值資產組合（期權組合保持 δ 中性）；構造該無風險組合的關鍵是推導每一期期權與其他金融工具的套期比率（Hedging Ratio），當即期價格變化時，這個比率也隨之變化，應及時調整組合中各資產頭寸量，保持期權組合 δ 中性；期權組合 δ 中性的收益率即為市場上無風險收益率，通常用國庫券收益率來衡量；確定美式期權價格到期時的邊界條件，經過幾個離散週期點推算，即可得美式期權價格[①]。

5　常見的貨幣期權

一般來說，根據外匯交易和期權交易的特點，可以把貨幣期權交易分為現匯期權交

---

① 張陶偉. 國際金融原理 [M]．北京：清華大學出版社，1995.

易、期貨期權交易和期貨合同式期權交易。

5.1 現匯期權交易

現匯期權交易是指期權買方有權在期權到期日或以前，以協定匯價購入或售出一定數量的某種外匯現貨。如某美國公司4月份以後有一筆瑞士法郎收入，出於保值目的，它買入一筆美元認購期權，金額為500,000美元，協定匯率US/SF = 1.3，即期匯率US/SF = 1.3200，到期日是4月份以後，期權價格US/SF = 0.02。

假設到期日即期匯率為 X ，該公司包括期權費在內的瑞士法郎淨支出成本為C。則：

$C = 500,000X + 500,000 \times 0.02 = 500,000X + 10,000$

下面讓我們來看該公司是如何獲得保值收益的：

（1）當 $X > 1.3$ 時，美元匯率上漲，該公司正好行使期權，按協定匯率US/SF = 1.3000 買入美元使成本得以固定在660,000瑞士法郎。

（2）當 $X \leq 1.3$ 時，美元匯率美元上漲，瑞士法郎升值，該公司因此放棄行使期權，而從市場上買入即期美元。雖虧去了期權費，但當匯率在盈虧平衡點US/SF = 1.28以下就可以獲得即期匯價變動的好處，而且即期匯價變動對自己愈有利，美元支出的成本就愈低、兌換收益就愈大。

5.2 外匯期貨期權交易

外匯期貨期權交易是指期權買方有權在到期日或之前，以協定的匯價購入或售出一定數量的某種外匯期貨，即買入延買期權可使期權買方按協定價取得外匯期貨的多頭地位；買入延賣期權可使期權賣方按協定價建立外匯期貨的空頭地位。買方行使期貨期權後的交割同外匯期貨交割；而與現匯期權不同的是，外匯期貨期權的行使有效期均為美國式，即可以在到期日前任何時候行使。經營外匯期貨期權主要有芝加哥的國際貨幣市場和倫敦的國際金融期貨交易所兩家。

5.3 期貨式期權交易

由於外匯市場波動性顯著，尤其是匯率波動的方差加劇之時，外匯期權的市場就有很大的不確定性，因此外匯期權也可以一種期貨的形式進行交易，這就是期貨式期權交易的由來，所以又稱之為期權期貨。與一般期貨合同相似的特點是，交易雙方的盈虧取決於期權市場變動方向，而且合同雙方都須繳納保證金，並按照每天期權收市價結清，當人們預計期權行市上漲，就會買入認購期權的期貨，取得多頭地位，如果期權行市果然上漲，買入者獲利；反之，期權行市下跌，則買入者虧損。

區別以上三種交易種類的性質可知，現匯期權和期貨期權的持有人在買入期權時必須

支付期權金，而期貨式期權購買者只需要繳納保證金，不必支付期權金。保證金可以撤回，也可以追加不足部分，或提取超額部分，但繳存保證金數與期權權利金有直接的關聯。另外，現匯期權和期貨期權僅僅當實際行使或轉讓才有現金流交割，而期貨式期權每日按收市清算價進行盈虧結算，對保證金帳戶產生收支現金流。

小結

1. 股票指數期權（Stock Index Options）是一種賦予合約購買者在某一時期、以一定的指數點位買入或賣出一定數量的某種股票指數現貨或股票指數期貨的權利的金融衍生產品。

按照買賣方式的不同，股票指數期權可以分為看漲期權（Call Options）與看跌期權（Put Options）；按照執行期限的不同，股票指數期權可以分為歐式期權（European Options）與美式期權（American Options）。目前，中國已經推出股指期貨交易方式，那麼我們所說的股指期權與股指期貨有什麼區別呢？總的來說，兩者的區別體現在以下兩個方面：①權利義務不同；②槓桿效應不同。

2. 股指期權的定價。之前的章節我們學習了布萊克—斯科爾斯期權定價公式，這個公式可以為期權定價。本章介紹了一種新的股票指數期權定價模型—默頓模型，可以用來為支付連續複利紅利的資產的歐式期權定價。連續紅利支付意味著股票價值的連續漏損，令 q 表示漏損率，它等於紅利的支付率。因此，我們只要將 $Se^{-q(T-t)}$ 代替式 B－S（Black－Scholes）模型中的 S（股票指數現貨價格）就可以求出支付連續複利收益率證券的歐式看漲和看跌期權的價格。

3. 貨幣期權也稱為外匯期權，是指合約購買方在向出售方支付一定期權費後，所獲得的在未來約定日期或一定時間內，按照規定匯率買進或者賣出一定數量外匯資產的選擇權。對於貨幣期權來說，執行價格就是貨幣期權的買方行使權利時事先規定的匯率。貨幣期權業務的優點在於可鎖定未來匯率，提供外匯保值，客戶有較好的靈活選擇性，在匯率變動向有利方向發展時，也可以從中獲得盈利的機會。公司一般參與期權市場的目的是為了進行保值，防範匯率風險。個人或單位投資者可以根據其對某一貨幣匯率變動的預期在貨幣期權市場上從事投機性投資活動。貨幣期權市場投資的原則是：預測某一貨幣將升值，可以在貨幣期權市場上購買這一貨幣的買權或賣出這一貨幣的賣權；反之，預測某一貨幣將貶值，可以在貨幣期權市場上購買這一貨幣的賣權或賣出這一貨幣的買權。

課後練習

1. 一個證券組合的當前價值為 1000 萬美元，β 值為 1.0，標普 100 的當前值為 800。請解釋如何利用執行價格為 700 元，標的資產為標普 100 的看跌期權來為證券組合提供保險。（假設整個市場都沒有分紅）

2. 計算一個期限為 3 個月的股指平值歐式看漲期權的價格，股指當前值為 250，無風險利率為每年 10%，股指的波動率為 18%，股指連續股息收益率為每年 3%。

3. 計算一個 8 個月期的歐式貨幣看跌期權。其執行價格為 0.5 元，當前匯率為 0.52，匯率波動率為 12%，國內無風險利率為 4%，國外無風險利率為 8%。

4. 一種股指當前價格為 250，標的指數的分紅為 4%，無風險利率為 6%，執行價格為 245，3 個月期歐式看漲期權價格為 10 美元。那麼執行價格為 245 元的 3 個月期看跌期權為多少？

5. 請問歐式貨幣期權的看跌和看漲期權的平價關係是什麼？

6. 請問什麼是股指期權？描述它與股指期貨的區別？

7. 請解釋「一旦我們知道了支付連續紅利股票的期權的定價方法，我們便知道了股票指數期權、貨幣期權和期貨期權的定價」這句話的含義。

8. 一種股票指數現在為 300 點，指數的年紅利收益率為 3%、無風險年利率為 8%。有效期為 6 個月、執行價格為 290 元的歐式看漲指數期權的下限是多少？

9. 計算 3 個月期、平價狀態的歐式看漲股票指數期權的價值。指數為 250，無風險年利率為 10%，指數年波動率為 18%，指數的年紅利收益率為 3%。

衍生金融工具

第 10 章　期貨期權

學習目標

在這一章中，我們將討論期貨期權的發展、概念，以及期貨期權的定價。通過本章的學習，你應該知道：
- 期貨期權的定義；
- 期貨期權的特點；
- 期貨期權的性質；
- 期貨期權的作用；
- 利率期貨期權的概念；
- 外匯期貨期權的概念；
- 股票指數期貨期權的概念；
- 期貨期權的定價；
- Black – Scholes 模型在期貨期權定價中的應用；
- 期貨期權與期貨的區別。

重要術語

期貨期權、利率期貨期權、外匯期貨期權、股票指數期貨期權、歐式期貨期權、美式期貨期權

期貨期權是 20 世紀 80 年代繼金融期貨後的又一次期貨革命。1982 年，美國商品期貨交易委員會（CFTC）授權試行期貨期權交易。1984 年，美國芝加哥期貨交易所首次成功地將期權交易方式應用於政府長期國庫券期貨合約的買賣，從此產生了期貨期權。1987 年，美國商品期貨交易委員會正式批准實行永久性的期貨期權交易。從此，這類期權合約在投資者中迅速流行。相對於商品期貨為現貨商提供了規避風險的工具而言，期權交易則

為期貨商提供了規避風險的工具。執行這類期權合約時，期權持有者有權在將來某一天以約定價格買進或賣出這些指定資產。目前，國際期貨市場上的大部分期貨交易品種都引進了期權交易。美國芝加哥期貨交易所是最大的期貨期權交易場所。中國目前尚未開通期貨期權交易。

在本章中，將介紹期貨期權的概念、性質和作用，討論期貨期權的價格範圍，以及如何使用布萊克—斯科爾斯期權定價公式導出的近似公式，對歐式期貨期權進行定價。最後，將探討期貨期權與期貨的關係。

1 期貨期權概述

1.1 期貨期權的概念

1.1.1 期貨期權的產生和發展

1.1.1.1 商品期貨期權的產生和發展

現代商品期貨期權交易開始於美國期貨市場，當時芝加哥期貨交易所的交易商們為了保護其期貨交易而開始一種「特殊」買賣，這種特權即為商品期貨期權。但此時期權交易只是場外交易，而且場外交易的量一直不是很大。20世紀30年代，由於一些交易者用期權來聚集期貨市場上的頭寸，導致期貨市場價格大幅變動。1981年，美國交易委員會開始在每一個交易所都進行兩種期貨期權的試運行交易，每一個交易所都選擇其明星品種進行期權交易。芝加哥交易所在1983年、1984年分別推出了玉米期貨期權、大豆期貨期權，1987年推出了豆粕期貨期權、燕麥期貨期權；芝加哥商業交易所在1984年、1985年分別推出了活牛期貨期權、活豬期貨期權。隨後，紐約商品期貨交易所推出了黃金期貨期權。由於所有試驗都取得了很大成功，以至於商品期貨交易委員會允許每個交易所可以交易八種期貨期權，目前有大量的商品期貨期權在交易。

當前，已經開展的商品期貨期權交易比較廣泛，主要包括五個類別，即農產品期貨期權（玉米期貨期權、大豆期貨期權、小麥期貨期權、豆粕期貨期權）、林產品期貨期權（天然橡膠期貨期權、原木期貨期權）、能源期貨期權（原油期貨期權、天然氣期貨期權）、纖維期貨期權（棉花期貨期權）和金屬期貨期權（銅期貨期權、鋁期貨期權）。其中，玉米期貨期權、大豆期貨期權、原油期貨期權和天然氣期貨期權全年交易量為87萬張，居世界首位；芝加哥期貨交易所的大豆期貨期權和玉米期貨期權分別居世界第二位和第三位，全年交易量分別為48萬張和45萬張。

商品期貨期權其交易主要集中在美國的芝加哥期貨交易所、中美洲商品交易所、芝加哥商業交易所、英國倫敦期貨交易所。

1.1.1.2　金融期貨期權的產生和發展

金融期貨期權有股票指數期貨期權、利率期貨期權和外匯期貨期權三類。

1973 年推出股票期權後，相繼推出了股票指數期權。目前，最主要的股票指數期貨期權是歐洲期貨交易所的道·瓊斯歐洲 50 指數（DJ Euro Stock 50）期貨期權和芝加哥商業交易所推出的標準普爾 500 指數期貨期權。道·瓊斯歐洲 50 指數期貨期權的交易最為活躍。

除了以上兩種股票指數期貨期權外，上市交易的股票指數期貨期權還有標準普爾 400 中型股票指數期貨期權、羅素 2000 指數期貨期權、主要市場指數期貨期權、日經 225 指數期貨期權和倫敦金融時報 100 指數期貨期權等。

在利率期貨期權中，澳大利亞悉尼期貨交易所是世界上第一個在期貨市場上嘗試利率期貨期權交易的交易所，它在 1982 年 3 月就開始把期權交易運用於銀行票據期貨市場上。而美國芝加哥期貨交易所於 1982 年 10 月 1 日率先推出長期債券期貨期權。隨後，又推出了日本國債期貨期權、東京股票指數期貨期權、5 年期和 3 年期利率調期期貨期權等。

芝加哥商業交易所於 1985 年初相繼推出了英鎊期貨期權、瑞士法郎期貨期權等。目前，經營外匯期貨期權的主要有芝加哥國際貨幣市場、倫敦國際金融期貨期權交易所、巴西商品與期貨交易所及芝加哥商業交易所。2003 年巴西商品與期貨交易所的美元外匯期貨期權交易最為活躍。

1.1.2　期貨期權的定義

在以前的章節中，期權所有者具有在規定的日期之前購買或出售指定的資產的權利。這類期權稱為基於即期的期權，也稱為即期期權，因為在期權執行時，將立即發生按照指定價格買賣資產的行為。現在，需要進一步考慮基於期貨的期權，也稱為期貨期權。執行這類期權合約時，期權持有者有權在將來某一天，以約定價格買進或賣出這些指定資產。

期貨期權是對期貨合約買賣權的交易，包括商品期貨期權和金融期貨期權。一般所說的期權通常是指現貨期權，而期貨期權則是指「期貨合約的期權」。期貨期權合約表示在到期日或之前，以協議價格購買或賣出一定數量的特定商品或資產期貨合同。期貨期權的基礎是商品期貨合同，期貨期權合同實施時要求交易的不是期貨合同所代表的商品，而是期貨合同本身。

例 10 - 1　某投資者擁有一份黃銅 9 月份期貨看漲期權，其執行價格為每磅 70 美分，共 25,000 英鎊。假設 9 月份交割的黃銅期貨價格為 80 美分。如果執行該期權，投資者將收入 2500 美元（25,000 × 10 美分），再加上一個購買 9 月份 25,000 英鎊黃銅期貨合約的多頭頭寸。如果願意的話，可以立即衝銷期貨頭寸。這可以使投資者最終獲得 2500 美元的現金。

例 10 - 2　某投資者擁有一份玉米 12 月份期貨看跌期權，其執行價格為每蒲式耳 200

美分，共 5000 蒲式耳。假設 12 月份交割的玉米期貨價格為 180 美分。如果執行該期權，投資者將收入 1000 美元（5000×20 美分）再加上一個出售 12 月份 5000 蒲式耳玉米期貨合約的空頭頭寸。如果願意的話，可以立即衝銷期貨頭寸。這可以使投資者最終獲得 1000 美元的現金。

1.1.3 期貨期權合約的內容

1.1.3.1 標的物

期貨期權的標的物包括各種期貨商品，如黃豆、棉花、原油等商品期貨，以及股票價格指數期貨、外匯期貨、利率期貨等金融期貨。

1.1.3.2 合約月份

除了一般的 3 月、6 月、9 月、12 月等月份外，部分期權的到期月份也涵蓋了 1 年 12 個月（1～12 月均有期權可供交易）。如 CME 的德國馬克期貨期權，便提供 1 年 12 個月的到期月份，但其同一季的合約月份的期權，其標的物均為季末到期的期貨合約。如第一季中的 1 月、2 月、3 月到期的期貨期權，其標的物皆為 3 月份到期的期貨合約。

1.1.3.3 執行價格間距

與一般期權類似，期權執行價格間距的設定決定於標的期貨價格、其波動性與期權存續期間等因素。期貨價格越高、波動性越大或是到期月份越長，以該期貨為標的的期權的執行價格間距也就越大；反之則越小。

1.1.3.4 最後交易日

由於期貨期權的標的物為期貨合約，而期貨合約本身也有到期月份，因此期貨期權最後交易日的制定較為複雜。若標的期貨的交割方式為現金結算，期貨期權的最後交易日通常與其標的期貨相同，如所有指數期貨、歐元期貨等期貨期權的最後交易日均與期貨同一天。但若標的期貨採用實物交割，則期貨期權的最後交易日一定要在期貨的最後交易日之前，以方便期貨期權執行後，持有期貨頭寸的投資者能在收到交割通知之前，將期貨頭寸平倉。如某 T－bond 期貨期權的合約月份為 3 月份，但其最後交易日卻在 2 月份。雖然期貨期權的最後交易日設在期貨到期之前，但投資者仍需隨時注意持有的期貨頭寸；若要平倉，應在收到交割通知前完成，否則往往會在收到交割通知後而不知所措。

1.1.3.5 保證金制度

一般期權的保證金制度，我們在前面章節中已做介紹，在此不再贅述。在期貨期權的保證金制度方面，首推 CME 的 SPAN 系統（Standard Portfolio Analysis of Risk）。SPAN 是利用投資組合法來衡量期貨期權頭寸的風險，並使用情況分析來模擬期貨期權賣方所有期貨期權頭寸與期貨頭寸的價值變化情況。SPAN 所假設的市場情況有兩個方面：一是標的期貨價格的漲跌；二是標的期貨價格的波動性。最後根據分析結果，決定最少要求保證金，以應對單日最大的可能損失。然而，當期貨期權價值每天隨著價格變化而改變時，若保證

金水位不足，投資者同樣會收到追繳通知。

1.1.4 期貨期權的特點

期貨期權和現貨期權相比較，都是一種期權，是一項權利，而非義務。但現貨期權的標的物是現貨的商品，而期貨期權的標的物是各種期貨合約。期貨期權的基礎是期貨合同，期貨期權合同實施時要求交易的不是期貨合同所代表的商品，而是期貨合同本身。與現貨期權相比，期貨期權的特點有：①流動性強。與現貨期權相比，期貨期權的流動性較強，因而有利於投資者操作。標的資產市場的流動性主要通過影響期權合約的執行和期權的定價兩個方面來影響期權市場。②便於操作。引入期貨期權後，機構投資者可以同時進行期貨和期權的交易，而且，投資者進行期貨期權和標的期貨的同時交易，方便了對沖、套利和投資，提高了市場的效率。③交易費用低。在許多情況下，期貨期權比現貨期權承擔較低的交易費用。當交割基於標的資產的期貨合約比交割標的資產本身更便宜、更方便的時候，對投資者來說，交易期貨期權比交易標的資產期權更有吸引力。事實上，在很多場合確實如此。例如，交割活豬期貨合約比交割活豬本身更容易、更方便。

從以上介紹可以看出，期貨期權與現貨期權相比，其差異可以從以下幾個方面來討論。①標的物方面，現貨期權以現貨市場的商品為標的，如黃豆、棉花等，而期貨期權以期貨市場的商品為標的，如黃豆期貨、指數期貨等。②在風險承擔方面，現貨期權分為實物交割與現金結算兩種；若為實物交割，則合約履行後，投資者將會持有現貨頭寸。③若為現金結算，投資者將不會持有任何頭寸；而期貨期權在執行後，投資者同樣會持有期貨頭寸；若留倉，則有期貨保證金的問題。因此，不管實物交割的現貨期權還是期貨期權，執行後若投資者繼續持有現貨或期貨頭寸，都必須承擔持有頭寸價格變動的風險；但是投資者執行後若不想持有頭寸，則期貨市場通常較現貨市場容易平倉，這也是期貨期權較一般現貨期權吸引投資者的地方。

1.2 期貨期權的性質

基於某個期貨的期權也像在以前章節之中介紹的現貨期權一樣，是一項權利、而非義務，持有者可以在指定日期之前以確定的期貨價格取得期貨合約。特別地，看漲期貨期權持有者有權按照指定價格獲得期貨合約的多頭；看跌期貨期權持有者有權按照指定價格獲得期貨合約的空頭。大部分期貨期權是美式的，也就是說，在期權合約有效期內任意時刻都可以執行期權。期貨期權合約的到期日通常是標的期貨合約的最早交割日的前幾天或是同一天。

為了說明期貨期權的運作原理，我們以銅期貨為例分別對看漲期貨期權和看跌期貨期權進行說明。

1.2.1 看漲期貨期權

假設一位投資者A在1月1日購買了一份標的物銅期貨，執行價格為1850美元/噸，

2月1日到期的看漲期貨期權，期權費為5美元。

2月1日，如果銅期貨上漲至1905美元/噸，看漲期權的價格漲至55美元。投資者A可以採取兩個策略：行使權利——投資者A有權按1850美元/噸的價格買入銅期貨，則投資者A可以以1905美元/噸的市價在期貨市場上拋出，獲利50美元（1905-1850-5）；售出權利——投資者A以55美元的價格售出看漲期權，投資者A獲利50（55-5）美元。

如果銅價下跌，即銅期貨的市價低於執行價格1850美元/噸，投資者A就會放棄這個權利，只損失5美元。

1.2.2 看跌期貨期權

看跌期貨期權的運作與看漲期貨期權類似。

假設一位投資者A在1月1日購買了一份標的物是銅期貨，執行價格為1750美元/噸，2月1日到期的看跌期貨期權，期權費為5美元。

2月1日，銅的期貨價格跌至1695美元/噸，看跌期權的價格漲至55美元。此時，投資者A有兩種選擇：行使權利——投資者A可以按1695美元/噸的市價從市場買入銅，而以1750美元/噸的執行價格賣出，投資者A獲利50美元。售出期權——投資者A可以按55美元的價格出售看跌期權，投資者A獲利50美元。

如果銅期貨價格上漲，投資者A就會放棄這個權利而損失5美元。

通過上面兩個例子可以看出：如果執行的是一份期貨看漲期權，持有者將獲得該期貨合約的多頭頭寸，外加一筆數額等於當前期貨價格減去執行價格的現金；如果執行的是一份期貨看跌期權，持有者將獲得該期貨合約的空頭頭寸，外加一筆數額等於執行價格減去期貨當前價格的現金。鑒於此，期貨期權在實施時也很少交割期貨合同，通常是由期貨期權交易雙方收付期貨合同與期權的協議價格之間的差額而引起的結算金額而已。

對一般情況而言，設期貨合約的期末價格為F_T，執行價格為X。歐式看漲期貨期權是一個合約，購買者在未來的一個確定的時刻T可以按照確定的執行價格X購買期貨合約。但是，在到期日，如果發現購買期貨合約沒有利潤，投資者並沒有義務購買，有權不執行期權合約。如果投資者最終不購買，期權作廢。顯然，只有當期貨合約的期末價格$F_T > X$的時候，投資者才會執行期權。如果$F_T \leq X$，投資者不會執行期權。因為投資者可以在市場上以F_T的價格購買到期貨合約。因此，看漲期貨期權的價值為：

$$\max(F_T - X, 0) \tag{10-1}$$

這表明，如果$F_T > X$，投資者就會執行期權；如果$F_T \leq X$，就不會執行期權。

美式看漲期貨期權和歐式看漲期貨期權類似，只是投資者可以在現在與未來到期時刻T之間的任意時刻執行期權。美式看漲期貨期權對購買者來說，具有更大的靈活性。

歐式看跌期貨期權也是一個合約，購買者在未來的一個確定的時刻T可以按照確定的執行價格X將期貨合約賣出。但是，投資者在法律上並沒有義務賣出。如果在到期日，投

资者发现卖出期货合约没有利润，投资者有权不执行期权合约。如果投资者最终不卖出，期权作废。显然，只有当期货合约的期末价格 $F_T < X$ 的时候，投资者才会执行期权。如果 $F_T \geq X$，投资者不会执行期权。因为投资者可以在市场上以 F_T 的价格卖出到期货合约。因此，看跌期货期权的价值为：

$$\max(X - F_T, 0) \tag{10-2}$$

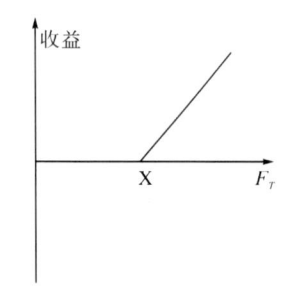

这表明，如果 $F_T \geq X$，投资者不会执行期权；如果 $F_T < X$，投资者就会执行期权。

美式看跌期货期权和欧式看跌期货期权类似，投资者可以在现在与未来到期时刻 T 之间的任意时刻执行期权。美式看跌期货期权的价格一般比欧式看跌期货期权的价格要高。

上述看涨期货期权和看跌期货期权多头的损益状态图如图 10-1 和图 10-2 所示。

图 10-1　看涨期货期权多头　　　图 10-2　看跌期货期权多头

1.3　期货期权的作用

期货期权在实务上有很多功能，除了前面所介绍的保护性买权买进、卖权买进以及保护性买权、卖权发行等对冲策略与积极策略外，与指数期权一样，也可以同时利用期货买权与期货卖权的买卖，组合成与期货合约具有相同性质的头寸。也就是说，利用期货期权既可以实现盈利，又可以来构建虚拟期货，对冲期货头寸所产生的风险。

1.3.1　利用期货期权盈利

例 10-3　一份执行价格为每盎司 500 美元的 7 月份到期的期货期权，每份合约的标的资产为 100 盎司黄金。期货期权到期日时黄金期货价格为 540 美元，且 7 月份期货合约的最新结算价为 538 美元。

如果投资者立即将 7 月份期货平仓，则他的最终损益为：

期权交易收益 =（538 - 500）× 100 = 3800（美元）

期货平仓收益 =（540 - 538）× 100 = 200（美元）

总收益 = 3800 + 200 = 4000（美元）

1.3.2 利用期貨期權進行對沖交易

1.3.2.1 多頭虛擬期貨

多頭虛擬期貨由買進期貨買權和賣出期貨賣權組成，且買權與賣權的執行價格相同。如果執行價格與期貨價格相同，根據前面的買權賣權平價關係，可知買權與賣權的期權費相同。以上組合可以看成是一個期貨多頭頭寸。

例 10-4 一個投資者買進 1 手執行價格為 1500 點的標準普爾 500 期貨買權，並支付一筆期權費，同時賣出 1 手執行價格也為 1500 點的標準普爾期貨賣權，並收取一筆期權費，如果當時期貨價格與執行價格一樣，都是 1500 點，則根據買權賣權平價關係，該投資者支付和收取的期權費相互抵消了。

當未來標準普爾 500 期貨價格大於 1500 點時，賣權不被執行，而買權多頭損益與期貨多頭走勢相同；相反，若標準普爾 500 在未來小於 1500 點，買權不被執行，而賣權空頭損益與期貨多頭走勢相同。這樣，就可以利用多頭虛擬期貨來對沖期貨多頭的風險。以圖 10-3 來表示多頭虛擬期貨的損益構成。

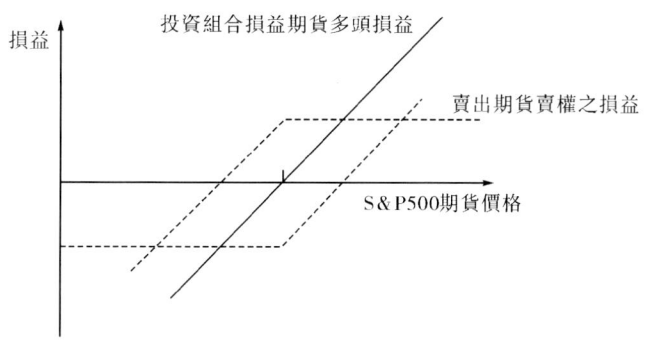

圖 10-3 多頭虛擬期貨

1.3.2.2 空頭虛擬期貨

空頭虛擬期貨頭寸由買進期貨賣權與賣出期貨買權組成，可以對沖期貨空頭頭寸的風險。

例 10-5 承上例，假設投資者買進執行價格為 1500 點的標準普爾 500 的期貨賣權，並支付賣權期權費；同時賣出執行價格同樣為 1500 點的標準普爾 500 的期貨買權，並收取買權期權費。

當未來標準普爾 500 的期貨價格大於 1500 點時，賣權不被執行，而買權頭寸的損益與期貨空頭走勢相同；相反，若標準普爾 500 在未來小於 1500 點，買權不被執行，而賣權頭寸損益與期貨空頭走勢相同。以圖 10-4 來表示空頭虛擬期貨的損益構成。

图 10-4 空头虚拟期货

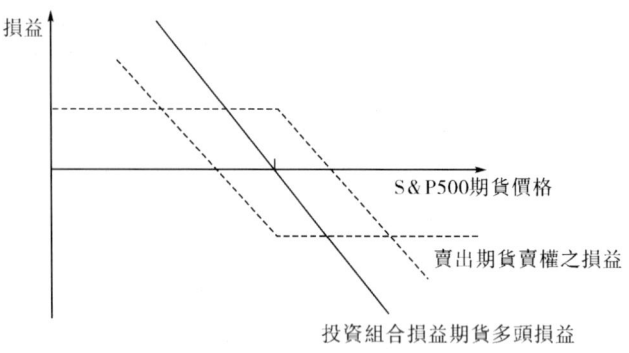

1.3.3 利用期货期权进行风险管理

除上述作用外，也可利用期货期权交易来提升在期货市场的风险管理能力。期货期权作为以期货合约为标的物的期权，通过满足投资者对风险收益的个性化需求，为其提供了一种管理资产组合的工具，在一定程度上减小了非理性投机对市场的扰动，并提高了操纵市场的难度。同时，期货期权还可以在风险管理中发挥重要作用，主要体现在期货对冲期货风险、期货风险预警和风险衡量方面。对冲期货风险上面已经做了介绍，下面主要对期货期权在风险预警和风险衡量方面作用做一简单介绍。

1.3.3.1 进行风险预警

期货期权价格所包含的信息有助于对未来期货市场风险进行深度上的分析，甚至可以对未来期货市场价格趋势进行判断。这弥补了交易所对期货风险的预警只能基于对期货市场价格、成交量、持仓量、客户资金等信息的时时监控，而对于投资者对未来期货风险的判断这一关键因素则无从发现的缺陷。因此，期货期权交易可以通过隐含波动率和看涨期权与看跌期权的交易量之比这两个因素来对风险进行预警。

所谓隐含波动率，是指在市场中观察到的期权价格蕴涵的波动率。它是通过将市场中所观察到的期权价格代入期权定价模型来获得的，因此它提供的就是市场对现在到期权到期这一段未来时间的期货价格波动的预测。当期货期权市场整体上预期期货未来价格上扬（下跌）时，看涨期权价格与看跌期权价格往往都会上涨（下跌），从而导致期权价格隐含波动率会远高于（低于）历史期货波动率。当期货期权市场整体上预期期货未来价格上扬（下跌）时，看涨期权的隐含波动率也往往会高于（低于）看跌期权的隐含波动率。

同时，在看涨期权与看跌期权的交易量之比方面，一般而言，比值比较接近于 1。当期货期权市场整体上预期期货未来价格上扬时，投资者更倾向于购买看涨期权，从而导致看涨期权的交易量远大于看跌期权的交易量；同理，当期货期权市场整体上预期期货未来价格下跌时，投资者更倾向于购买看跌期权，从而导致看跌期权的交易量远大于看涨期权

的交易量。從這個意義上來說，看漲期權與看跌期權的交易量之比的變化，可以在一定程度上預測期貨市場未來的價格趨勢。

1.3.3.2 進行風險衡量

目前在市場上運用最廣的綜合性風險衡量指標體系是基於 VaR 模型的風險管理體系。VaR 模型的核心是 VaR 風險值，即一個資產組合在特定持有期間內以及特定的置信區間下，由於市場價格變動所導致此投資組合的最大預期損失。在國際市場上，通常將隱含波動率代入 VaR 模型中，避免了使用歷史波動率時由於估計模型參數而導致的偏差。

在目前衍生品市場中，最成熟的衡量投資組合風險值的系統是 SPAN（Standard Portfolio Analysis of Risk），其核心理念就是 VaR。目前世界上已經有近 50 家交易所、結算所與金融機構採用了 SPAN。上海期貨交易所為進一步提升風險管理水準，於 2004 年 3 月 17 日在美國博卡拉（Boca Raton）舉行的期貨業協會年會上也正式簽署協議引進了 SPAN。基於隱含波動率的諸多優點，SPAN 一般選取隱含波動率作為其核心參數。

由此可見，是否具有期貨期權交易對於期貨 VaR 風險管理體系的性能而言是非常重要的。如果我們有期貨期權交易，可以參考期貨期權價格來判斷整體市場對未來期貨價格波動的估計，並在此基礎上制定相關的風險管理措施。

1.4 幾種常見的期貨期權

1.4.1 利率期貨期權

利率期貨期權是以利率期貨為標的物的期權。該期權的持有者只要執行該利率期貨期權，便與期權空頭方構成利率期貨買賣合同，由期權交易轉為期貨交易。在資金運用方面，利率期貨期權比利率現貨期權更有優勢，原因在於期貨期權交易中採用了預付保證金方式簽訂合同，在期權交割時買賣雙方以軋差方式清算。因此，買賣雙方可用少量的資金簽訂數額較大的利率期貨期權合同，以提高資金收益。利率期貨期權交易品種已經標準化，通常在交易所進行，流動性高，因而交易的信用風險很小。

利率期貨期權除具有以上特點外，還具有一些缺點：交易雙方可用較少資金簽訂數額較大的交易合同，因此投機性較強；因為是場外交易，交易品種有限，協議價格和交易期限等條件不能自主商定。

利率期貨期權交易市場主要有芝加哥商品交易所、倫敦國際金融交易所和新加坡國際金融交易所等。利率期貨期權按運用可分為兩大類：一類是交易最頻繁的利率期貨合約的期權；另一類是銀行同業市場之間提供的三種特殊期權，即帽子期權、地面期權和領子期權。同時，利率期貨期權還可以分為短期利率期貨期權和長期利率期貨期權。

表 10－1　　　　　　　　CBOT 美國長期國債期貨期權合約規格

交易單位	1 張面值為 100,000 美元的 CBOT 美國長期國債期貨期權合約
最小變動價位	1/64 點（每合約 15.625 美元）
敲定價格	按當時的 T－bond 期貨價格，以每合約 2 點（2000 美元）的整數倍為間隔來確定。例如，如果 T－bond 期貨合約價格為 88－00，則其期權之敲定價格可能為 82、84、86、88、90、92、94 等
每日價格波動限制	每合約不高於或不低於上一交易日結算期權費的 3 點（3000 美元）
合約月份	3 月、6 月、9 月、12 月
交易時間	星期一至星期五：7：20－14：00　星期日至星期四：17：00－20：30
最後交易日	期權與標的期貨合約交割月之前停止交易。期權停止交易的時間為相關 T－bond 期貨合約之第一通知日前至少 5 個營業日之前的第一個星期五中午
合約到期日	最後交易日之後第一個星期六上午 10：00

1.4.2　外匯期貨期權

外匯期貨期權是指以貨幣期貨合約為期權合約的基礎資產，也就是期權買方有在期權到期日或以前執行或放棄執行以執行價格購入或售出標的貨幣期貨的權利。它與貨幣期貨期權的區別在於：貨幣期貨期權在執行時，買方將獲得或交付標的貨幣的期貨合約，而不是獲得或交付標的貨幣本身。

外匯期貨期權交易是指期權買方有權在到期日或之前，以協定的匯價購入或售出一定數量的某種外匯期貨，即買入延買期權可使期權買方按協定價取得外匯期貨的多頭地位；買入延賣期權可使期權賣方按協定價建立外匯期貨的空頭地位。外匯期貨期權的買方行使期貨期權後的交割同外匯期貨交割；而與現匯期權不同的是，外匯期貨期權可以在到期日前任何時候行使。目前經營外匯期貨期權交易的主要是在芝加哥商品交易所的分部——指數與期權市場（IOM）、悉尼期貨交易所和新加坡國際金融交易所。在指數與期權市場上市的主要外匯期權合約如表 10－2 所示。

表 10－2　　　　　　　　在指數與期權市場上市的主要外匯期權合約

幣種	英鎊	德國馬克	加拿大元	日元	瑞士法郎	澳元
交易單位	\multicolumn{6}{l}{1 張對應的外匯期貨合約}
最小變動價位	2 個點或每英鎊 0.0002 美元（每合約 12.50 美元）	1 個點或每馬克 0.0001 美元（每合約 12.50 美元）	1 個點或每加元 0.0001 美元（每合約 10 美元）	1 個點或每日元 0.000,001 美元（每合約 12.50 美元）	1 個點或每法郎 0.0001 美元（每合約 12.50 美元）	1 個點或每澳元 0.0001 美元（每合約 10 美元）

表10-2(續)

幣種	英鎊	德國馬克	加拿大元	日元	瑞士法郎	澳元
敲定價格級距	$2\frac{1}{2}$美元	1美元	$\frac{1}{2}$美元	$\frac{1}{100}$美分	1美分	1美分
每月價格波動限制	期權將於對應期貨價格觸及開盤停板額時停止交易					
合約月份	系列月份，包括從3月份起按季循環的月份（3、6、9、12月）以及不按季循環的月份（1月、2月、4月、5月、7月、8月、10月、11月）					
交易時間	7：20－14：00（芝加哥時間）					
最後交易日	合約月份第三個星期往回數的第二個星期五，如該日為交易所假日，則交易將於該日前一個營業日停止					
履約日	期權交易任一營業日					
交割方式	標的期貨合約的多頭部位或空頭部位					

1.4.3 股票指數期貨期權

股票指數期貨期權是指以某種股票指數期貨合約作為標的物的期權。股票指數期貨期權在履約時，交易雙方將根據敲定價格把期權部分轉化為相應的期貨部分，並在期貨合約到期前根據當時市場價格實現逐日結算，而於期貨合約到期時再根據最後結算價格實行現金結算，以最後了結交易。

第一份普通股票指數期貨期權合約於1983年3月在芝加哥期權交易所出現。該期權的標的物是標準普爾100種股票指數。隨後，美國證券交易所和紐約證券交易所迅速引進了指數期權交易。股票指數期權以普通股股價指數作為標的，其價值決定於作為標的的股價指數的價值及其變化。股票指數期貨期權必須用現金交割，清算的現金額度等於指數現值與敲定價格之差和該期權的乘數之積。

影響股票指數期貨期權價格的基本因素主要有：股票指數期貨價格、執行價格、股票指數期貨價格波動率、距離到期時的剩餘時間和無風險利率。在期權的發展過程中，人們開發了很多模型對期權價值進行計算，其中以 Black－Scholes 模型最有代表性。但由於該模型只給出了理論上的價格參考，實際過程中由於價格波動性的估算差別及投資者的出價也會與理論價格有出入。

股票指數期貨期權與股票指數期貨的不同。股票指數期貨期權的主要不同點在於，期權買方在向賣方支付了期權費之後只享有權利，並不承擔履約義務，而賣方則只承擔義務，只要買方按交易規則提出行權要求，賣方就要按照期權合約標的條款履行相應義務。

2 期貨期權的估值方法

2.1 看跌期權與看漲期權之間的平價關係

在前面的章節中，我們從歐式股票期權推導出看漲期權與看跌期權的平價關係。現在用類似的方法推導歐式看漲期貨期權與看跌期貨期權之間的平價關係。

考慮歐式看漲期貨期權和歐式看跌期貨期權，兩者執行價格均為 X，到期時刻為 T。我們得到兩套投資組合：

投資組合 A：一份歐式看漲期貨期權加上 Xe^{-rT} 的現金。

投資組合 B：一份歐式看跌期貨期權加一份期貨多頭再加 Fe^{-rT} 的現金。

在投資組合 A 中，可將現金按照無風險利率 r 進行投資，到時刻 T 時增加為 X。假設期權到期日的期貨價格為 F_T，如果 $F_T > X$，投資組合 A 中的看漲期權被執行，投資組合 A 的價值為 F_T；如果 $F_T \leq X$，投資組合 A 中的看漲期權沒有被執行，投資組合 A 的價值是 X。於是在 T 時刻，投資組合 A 的價值為 $\max(F_T, X)$。

在投資組合 B 中，也可以將現金按照無風險利率 r 投資，到時刻 T 時增加為 F。看跌期權的收益為 $\max(X - F_T, 0)$。期貨合約的收益為 $F_T - F$。於是在 T 時刻，投資組合 B 的價值為：

$$F + (F_T - F) + \max(X - F_T, 0) = \max(F_T, X) \tag{10-3}$$

因為在時刻 T，兩套投資組合的價值相同，並且都沒有提前執行的機會，所以今天兩者的價值也相同。投資組合 A 今天的價值為：

$c + Xe^{-rT}$

其中，c 是看漲期貨期權的價格。盯市過程確保投資組合 B 中期貨合約今天的價值為 0。所以投資組合 B 的價值為：

$p + Fe^{-rT}$

其中，p 是看跌期貨期權的價格。因此，

$$c + Xe^{-rT} = p + Fe^{-rT} \tag{10-4}$$

例 10-6 假設一份 6 個月後交割、執行價格為 8.50 美元的歐式白銀期貨看漲期權的價格為每盎司 0.56 美元。設 6 個月後交割的白銀期貨價格現在是 8.00 美元，6 個月後到期的投資的無風險利率為每年 10%。將公式（10-1）變形，可以得到與看漲期權具有相同到期日和執行價格的歐式白銀期貨看跌期權的價格為：

$0.56 + 8.50 e^{-0.5 \times 0.1} - 8.00 e^{-0.5 \times 0.1} = 1.04$

對於美式看漲期貨期權，假設價格為 C，另有一份美式看跌期貨期權，價格為 P。兩

者的執行價格均為 X，到期時刻為 T。C 與 P 的無套利關係為：

$$Fe^{-rT} - X < C - P < F - Xe^{-rT} \qquad (10-5)$$

為證明這一結論，我們假設：

投資組合 C：一份歐式看漲期貨期權加數額為 X 的現金。

投資組合 D：一份美式看跌期貨期權加一份期貨多頭再加數額為 Fe^{-rT} 的現金。

投資組合 E：一份美式看漲期貨期權加上 Xe^{-rT} 的按照無風險利率的投資。

投資組合 F：一份歐式看跌期貨期權加數額為 F 的現金再加一份期貨合約多頭。

無論是否提前執行投資組合 D 的美式期權，在執行美式期權時刻，投資組合 D 的價值總是低於投資組合 C。所以，D 的價值就小於 C，即

$$C - P < F - Xe^{-rT} \quad P + Fe^{-rT} < c + X$$

由於歐式看漲期權的價值總是低於相應的美式期權，

$$c \leq C$$

因此，$P + Fe^{-rT} < C + X$

即 $\quad Fe^{-rT} - X < C - P \qquad (10-6)$

這就是不等式（10-5）的前半部分。

無論是否提前執行投資組合 E 中的美式期權，在執行美式期權時刻，投資組合 F 的價值總是高於投資組合 E。所以，投資組合 F 的價值就大於 E，即

$$C + Xe^{-rT} < p + F$$

由於 $p \leq P$，因此

$$C + Xe^{-rT} < P + F$$

即 $\quad C - P < F - Xe^{-rT} \qquad (10-7)$

這就是不等式（10-5）的後半部分。

2.2 期貨期權的價格範圍

進一步考慮一份美式看漲期貨期權，假設價格為 C，另有一份美式看跌期貨期權，價格為 P。兩者的執行價格都是 X，到期時刻為 T。C 與 P 的無套利關係為：

$$Fe^{-rT} - X < C - P < F - Xe^{-rT} \qquad (10-8)$$

為證明這一結論，我們先考慮兩個投資組合。

投資組合 C：一份歐式看漲期貨期權加數額為 X 的現金；

投資組合 D：一份美式看跌期貨期權加一份期貨多頭再加數額為 Fe^{-rT} 的現金。

無論是否提前執行投資組合 D 的美式期權，在執行美式期權時刻，投資組合 D 的價值總是低於投資組合 C。所以，D 的價值就小於 C，即

$$P + Fe^{-rT} < c + X \qquad (10-9)$$

由於歐式看漲期權的價值 c 總是低於相應的美式期權 C，因此

$P + Fe^{-rT} < C + X$

即　　$Fe^{-rT} - X < C - P$　　　　　　　　　　　　　　　　　　　　　　　　（10－10）

這就是不等式（10－8）的前半部分。

接下來我們再來考慮兩個投資組合。

投資組合 E：一份美式看漲期貨期權加上 Xe^{-rT} 的按照無風險利率的投資；

投資組合 F：一份歐式看跌期貨期權加數額為 F 的現金再加一份期貨合約多頭。

無論是否提前執行投資組合 E 中的美式期權，在執行美式期權時刻，投資組合 F 的價值總是高於投資組合 E。所以，投資組合 F 的價值就大於 E，即

$C + Xe^{-rT} < p + F$　　　　　　　　　　　　　　　　　　　　　　　　　　　（10－11）

由於歐式看跌期權的價值 p 總是低於相應的美式期權 P，因此

$C + Xe^{-rT} < P + F$

即

$C - P < F - Xe^{-rT}$　　　　　　　　　　　　　　　　　　　　　　　　　　　（10－12）

這就是不等式（10－8）的後半部分。

公式（10－4）的看跌期權與看漲期權之間的平價關係提供了歐式看漲期權與看跌期權的價格範圍。因為看跌期權的價格 p 總是高於 0，從公式（10－4）可得：

$C + Xe^{-rT} > Fe^{-rT}$

即　　$c > (F - X)e^{-rT}$　　　　　　　　　　　　　　　　　　　　　　　　　　（10－13）

類似地，因為看漲期權的價格總是大於 0，從公式（10－4）可得：

$Xe^{-rT} < Fe^{-rT} + p$

即　　$p > (X - F)e^{-rT}$　　　　　　　　　　　　　　　　　　　　　　　　　　（10－14）

此處的價格邊界與前面章節推導的歐式股票期權價格邊界類似。當期權處於深度實值狀態時，歐式看漲期權和看跌期權價格與下界非常接近。為理解其原因，我們再看公式（10－3）的看跌期權與看漲期權的平價關係。當看漲期權處於深度實值狀態時，看跌期權處於深度虛值狀態。這意味著 p 很接近於 0。C 與價格下界的差等於 p，因此看漲期權的價格非常接近價格下界。類似地，可以推導出看跌期權的情況。

因為美式期貨期權可以在任意時刻執行，可以推導出

$C > F - X$　　　　　　　　　　　　　　　　　　　　　　　　　　　　　　　（10－15）

並且　　$P > X - F$

所以，如果利率為正值，美式期權的價格下限總是比歐式期權的價格下限高。因而，美式期貨期權總能找到提前執行的機會。

實際上，在平時進行的期貨期權交易，大多數均是美式期貨期權。假如無風險利率 r

為正，提前執行美式期貨期權有時是最優策略。因此，美式期貨期權的價值要高於相應的歐式期貨期權。

當期貨合約與期權合約具有相同的到期日時，美式期貨期權並不總是與相應的美式現貨資產期權具有相同的價值。例如，假設有一種正常市況的市場，到期日之前期貨價格總是高於現貨價格。大多數股票指數、黃金、白銀、低利率貨幣比相應的該現貨資產的美式看漲期權價值高。這是因為，在有些情況下，美式期貨期權可能會提前執行，這時它將為持有者提供更大的收益。同樣，美式看跌期貨期權的價值一定比相應的現貨資產的美式看跌期權的價值要低。如果存在著一個逆向市況市場，期貨價格總是低於現貨價格，如高利率貨幣和某些商品的情況就是這樣的。此時的狀況就與上面的結論相反。在這個市場中，美式看漲期貨期權的價值一定比相應的該現貨資產的美式看漲期權的價值低，而美式看跌期貨期權的價值一定比相應的現貨資產的美式看跌期權的價值高。

當期貨合約比期權合約到期晚或者兩者同時到期時，以上所述的美式期貨期權和美式現貨資產期權的差異是存在的。實際上，期貨合約到期越晚，兩者的差異就越大。

2.3 Black-Scholes 模型在期貨期權定價中的使用

在前面的章節中我們講到，期貨在簽約、成交時是零成本合約，因此，在無套利機會的假設下，期貨價格 F 應該等於到期時標的物的市場價格的期望值 $E(S_T)$。而在風險中性假設下，$E(S_T)$ 應該等於標的物當前價格 S 按無風險利率增長至到期時的價值。即：

$$F = E(S_T) = Se^{rT}$$

即，$\quad S = Fe^{-rT}$

所以，$\quad \ln(S/X) = \ln(F/X) - rT \qquad (10-16)$

將上面兩個式子代入 Black-Scholes 模型，運用公式 $c = S \times N(d_1) - Xe^{-rT} \times N(d_2)$ 和 $p = Xe^{-rT} \times N(d_2) - S \times N(-d_1)$ 可以對歐式期貨期權進行估價。在對歐式期貨期權進行估價的過程中，假設期貨價格具有對數正態分佈的性質。

設歐式看漲期權價格為 c，歐式看跌期權價格為 p，對於給定的期貨期權，將上述兩個公式中的 S 換成 F 可以得到看漲期貨期權價格公式和看跌期貨期權價格公式：

$$c = F \times N(d_1) - Xe^{-rT} \times N(d_2) \qquad (10-17)$$

$$p = Xe^{-rT} \times N(d_2) - F \times N(-d_1) \qquad (10-18)$$

其中

$$d_1 = \frac{\ln(F/X) + \sigma^2 T/2}{\sigma \sqrt{T}} \qquad (10-19)$$

$$d_2 = \frac{\ln(F/X) - \sigma^2 T/2}{\sigma \sqrt{T}} = d_1 - \sigma \sqrt{T} \qquad (10-20)$$

其中，σ 是期貨價格的波動率。當持有成本和便利收益只是時間的函數時，可以看出期貨價格的波動率與標的資產價格的波動率是一樣的。

例10－7 考慮一個原油的歐式看跌期貨期權。設距到期日還有4個月，當前期貨價格為20美元，執行價格是20美元，無風險利率是每年9%，期貨價格的波動率是每年25%。在本例中，F = 20，X = 20，r = 0.09，T = 4/12，σ = 0.25。由於 ln（F/X）= 0，因此

$d_1 = \sigma\sqrt{T}/2 = 0.072,16$

$d_2 = -\sigma\sqrt{T}/2 = -0.072,16$

$N(-d_1) = 0.4712$

$N(-d_2) = 0.5288$

看跌期權價格 p 為：

$p = e^{-0.09 \times 4/12} \times 20 \times 0.5288 - 20 \times 0.4712 = 0.84$

即0.84美元。

3　期貨期權與期貨比較

期貨期權合約的標的物是相對應的期貨合約，因此，期貨期權與期貨在交易過程中有許多相似之處，但同時兩者又是不同的。

（1）期貨期權交易與期貨交易的共同之處。期貨期權交易與期貨交易在諸多方面存在著相同之處：①兩者的交易對象都是標準化的合約。期貨期權與期貨交易均是在未來某一時期交割標準或合約。②兩者的交易都是在期貨交易所內通過公開競價的方式進行。③交易達成後，都必須通過結算所統一結算。

（2）期貨期權交易與期貨交易的不同之處。

①合約標的物不同。期貨合約是交易雙方達成的在未來特定日期交付一定數量和品級的實貨商品或金融工具的可轉讓且標準化的合約，因此，期貨合約的標的物是一般商品或金融工具。而期貨期權合約是支付了權利金的買方有權在規定的有效期限內買入或賣出一定數量的期貨合約的標準化合約，因此，期貨期權合約的標的物是相關的商品期貨合約或金融期貨合約。

②買賣雙方的權利義務不同。在期貨交易中，期貨合約的買賣雙方都被賦予了相應的權利和義務，不存在一方只享有權利而不承擔義務的情況。買賣雙方都有進行實物交割的義務，若想免除到期履行期貨合約的義務，必須在合約交割期到來之前進行對沖。而在期貨期權交易中，期權的買方有權在其認為合適的時候行使權利，但並不負有必須買入或賣

出的義務。當買方認為行使期權對自己不利時，完全可以放棄期權，而不必徵得期權賣方的同意，不過買方會因此而損失一筆期權權利金。而對於期權合約的賣方卻沒有任何權利，他有義務滿足期權買方要求履行合約時買入或賣出一定數量的期貨合約。

③保證金規定不同。在期貨交易中，買賣雙方都要繳納一定數量的保證金，客戶在開立期貨交易帳戶時就必須繳納基礎保證金，並將其維持在一定水準。若客戶在期貨交易過程中保證金水準不足，應隨時追加保證金，以作為成交雙方的履約保證。而在期貨期權交易中，期權買方無需繳納保證金，買方所面臨的最大損失就是他預先付出的期權權利金。由於這種風險是有限的和能夠預知的，他的最大虧損不會超過他已支付的期權權利金，因此，期權買方就沒有必要開立保證金帳戶，也不用繳納履約保證金。但對於期權賣方來說，他所面臨的市場風險與期貨交易中的風險一樣。由於誰也無法準確預測期貨市場的變動方向，所以，期權賣方必須交付一筆保證金，並將其維持在一定水準，以表明他具有相應的履行期貨期權合約的能力。

④市場風險不同。在期貨交易中，交易雙方由於價格的不確定變動必然使其中一方盈利，而使另一方虧損，盈利和虧損的程度取決於價格變動的幅度。所以，買賣雙方的潛在的盈利和虧損都是無限的。而在期貨期權交易中，由於期權買方與期權賣方的權利與義務的不對稱性，期權賣方的盈利可能是有限的（僅以期權權利金為限），而虧損的風險可能是無限的（在看漲期權的情況下），也可能是有限的（在看跌期權的情況下）。當然，在現實的期權交易中，期權賣方並非總是處於不利的地位，因為在期權交易中很少以履約平倉的方式進行。

⑤獲利機會不同。在期貨交易中，買賣雙方都無權違約，也無權要求提前或推遲交割，而只能在到期前的任一時間通過反向交易而實現對沖。交易者獲得意外收益和遭受意外損失的風險性是均等的。而在期貨期權交易中，由於槓桿作用更加突出，給交易者帶來了更多的獲利機會。

小結

本章主要介紹期貨期權的有關知識。期貨期權是指以期貨合約為標的物的期權。和現貨期權類似，期貨期權也分為看漲期權和看跌期權。執行看漲期權時，持有者獲得了一份期貨合約的多頭頭寸加上一筆數額等於期貨價格減去執行價格的現金。同樣，執行看跌期權時，持有者獲得了一份期貨合約的空頭頭寸加上一筆數額等於執行價格減去期貨價格的現金。因為期貨合約比標的資產更具有流動性、更易交易並且期貨合約交割比交割標的資產本身更方便，所以期貨期權合約在現實生活中被廣泛使用。

在本章的後半部分，我們介紹了期貨期權合約的定價。假設期貨價格與我們在前面章

節中對股票價格所做的假設一樣，具有對數正態分佈的性質，和實物期權類似，我們給出期貨期權估值的 Black-Scholes 模型。如果我們假設兩者到期日相同，歐式期貨期權與基於相應標的資產的歐式期權價值完全相同。但是，對於美式期權，這一結論不能成立。若期貨市場是正常市況的，美式期貨看漲期權比標的資產的美式看漲期權價值高，而美式期貨看跌期權比該標的資產的美式看跌期權價值低。若期貨市場是逆向市況的，結果則相反。

　　同時，在本章的第三部分，介紹了期貨期權與期貨的異同，兩者在交易對象、交易方式及結算方面存在的許多共同之處，但在標的物、買賣雙方的權利和義務、保證金制度等方面還有一定的區別。期貨期權完善了期貨市場，豐富了投資者的資產組合，中國也應該與國際期貨市場接軌，適時推出期貨期權交易，增強國際競爭力。

課後練習

　　1. 什麼是期貨期權？期貨期權是如何產生的？

　　2. 期貨期權有哪些特點？

　　3. 試比較期貨期權與期貨的異同。

　　4. 一份期貨的當前價格為 50，6 個月後，期貨價格或者變為 56 或者變為 46，無風險利率為每年 6%，則執行價格為 50 的 6 個月歐式看漲期權價值是多少？

　　5. 期貨期權的看跌期權與看漲期權之間的平價關係與不支付紅利的股票的期權的看跌期權與看漲期權之間的平價關係有什麼不同？

　　6. 考慮一份與對應期貨同時到期的美式看漲期貨期權。在什麼情況下，該期貨期權價值比標的資產的美式期權價值高？

　　7. 計算當期貨價格為 19 美元時，5 個月期的歐式看跌期貨期權的價值。已知執行價格為 20 美元，無風險利率為每年 12%，期貨價格的波動率為每年 20%。

第 11 章　利率期權

學習目標

通過本章的學習要掌握利率期權的基本含義，利率期權市場的基本情況，主要的利率期權（包括利率期貨期權、場外市場期權以及內嵌在債務工具中的期權）。還要掌握為利率期權定價的解析工具。要理解利率期權定價的核心——布萊克—斯科爾斯模型。通過本章的學習你應該知道：

- 利率期權的概念、作用、種類和一般交易機制；
- 國際著名的利率期貨的市場和交易情況；
- 布萊克—斯科爾斯定價公式在利率期權定價方面的應用。

重要術語

利率期權、債券期權、利率上限、期限結構

1　利率期權概況

澳大利亞悉尼期貨交易所是世界上第一個在金融證券期貨市場上嘗試利率期權交易的交易所，它在 1982 年 3 月就開始把期權交易運用到銀行票據期貨市場上。隨後，利率期權交易被世界上許多交易所廣泛採用，其中，以美國期權交易發展最為迅速，影響力最大。美國芝加哥交易所於 1982 年 10 月 1 日率先推出長期債券期權；美國股票交易所於 1982 年 10 月 22 日推出了中期債券期權，1982 年 11 月 5 日又推出短期債券期權。無論在場外市場還是在場內交易，各種不同類型的利率期權交易非常活躍。由於這些證券變得越來越普及，因而廣為投資者所運用和推崇。

利率期權是一項關於利率變化的權利，其損益在一定程度上依賴於利率，又叫債券期權。利率期權是在約定的時間內以事先確定的價格（利率）買入或賣出給定面額的利率工具，如債券或債券期貨合約的權利。當市場利率向不利方向變化時，買方可固定其利率水準；當市場利率向有利方向變化時，買方可獲得利率變化的好處。利率期權的賣方向買方收取期權費，同時承擔相應的風險。

在20世紀70年代初期，由於固定匯率制轉變為浮動匯率制，美國中央銀行為了穩定匯價，開始頻繁地變動原本穩定的匯率，再加之新貨幣學派的興起，西方主要國家的貨幣經濟政策逐漸由直接管制利率水準轉向管理貨幣供應量，其結果是各國利率水準劇烈波動和不可預測，使公司與銀行面臨日益突出的利率風險，嚴重地影響了公司、企業的正常生產經營。最明顯的例子是建築和房地產企業。房地產出售一般要靠銀行抵押貸款給予融資便利，這些貸款的利率都是固定的，房地產商開發房地產的能力取決於當時的利率水準，利率上升不僅會增加其融資成本，加大生產費用，而且會使房地產價格降低。所以，房地產開發公司希望能對利率風險進行有效管理，先支付一定的費用來規避這種風險，從而事先核定信貸或融資成本。因此，面對日益波動的利率風險，一些公司和銀行機構紛紛尋找規避風險的投資工具，繼利率期貨和債券期貨之後又產生了一種新的利率保值工具。這就是利率期權。

我們可以將利率期權分成三類：交易所交易的、場外市場交易的和內嵌在金融工具中的利率期權。交易所交易的利率期權主要是指利率期貨期權。此外，還有一些債券期權。場外市場上的利率期權不像內嵌在其他金融工具中的利率期權，它是單獨直接交易的，它也是利率期權發展和創新的根源。因為場外交易市場幾乎完全是私下進行的，所以沒有關於市場規模和交易活動的完整、精確的統計數據。不過，我們有可能確定其市場規模的下限，因為我們可以利用有兩個數據來源：一個是國際互換和衍生工具協會（International Swaps and Derivatives Association，簡稱ISDA）。國際互換和衍生工具協會會定期調查其成員的交易規模和營業資產。另一個是美國貨幣審計辦公室（Office of the Comptroller），它要求商業銀行提交衍生產品交易的報告。

在場外交易市場上，名義本金的概念是很關鍵的。名義本金可以通過與期貨和期貨期權市場的類比來理解。舉個例子，一份歐元期貨合約（或一份歐元期貨期權合約）的本金是$1,000,000，不過這一百萬美元並不是合約中實際的投資或風險暴露頭寸，這一百萬美元類似於場外交易市場上的名義本金。名義本金是用來計算利息額的本金數量，它既不是實際的風險暴露，也不進行實際的支付，只是計算利息流的基礎。

根據國際互換和衍生工具協會的報告，到1997年，場外市場上交易的利率期權的名義本金已超過5萬億美元，在過去10年每年以接近35%的速度增長。國際互換和衍生工具協會的數據在一定程度上低估了場外市場的發展，因為它只包括101個會員的數據，不過僅此數據就表明場外市場的發展遠遠超過了交易所市場的發展。

貨幣控制辦公室（OCC）的報告顯示，475家商業銀行和信託公司在交易所和場外市場上均有大量的衍生證券頭寸，它們的報告沒有將利率期權和其他衍生工具區分開來，但可以斷言銀行的期權頭寸主要是利率期權頭寸。1997年，這些銀行持有的交易所期權頭寸為1.363萬億美元，場外市場期權頭寸為4.598萬億美元，兩者都是用名義本金來衡量的。貨幣控制辦公室（OCC）的報告還顯示，場外市場交易的期權和交易所交易的期權的比例約為3：1。

這些數據和國際互換和衍生工具協會報告的數據不是獨立的，每份期權合約都有買方和賣方，因此可能銀行的一些期權頭寸在國際互換和衍生工具協會的調查中已經包括了，而且一些銀行的衍生證券部也是國際互換和衍生工具協會的會員，這些銀行的期權頭寸就可能被計算兩次，這說明統計場外市場交易的利率期權是很困難的。不過，至少有一點是清楚的，利率期權的市場規模巨大，名義本金的頭寸以萬億計。

除了在交易所和場外市場直接交易的利率期權，有大量的利率期權是內嵌在其他證券之中的。這些利率期權一般是內嵌在可贖回的公司息票債券和抵押債務中。

在美國，長期公司債券一般是息票債券，而且是可贖回的。贖回條款允許發行公司在特定的時間以特定的價格從投資者手中買回債券，即發行公司擁有一個內嵌在債券合約中的期權。這個贖回條款在本質上是一個利率期權，因為贖回條款的價值依賴於債券的價值，而債券的價值依賴於利率。幾年前發行的美國國庫券也有贖回條款，但現在沒有了。廣泛存在的贖回條款說明內嵌的利率期權大量存在，這些內嵌的利率期權對債券的市場價值有顯著影響，我們將看到，債券的期權特徵會影響債券價格對利率變動的反應方式。

另外一類主要的內嵌的利率期權存在於抵押的不動產之中。幾乎所有的不動產抵押都含有提前償還條款，它允許借款人在抵押到期前提前償還負債，這個提前償還條款是貸款人提供給借款人的。不動產抵押貸款的餘額以億美元計，多數抵押貸款會在到期前提前償還，這意味著提前償還期權一般會被執行。

在美國，住房抵押貸款一般是抵押銀行用來形成抵押擔保證券的基礎。在本質上，抵押擔保證券（Mortgage-Backed Security，簡稱MBS）是一個組合或不動產抵押池。抵押擔保證券的投資者投資於由抵押貸款構成的組合，並按事先確定的比例參與組合現金流的分配。一旦抵押貸款被納入資產池，政府抵押協會（Government National Mortgage Association，簡稱GNMA）或聯邦抵押協會（Federal National Mortgage Association，簡稱FNMA）會提供違約風險的擔保。因此，抵押擔保證券的收益率在考慮提前償還的期權後略高於國庫券的收益率。

在組成抵押擔保證券的抵押貸款中，每期都有一些被提前償還。提前償還住房抵押貸款的原因主要有兩個：首先是一些人賣掉了住房，其次是為了利用更有利的再融資利率。從抵押擔保證券的投資者角度看，第二個原因更重要。

再融資一般會在現在的市場利率大大低於抵押貸款的合同利率的時候發生。當抵押擔

保證券中的抵押貸款出現提前償還的時候，抵押擔保證券的投資者收到提前償還款項的一部分。從抵押擔保證券投資者角度看，本金的償還是不受歡迎的，因為這主要出現在利率很低的時候，抵押擔保證券的投資者將面臨以一個更低的利率投資。

提前償還的定價是複雜的。因為提前償還不但依賴於利率的變動，還依賴於人口統計學。一些抵押貸款的提前償還率更高，是因為借款人更傾向於賣掉房子，這些人的流動性和跳槽比例都比較高。因此，住房抵押貸款中內嵌的提前償還期權很複雜，而且對理解抵押擔保證券的定價非常重要。抵押擔保證券專家要花費大量的時間和精力，考慮提前償還。

除了住房抵押貸款，另外一類抵押擔保證券是證券化的抵押支持證券（Collateralized Mortgage Obligation，簡稱CMO）。證券化的抵押支持證券是通過將抵押貸款的現金流分解後從新打包以滿足不同投資者的需求。這個打包稱為部分（Tranche）。不同部分的息票率和到期日不同，它們被出售給不同的投資者。此外，抵押貸款也可以剝離成利息和本金兩部分。在一個典型的抵押貸款中，每個月的償還額中的一部分是償還當月的利息，剩下的部分是償還本金。一個利率（Interest only）抵押擔保證券僅由抵押貸款的利息償還部分組成。類似地，本金（Principal only）抵押擔保證券僅由本金償還組成。

對於可贖回的債券和抵押貸款而言，理解它的價值和投資特徵依賴於理解其中內嵌的期權帶來的影響。一般將含有內嵌期權的金融工具價格分解成兩部分，即主體價值和期權價值，主體價值是不含期權的同類工具的價值。

含內嵌期權的金融工具的價值＝主體價值±期權價值

內嵌期權既可能增加主體的價值，也可能降低主體的價值。舉個例子，可贖回債券中的贖回條款是發行者擁有的一個看漲期權，從投資的角度看，它降低了債券的價值。可在抵押貸款中，借款人擁有一個提前償還的期權。在這兩種主要的內嵌期權中，借款人擁有期權，因此期權降低了資產的價值，提高了資產的收益率。

2 布萊克—斯科爾斯模型在利率期權定價中的應用

2.1 經過期權調整的價差

現在我們開始討論利率期權的定價，利率期權定價的關鍵是利率期限結構。在討論定價模型之前，我們還需要瞭解經過期權調整的價差（Option－Adjusted Spread，簡稱OAS）。

為了計算某個金融工具的期權調整的價差，首先利用政府長期零息票收益率曲線進行估值，並將該值輸入到新的定價模型中去。將模型給出的該金融工具的價格與它在市場中

的價格進行比較。運用一系列迭代過程以確定平行漂移到所輸入的國債收益率曲線的平行漂移量,該平行漂移量將使得模型的價格等於市場的價格。這個平行漂移量就是期權調整的價差。

舉個例子,假設市場價格是 $102.00,利用國債收益曲線計算出的價格為 $103.27。作為第一步試算,我們可以選擇平等漂移到國債零息票曲線的平行漂移量為 60 個點。假設這個漂移量給出該金融工具價格為 $101.20。這低於 $102.00 的價格,意味著在 0~60 點之間的某個平行漂移量將使得模型所計算的價格等於市場價格。自然我們利用線性插值計算得:

$$60 \times \frac{103.27 - 102.00}{103.27 - 101.20} = 36.81 \text{(點)}$$

將 36.81 點作為下一次試算的漂移量。假設這個漂移量給出的價格為 $101.95。這說明期權調整的價差比 36.81 點要稍微小一些。線性插值給出的下一次試算的漂移為:

$$36.81 \times \frac{103.27 - 102.00}{103.27 - 101.95} = 35.41 \text{(點)}$$

2.2 布萊克—斯科爾斯模型與利率期權的定價

自從 1973 年布萊克—斯科爾斯(Black-Scholes)期權公式首次公布以來,該公式已成為非常流行的工具。該模型經過擴展之後,可為貨幣期權、指數期權以及期貨期權估值。交易員已經非常習慣於支撐該模型的對數正態分佈假設和用來描述不確定性的波動率測度。為了將該模型運用於利率衍生證券的定價,人們做了各種擴展。

在利率衍生證券領域應用最廣泛的布萊克—斯科爾斯擴展模型是發表於 1976 年的 Black 模型,起初開發該模型是為了給商品期貨期權進行估值。該模型擴展後為範圍廣泛的歐式期權估值提供了一個靈活的框架。我們還將給出一些例子說明布萊克—斯科爾斯模型如何應用於利率期權的定價。

2.2.1 運用布萊克—斯科爾斯模型為歐式期權定價

考慮一個基於變量 V 的歐式看漲期權,假設利率是非隨機變量並定義:

T:期權到期日;

F:在期限為 T 的合約中的 V 的未來價格;

X:期權的執行價格;

r:期限為 T 的零息票收益;

σ:F 的波動率;

V_T:在時刻 T 時 V 的價值;

F_T:在時刻 T 時 F 的價值。

在時刻 T,期權的盈利狀態是 $\max(V_T - X, 0)$。由於 $F_T = V_T$,因此我們可認為在 T

時刻的期權盈利狀態為 $\max(F_T - X, 0)$，布萊克—斯科爾斯模型給出 0 時刻歐式看漲期權的價值 c 為：

$$c = e^{-rT}[FN(d_1) - XN(d_2)] \tag{11-1}$$

其中：

$$d_1 = \frac{\ln(F/X) + \sigma^2 T/2}{\sigma\sqrt{T}}$$

$$d_2 = \frac{\ln(F/X) - \sigma^2 T/2}{\sigma\sqrt{T}} = d_1 - \sigma\sqrt{T}$$

歐式看跌期權的價值 p 為：

$$p = e^{-rT}[XN(-d_2) - FN(-d_1)] \tag{11-2}$$

2.2.2 布萊克—斯科爾斯模型的擴展

布萊克—斯科爾斯模型假設 F 的波動率為常數，我們可以稍微放鬆這個假設。由於我們是為歐式期權進行估值，我們並不關心時刻 T 之前的 V 值或 F 值。我們僅只是要求在 T 時刻 V 服從對數正態分佈。由於 F 是 V_T 在風險中性世界中的期望值，我們能夠利用風險中性估值方法推導出公式（11-1）和公式（11-2）的充分條件如下：

（1）V_T 的概率分佈是對數正態分佈；

（2）$\ln V_T$ 的標準偏差是 $\sigma\sqrt{T}$；

（3）利率是非隨機變量。

當利率是非隨機變量時，期貨價格和遠期價格是相同的。因此，對 T 時刻到期的某個合約而言，變量 F 可定義為 V 的遠期價格。

總之，只要假設利率是非隨機變量，期權到期時標的變量服從對數正態分佈，任何時候我們都可以利用公式（11-1）和公式（11-2）為歐式期權估值。在方程式中的變量 F 可定義為 T 時刻到期的某個合約中的標的變量的遠期價格。

由於我們並沒有假設 V 和 F 的變化遵循幾何布朗運動，那麼定義變量 σ 為波動率並不嚴格。現實中，它不過是一個具有如下特性的變量，即 $\sigma\sqrt{T}$ 是 $\ln V_T$ 的標準偏差。為了強調這一點，我們定義 σ 為 T 時刻 V 的波動率測度（Volatility Measure）。

進一步擴展布萊克—斯科爾斯模型，我們可允許給出盈利的時刻不是 T 時刻，如假設從 T 時刻的變量 V 的值計算出期權的盈利，但是該盈利延遲到 T^* 時刻，其中 $T^* \geq T$。在這種情況下，有必要從時刻 T^* 而不是從時刻 T 貼現該盈利。我們定義 r^* 為到期日為 T^* 的零息票收益率，於是公式（11-1）和公式（11-2）變為：

$$c = e^{-r^*T}[FN(d_1) - XN(d_2)] \tag{11-3}$$

$$p = e^{-r^*T}[XN(-d_2) - FN(-d_1)] \tag{11-4}$$

其中：

$$d_1 = \frac{\ln(F/X) + \sigma^2 T/2}{\sigma \sqrt{T}}$$

$$d_2 = \frac{\ln(F/X) - \sigma^2 T/2}{\sigma \sqrt{T}} = d_1 - \sigma \sqrt{T}$$

2.2.3 適用的利率

人們廣泛使用公式（11-1）到公式（11-4）為利率期權估值。變量 V 可以是利率、債券價格或兩個利率之間的價差。變量 F 等於 V 的遠期價格。用於貼現的變量 r 和 r^* 是從計算出來的零息票收益率。

當布萊克—斯科爾斯模型按這種方式運用時，出現了以下兩種近似情況：

（1）假設 V 的遠期價格等於它的期貨價格，因此等於 V_T 在風險中性世界中的期望值，但是，當利率是隨機變量時，遠期價格和期貨價格並不相等。

（2）即使計算期權盈利時刻這些利率假設為隨機變量，也假設用來貼現的這些利率為常數。

如果這些情況都發生，這兩個近似具有相互抵消的效應。因此，在為歐式利率期權估值時，布萊克—斯科爾斯模型比所期望的具有更強的理論基礎。

2.2.4 歐式債券期權的定價

歐式債券期權是在未來一個確定日期按一個確定價格購買或出售某個債券的選擇權。如果假設在期權到期日標的債券的價格服從對數正態分佈，令 F 等於遠期債券價格，則可用公式（11-1）和公式（11-2）為該期權估值。$\sigma \sqrt{T}$ 是期權到期時債券價格對數值的標準偏差。

從即期債券價格 B 可以計算出 F，公式如下：

$$F = (B - I)e^{rT} \tag{11-5}$$

其中，I 是在期權有效期內所支付的息票的現值。在這個公式中，即期債券價格和遠期債券價格都是現金價格（Cash Prices）而不是報價（Quoted Prices）。

在公式（11-1）和公式（11-2）中的執行價格應該是現金執行價格。期權條款中對 X 的設定很重要，如果將執行價格定義為期權履約時交換該債券的現金量，X 應該設定等於這個執行價格。如果將執行價格定義為期權履約時適用該債券的報價，X 應該設定等於執行價格加上截至期權到期日的累計利息（交易員將債券的報價看做為「乾淨價格」，而將現金價格看做為不純價格）。

例 11-1 考慮一個 10 個月期歐式看漲期權，標的證券是有效期 9.75 年的債券，面值為 $1000（當期權到期時，該債券的有效期為 8 年 11 個月）。假設當前債券現金價格為 $960，執行價格為 $1000，10 個月期無風險年利率為 10%，在 10 個月內該債券價格的波動率測度為年率 9%。債券息票率為 10%，每半年支付一次，預計在 3 個月後和 9 個月

後各支付 $50 息票（這意味著累計利息為 $25，報價為 $935）。我們假設3個月期和9個月期的無風險年利率分別為9.0%和9.5%，因此，所付息票的現值為：

$$50e^{-0.25 \times 0.09} + 50e^{-0.75 \times 0.095} = 95.45$$

即 $95.45。從公式（11-5）得到債券遠期價格如下：

$$F = (960 - 95.45)e^{0.10 \times 0.8333} = 939.68$$

（1）如果執行價格是執行時支付該債券的現金價格，公式（11-1）中的參數是 F = 939.68，X = 1,000，r = 0.1，σ = 0.09，T = 0.8333。看漲期權的價格為 $9.49。

（2）如果執行價格是執行時支付該債券的報價，由於期權的到期日是息票支付日之後的一個月，一個月的累計利息必須加到 X 中去。得到 X 的值為：

$$1000 + 50 \times 0.166, 67 = 1008.33$$

在公式（11-1）中的其他參數不變（即 F = 939.68，r = 0.1，σ = 0.09，T = 0.8333）。看漲期權的價格為 $7.97。

債券價格對數的標準偏差會隨時間變化。今天的標準偏差為零，因為今天債券的價格沒有不確定性。在債券的到期日標準偏差也是零，因為我們知道到期時債券價格將等於它的面值。在今天和債券到期日之間，標準偏差開始是增加的，然後減少。在為債券的歐式期權進行估值時，所使用的波動率測試 σ 為：

$$\sigma = \frac{\text{期權到期時債券價格對數的標準偏差}}{\sqrt{\text{期權到期時的時間長度}}}$$

一般來說，隨著期權有效期限的增加，σ 減少。當期權有效期限保持固定時，它是債券有效期限的一個函數。

2.2.5 收益率的波動率

債券期權報價所對應的波動率常常是收益率波動率度量而不是價格波動率度量。市場運用久期概念將報價的收益率波動率轉換為價格波動率。假設 D 是期權的標的遠期債券的經調整的久期。在期權到期時，債券價格 B 與其收益 y 之間的關係是：

$$\frac{\Delta B}{B} \approx -D\Delta y$$

即

$$\frac{\Delta B}{B} \approx -Dy\frac{\Delta y}{y}$$

這說明在布萊克—斯科爾斯模型中使用的波動率測度 σ 與的收益率波動率測度 σ_y 之間有近似的相關關係。其計算公式如下：

$$\sigma = Dy\sigma_y \qquad (11-6)$$

當債券期權報價給出收益率波動率時，隱含的假設常常是，可以使用公式（11-6）將該波動率轉換為價格波動率，然後將它與公式（11-1）或公式（11-2）聯立起來，

得到一個價格。

3 利率期權與利率上限、期限結構

3.1 利率上限

金融機構在場外市場提供的流行的利率期權是利率上限（Interest Rate Caps）。設計利率上限是為了提供某種保險，保證浮動利率借款的利息率不超過某一確定的利率水準。這個利率水準被稱為上限利率（Caps Rate）。當貸款的利率上限與貸款本身都是由同一家金融機構提供時，利率上限所包含期權的成本常常被合併在應支付的利率內。當它們由不同的金融機構提供時，為獲得利率上限，可能會要求事先支付一筆承諾費。

3.1.1 作為利率期權的某種組合的利率上限

利率上限確保在任何給定時刻所支付的借款利率是市場當前利率與上限利率中的較小者。假如一個本金為1000萬美元的貸款利率每3個月按3個月期LIBOR重新設定一次，而一家金融機構提供了一項年利率10%的利率上限（由於是每季支付一次利息，這個上限利率也是按季度計複利來表示的）。為了履行利率上限協議規定的義務，該金融機構在每個季末必須向那個借款人支付（以百萬美元為單位）：

$$0.25 \times 10 \times \max(R - 0.1, 0)$$

其中，R是每季度開始時的3個月期LIBOR利率（按季度計複利來表示）。例如，當每個季度開始時的3個月期LIBOR利率是年率11%時，金融機構在季末必須支付$25,000（$0.25 \times 10,000,000 \times 0.01$）。當LIBOR利率是年率9%時，金融機構不必做任何支付。表達式$\max(R - 0.1, 0)$是基於R的看漲期權所得的收益。因此，可把利率上限看成是一個基於R的看漲期權的組合，其收益是在期權發生後3個月才獲得。包含在利率上限中的單獨期權有時稱之為利率期權元（Caplets）。

一般而言，若利率上限為R_X，本金為L，從利率上限有效期開始在$\tau, 2\tau, \cdots, n\tau$時刻支付利息，則利率上限的出售方在$(k+1)\tau$時刻須支付的金額為：

$$\tau L \max(R_k - R_X, 0) \qquad (11-7)$$

其中，R_k是$k\tau$時刻被鎖定的利率的價值。這是一個在$k\tau$時刻觀察到的基於利率的看漲期權，其收益在$(k+1)\tau$時刻出現。通常是這樣構造利率上限，使得τ時刻沒有任何基於零時刻利率的收益。因此，在$2\tau, \cdots, n\tau$時刻利率上限具有潛在的收益。

3.1.2 作為債券期權的某種組合的利率上限

利率上限也可以看成是一個基於貼現債券的看跌期權組合，這些看跌期權的收益出現在計算它們的那個時刻。在$(k+1)\tau$時刻，公式（11-7）中的收益等於$k\tau$時刻的：

$$\frac{\tau L}{1+\tau R_k}\max(R_k - R_X, 0)$$

經過代數變換它化簡為：

$$\max\left[L - \frac{L(1+R_X\tau)}{1+\tau R_k}, 0\right] \tag{11-8}$$

表達式 $\frac{L(1+R_X\tau)}{1+\tau R_k}$ 是一個在 $(k+1)\tau$ 時刻收益為 $L(1+R_X\tau)$ 的貼現債券在 $k\tau$ 的基於在 $(k+1)\tau$ 時刻到期的貼現債券的看跌期權的收益，該貼現債券的面值為 $L(1+R_X\tau)$，看跌期權的執行價格為 L。這就證明了利率上限是一個基於貼現債券的歐式看跌期權組合的觀點。

3.2 利率下限和利率雙限

利率下限和利率雙限（有時叫做地板—頂板協議）的定義與利率上限相似。利率下限（Floor）對要支付的利率設置了一個下限，利率雙限（Collars）對要支付的利率既規定了上限又規定了下限。類似於利率上限的討論，我們可以將一個利率下限看成是一個基於利率的看跌期權的組合或是一個基於貼現債券的看漲期權的組合。它可以用類似於利率上限的方法進行估值。利率下限的出售方通常是浮動利率資金的借款方。一個利率雙限是由一個利率上限的多頭和一個利率下限的空頭組合而成的。在構造利率雙限時，通常使得利率上限的價格等於利率下限的價格，於是利率雙限的淨成本為零。

在利率上限價格和利率下限價格之間存在著類似看漲期權－看跌期權平價關係，即：

利率上限價格＝利率下限價格＋互換價格

在這個關係中，利率上限和利率下限具有同樣的執行價格 R_X。互換是這樣一個協議，即收取浮動利率並支付 R_X 的固定利率，但在第一個重新設定利率日並不交換利息。所有三個金融工具具有同樣的有效期、同樣的支付頻率。注意到利率上限多頭與利率下限空頭組合給出了與互換相等的現金流，很容易看到這個結果是成立的。

3.3 利率上限和利率下限的估值

正如公式（11-7）所示，對應於 $k\tau$ 時刻所觀察到的利率期權元給出了 $(k+1)\tau$ 時刻的收益為：

$$\tau L\max(R_k - R_X, 0)$$

如果假設 R_k 服從對數正態分佈，其波動率測度是 σ_k，公式（11-3）給出了這個利率期權元的值為：

$$\tau L e^{-r^*}[F_k N(d_1) - R_X N(d_2)] \tag{11-9}$$

其中：

$$d_1 = \frac{\ln(F_k/R_X) + \sigma_k^2 k\tau/2}{\sigma_k\sqrt{k\tau}}$$

$$d_2 = \frac{\ln(F_k/R_X) - \sigma_k^2 k\tau/2}{\sigma_k\sqrt{k\tau}} = d_1 - \sigma\sqrt{k\tau}$$

F_k 為在 $k\tau$ 與 $(k+1)\tau$ 時刻期間的遠期利率。從公式（11-4）得到對應的利率下限估值的表達式為：

$$\tau L e^{-r^*(k+1)\tau}[R_X N(d_2) - F_k N(d_1)] \tag{11-10}$$

在這些方程中，r^* 是到期日為 $(k+1)\tau$ 的按連續複利計息的零收益率曲線利率。R_X 和 F_k 都是按 τ 的頻率計複利來表示的。

例 11-2 考慮一個貸款金額為 \$10,000，一年後開始的，把上限利率限定在年度 8%（每季計複利一次）的 3 個月期貸款合約。這是一個利率期權元，可以作為利率上限的一個組成部分。假設一年後開始的 3 個月期遠期利率是年率 7%（每季計複利一次）；現在的 15 個月期利率為年率 6.5%（每季計複利一次）；而且利率期權元所依附的 3 個月期利率的波動率度量為 20%。在公式（11-9）中，$F_k = 0.07$，$\tau = 0.25$，$L = 1000$，$R_X = 0.08$，$r^* = 0.065$，$\sigma = 0.20$，$k\tau = 1.0$。

由於

$$d_1 = \frac{\ln 0.875 + 0.02}{0.20} = -0.5677$$

$$d_2 = d_1 - 0.20 = -0.7677$$

所以，利率期權元的價格是：

$$0.25 \times 10,000 e^{-0.065 \times 1.25}[0.07 N(-0.5677) - 0.08 N(-0.7677)] = 5.19$$

即 \$5.19。

每個利率期權元必須使用公式（11-9）分別進行估值。對於方程中的波動率，一種方法是對每個利率期權元使用不同的波動率測度。於是，這些波動率測度被稱之為遠期的遠期波動率（Forward Forward Volatility）。另一種方法是對所有的組成任何特定利率上限的利率期權元都使用相同的波動率，但按利率上限有效期限的不同來改變這個波動率。於是，所使用的這些波動率被稱之為單一波動率（Flat Volatility）。經紀人所報出的波動率通常是單一波動率。然而，許多交易員喜歡使用遠期的遠期波動率，因為這可使得他們識別低估或高估了的利率期權元。歐洲美元期貨期權非常類似於利率期權元，人們經常將基於 3 個月期 LIBOR 的利率期權元所隱含的遠期的遠期波動率與從歐洲美元期貨價格中計算的波動率進行比較。

小結

利率期權的形式多種多樣。在交易所中，長期國債期貨期權、中期國債期貨期權，以及歐洲美元期貨期權的交易活躍。由金融機構所提供的貸款和存款工具也常常包含隱含的期權。抵押擔保證券包含了嵌入利率期權，表示抵押基金的貸款人答應借款人提前支付的選擇權。在 OTC 市場，諸如利率上限和互換期權這些利率衍生工具的交易也很活躍。

布萊克—斯科爾斯模型是流行的為歐式利率期權進行估值的方法。布萊克—斯科爾斯模型的核心是假設期權中標的變量的價值在期權到期時是對數正態分佈的。在歐式債券期權情況下，布萊克—斯科爾斯模型假設標的債券的價格在期權的到期日是對數正態分佈。對利率上限，布萊克—斯科爾斯模型假設組成利率上限的每個利率期權元的標的利率是對數正態分佈的。在互換期權的情況下，布萊克—斯科爾斯模型假設標的互換率是對數正態分佈的。

擴展的布萊克—斯科爾斯模型可用於條件累計互換和利差互換的估值。條件累計互換是這樣一種互換，僅當浮動參照利率出現在某一個範圍之內時，互換一方的利息才可以累計。利差互換是這樣一種期權，收益依附於兩個利率之間的利差。

使用布萊克—斯科爾斯模型時，通常可以假設風險中性世界中對數正態分佈標的變量的期望值等於其遠期值。但當衍生證券的收益沒有反應貸款或存款正常支付利率的方式時不能這樣假設。因此，有必要對遠期率進行所謂的凸性調整。凸性調整來源於債券價格和債券收益之間關係曲線的曲度。可以用解析方法估計該值。

課後練習

1. 請敘述利率期權的概念、作用、種類。
2. 為什麼一個貨幣互換可以理解為一個債券期權？
3. 一家公司 3 個月期 LIBOR 的上限為年率 10%，本金為 $ 2000 萬。在重新設定日，3 個月期的 LIBOR 為年率 12%。根據利率上限，需如何支付？什麼時候支付？
4. 用布萊克—斯科爾斯模型為有效期一年的基於某個 10 年期債券的歐式看跌期權估值。假設債券當前的現價為 $ 125，執行價格為 $ 110，一年期利率為年率 10%，債券價格的年波動率為 8%，期權有效期內將支付的息票的現值為 $ 10。
5. 假設使用基於某個 10 年期債券的 5 年期期權的隱含 Black 波動率為基於該債券的 9 年期期權定價。你認為最後的結果是偏高還是偏低，為什麼？

6. 某個9個月期的基於3個月期LIBOR的利率上限期權，本金為$1000。使用布萊克—斯科爾斯模型和如下信息，為該期權估值：

（1）9個月期歐洲美元期貨價格報價為92。

（2）9個月期歐洲美元期權隱含的利率波動率為年率15%。

（3）當前按連續複利計算的12個月期利率為年率7.5%。

（4）按季度計複利的利率上限為8%。

7. 使用Black模型為某個4年期的基於5年期債券的歐式看漲期權定價。5年期債券價格為$105，息票利息相同的4年期債券的價格為$102，期權的執行價格為美元100，4年期無風險利率為年率10%（按連續複利計息），4年內債券價格的波動率為年率2%。

8. 考慮一個8個月期的基於14.25年到期國債的歐式看跌期權。債券現價為$910，執行價格為$900，債券價格的波動率為年率10%，3個月後該債券將付息$35。一年期限內所有期限的無風險利率為年率8%。使用Black模型為該期權定價。同時考慮如下兩種情況：執行價格對應於債券現金價格；以及執行價格對應於債券報價。

國家圖書館出版品預行編目（CIP）資料

衍生金融工具 / 曹廷貴, 馬瑾 主編. -- 第一版.
-- 臺北市：財經錢線文化發行；崧博出版, 2019.11
　　面；　公分
POD版

ISBN 978-957-735-941-4(平裝)

1.衍生性商品

563.5　　　　　　　　　　　　　　108018071

書　　名：衍生金融工具
作　　者：曹廷貴、馬瑾 主編
發 行 人：黃振庭
出 版 者：崧博出版事業有限公司
發 行 者：財經錢線文化事業有限公司
E - m a i l：sonbookservice@gmail.com
粉 絲 頁：　　　　　網　址：
地　　址：台北市中正區重慶南路一段六十一號八樓 815 室
8F.-815, No.61, Sec. 1, Chongqing S. Rd., Zhongzheng Dist., Taipei City 100, Taiwan (R.O.C.)
電　　話：(02)2370-3310 傳　真：(02) 2388-1990
總 經 銷：紅螞蟻圖書有限公司
地　　址：台北市內湖區舊宗路二段 121 巷 19 號
電　　話:02-2795-3656 傳真:02-2795-4100　　網址：
印　　刷：京峯彩色印刷有限公司（京峰數位）

本書版權為西南財經大學出版社所有授權崧博出版事業股份有限公司獨家發行電子書及繁體書繁體字版。若有其他相關權利及授權需求請與本公司聯繫。

定　　價：350 元
發行日期：2019 年 11 月第一版
◎ 本書以 POD 印製發行